KB111037

中國近現代史

中國近現代史

초판 제 1쇄 발행 1998. 9. 1.
초판 제33쇄 발행 2019. 3. 5.

지은이   小島晋治 · 丸山松幸
옮긴이   박 원 호
펴낸이   김 경 희
펴낸곳   (주)지식산업사
　　　　본사 ● 10881, 경기도 파주시 광인사길 53 (문발동)
　　　　　　　　전화 (031) 955−4226~7 팩스 (031)955−4228
　　　　서울사무소 ● 03044, 서울시 종로구 자하문로6길 18−7 (통의동)
　　　　　　　　전화 (02) 734−1978 팩스 (02)720−7900
　　　　누리집   www.jisik.co.kr
　　　　전자우편   jsp@jisik.co.kr
　　　　등록번호   1−363
　　　　등록날짜   1969. 5. 8.

책값은 뒤표지에 있습니다.

ISBN 89−423−2909−8 93920

이 책에 대한 문의는 지식산업사로 해 주시길 바랍니다.

역자 해설

중국(中國)연구의 전통이 길고 축적이 많은 일본학계에서도, 단순한 연구논문의 모음이 아닌 일관된 서술에 의한 중국근현대사(中國近現代史)를 찾아보기란 그리 쉽지 않다. 그러한 점에서 볼 때, 태평천국혁명(太平天國革命)과 5·4운동(五四運動)에 대한 깊은 연구성과를 각각 남기고 있는 두 연구자의 이상적인 협력에 의해 이루어진 《中國近現代史》는, 일본학계에서도 실로 오랫만에 탄생된 사실상의 중국현대사라고 할 수 있다. 모두 8장으로 구성되어 있는 이 책에서 신해혁명(辛亥革命) 이후에 대한 부분이 6장이나 되고, 그 가운데 3장이 중화인민공화국(中華人民共和國)의 성립 이후에 할애되고 있는 점을 보면 더욱 그러하다.

그동안 중국현대사가 중국혁명의 전개과정을 중심으로만 다루어지는 경향이 있어왔으나, 사회주의사회를 건설해 나가는 과정에서 일어난 여러 시행착오를 정면으로 다루고 있는 점은 이 책의 두드러진 특징이다. 특히 1978년 12월 중공 11기 3중전회(中共 11期 3中全會) 이후 시작되고 있는 대전환에 대해서 1985년의 상황에 이르기까지 서술대상에 포함시키고 있는 점은, 현대중국을 역사적으로 파악하고자 하는 독자들에게 하나의 기본적인 뼈대를 제공해주어 이해를 도와주게 될 것이다. 저자는 현대중국의 역사상(歷史像)을 역사가의 안목으로 요령 있게 압축시켜, 중국근대사 속에서 성공적으로 용해시키고 있다고 볼 수 있다.

독자들은 이 책이 주로 일본인을 대상으로 하여 씌어졌다는 점을 곧 깨닫게 될 것이다. 저자가 끊임없이 일본과의 관계를 상기시키며 중국근현대사를 서술하고 있는 것은, 동아시아에서 일본이 선택했던 과거의

4

역할과 미래의 진로에 대한 준엄한 물음을 일본 독자들에게 던지고 싶었기 때문이라고 생각된다. 사실 중국근현대사는 한편으로 일본제국주의와의 투쟁의 역사인 점을 감안한다면, 일제(日帝)의 같은 피해자인 한국인들도 중국의 경우와 비교해 가며 더욱 흥미있게 이 책을 읽을 수 있을 것이다. 중국근현대사 속에서 한국인과 근대 한국의 발자취에 대해서도, 저자는 따뜻한 마음에서 우러나온 관심을 지니고 있음을 여러 곳에서 느낄 수가 있다. 저자의 이러한 관심은 중국혁명의 과정에서 활약하였던 이름 없는 한국인 청년들로부터, 중국과 한국 사이에 비정치적 분야의 교류가 확대되기 시작한 계기를 만든 1983 년 5 월의 중국민항기(中國民航機)피랍사건에 대한 언급으로까지 이어지고 있다.

번역하는 과정에서 나타난 몇 가지의 의문점은 저자에게 편지로 질의하여 해결하였으며, 원문을 최대한으로 존중하고 일반 독자를 위한 최소한의 역주를 붙였다. 저자가 앞으로 재판(再版)을 낼 때 정정하겠다고 역자에게 알려온 부분을 미리 번역에서 반영시켰으므로 원본과 조금 다른 부분이 있을 것이다. 일본의 인명(人名)·지명(地名)은 일본 발음을 살렸으나 중국의 인명(人名)·지명(地名)은 한자음으로 표기한 것은 모순일지도 모르지만, 그렇게 하는 편이 아직 우리들에게는 익숙하다고 생각했기 때문이었다.

지난 1986 년 가을, 코지마(小島) 교수가 보내 온 《中國近現代史》를 받아본 순간 한국 독자들에게 빨리 소개하고 싶은 충동이 일어났고, 저자로부터 허락도 일찍 받았으나 몇 가지 사정으로 번역이 조금 늦어지고 말았다. 평소에 학문적으로 또한 인간적으로 존경해 오던 두 분의 공저를 번역할 수 있게 된 것은 개인적으로 큰 기쁨이었으며, 이 책의 가치를 한눈에 알아보고 흔쾌히 출판을 맡아주신 김경희사장께도 감사드리는 마음이 가득하다.

1988 년 3 월

박 원 호

저자 서문

아편전쟁 이래 열강의 반(半)식민지로 화한 중국은 악전고투 끝에 자신을 해방시키고 1949년에 중화인민공화국을 성립시켰다. 고난과 영광에 가득 찬 이 혁명의 과정은 중국 자체뿐만이 아니고 세계의 구조마저도 일변시키는 장대한 드라마였다.

혁명의 달성으로부터 오늘날까지 어언 40년 가까운 세월이 지났다. 그 동안 중국 및 중국을 둘러싼 국제정세의 변동은 그 이전의 40년보다 더욱 격렬한 것이었으며, 중국사회가 지닌 여러 가지 측면이나 문제를 새로이 우리들 앞에 제시하여 주고 있다. 우리가 중국의 현실과 미래의 방향을 정확히 파악하려고 한다면 그 연원을, 다시 한번 이 150년의 역사를 거슬러 올라가 살펴볼 필요가 있음을 통감하게 된다. 「이와나미신서」(岩波新書)에는 이미 이와무라 미치오(岩村三千夫) 노하라 시로(野原四郞)《중국현대사》(1954년. 개정판 1964년)가 있으나, 우리가 단지 그 이후의 부분을 추가하는 데 그치지 않고 감히 오늘의 시각에 선 근현대사의 개작을 시도해 본 것도 그 때문인 것이다. 중국의 격동은 지금도 여전히 계속되고 있다. 본서의 시각도 머지않아 수정을 필요로 하게 될지도 모르나 시행착오를 두려워해서는 안된다고 생각한다.

우리들의 시각에 끊임없이 재검토를 요구해 오는 것은 중국의 변동뿐만이 아니다. 일본사회의 변화에 자기도 모르는 사이에 따라 흘러가는 자기 자신에 대한 엄격한 자기분석을 잊어버린다면, 아마도 정확한 중국상을 그려낸다는 것은 불가능할 것이다. 왜냐하면 이 150년의 중국역사는 근대일본의 발자취와 표리를 이루고 있기 때문이다. 중국현대사를 일관하고 있는 것은, 시기에 따라 여러 가지의 표현이 있을지언정 강렬한 민족주의였으며, 그 주요한 대상은 일본이었다. 오늘날의 중국은 일본의 침략과 싸움으로써 형성된 것이며, 오늘날 일본의 경제적 번영도 중국침략에 의한 축적을 빼고서는 존재할 수 없다. 앞에서 중국혁명을 「장대한 드라마」라고 썼으나 우리들은 단순한 관객만은 아닌 것이다. 중국의 근현대사를 생각하는 것은 그대로 지난날의 일본을 생각하는 것이고, 오늘날 일본의 모습과 함께 앞으로의 나아갈 길을 생각하는 것과 연결되어 있다. 우리들이 특히 중국과 일본의 관계를 서술하는 데 뜻을 기울인 것도 그러한 까닭에서이다.

인용한 문헌의 한자나 카나표기법은 본서의 성격을 생각해서 읽기 쉽도록 적절히 고쳤다. 또한 「지나(支那)파견군」 등의 역사적 호칭, 「만주(滿洲)」 「봉천(奉天)」 「북평(北平)」 등의 지명은 당시 그대로를 썼다. 중국의 지명·인명은 중국어로 읽는 것이 일반화되어 있는 것을 제외하고는 일본어 읽기의 작은 활자를 붙였다. 참고문헌은 매우 많으나 번거로움을 피하여 일일이 주기하지 않았다. 자료를 이용할 수 있도록 도와주신 여러분들에게 진심으로 깊은 감사를 드리고 싶다. 그리고 본서는 Ⅰ·Ⅱ·Ⅵ·Ⅶ·Ⅷ장을 코지마 신지(小島晉治)가, Ⅲ·Ⅳ·Ⅴ장을 마루야마 마츠유끼(丸山松幸)가 각각 분담 집필한 것을 공동으로 토의하여 현재의 형태로 정리한 것이다.

1986년 3월

코지마 신지(小島晉治)
마루야마 마츠유끼(丸山松幸)

차   례

8

中華人民共和國各行政區의 面積과 人口

총면적 약 960만km², 총인구 약10억 4,513萬人 (1983年末 現在)

直轄市·省·自治區	略 稱	省都·首府	面積 (만km²)	人口 (만명)
北 京 市	京		1.68	934
天 津 市	津		1.13	789
上 海 市	滬		0.62	1,194
黑 龍 江 省	黑	하 얼 빈	45.33	3,306
吉 林 省	吉	長 春	18.74	2,270
遼 寧 省	遼	瀋 陽	14.57	3,629
河 北 省	冀	石 家 莊	18.77	5,420
山 東 省	魯	濟 南	15.33	7,564
山 西 省	晋	太 原	15.63	2,572
江 蘇 省	蘇	南 京	10.26	6,135
浙 江 省	浙	杭 州	10.20	3,963
安 徽 省	皖	合 肥	13.99	5,056
福 建 省	閩	福 州	12.14	2,640
江 西 省	贛	南 昌	16.66	3,384
河 南 省	予	鄭 州	16.70	7,591
湖 北 省	鄂	武 漢	18.59	4,835
湖 南 省	湘	長 沙	20.40	5,509
廣 東 省	奧	廣 州	21.20	6,075
四 川 省	川, 蜀	成 都	57.00	10,076
貴 州 省	貴, 黔	貴 陽	17.61	2,901
雲 南 省	雲, 滇	昆 明	39.40	3,319
陝 西 省	陝, 秦	西 安	20.56	2,931
甘 肅 省	甘, 隴	蘭 州	45.40	1,988
青 海 省	青	西 寧	73.70	393
内 蒙 古 自 治 區	一	후후호트	118.30	1,955
寧 夏 回 族 自 治 區	寧	銀 川	6.64	398
廣 西 莊 族 自 治 區	桂	南 寧	23.62	3,733
新 疆 위 구 르 自 治 區	新	우루므치	160.00	1,318
티 베 트 自 治 區	藏	리 써	122.84	193
臺 灣 省	臺	臺 北	3.59	1,873
香 港	港	港	1,064km²	529
마 카 오	澳		15km²	40

《中國百科年鑑, 中國統計年鑑, Taiwan Statstical Data Book, 1984년판에 의함》

Ⅰ. 중화제국의 동요

1. 아편전쟁 전의 국가와 사회

아시아 최후의 대제국 청(淸)

중국근대사는 1840년에 일어난 아편전쟁으로 시작된다. 그 패전에 의해 중국은 근대의 세계에 편입되고, 일찌기 볼 수 없었던 심각한 변화가 일어나기 시작하였기 때문이다.

아편전쟁 당시 중국을 지배하고 있던 정권은 만주(滿洲)족이 수립한 청조(淸朝)였다. 청조는 심양(瀋陽) 동쪽에 있던 건주여직(建州女直)의 우두머리 누르하치가 여직(女直)족을 통일하여 1616년에 건국한 후금(後金)에서 시작되며, 그의 아들 홍타이지(太宗)가 내몽고마저 지배하에 넣고 나서, 1636년에 국호를 대청(大淸)으로, 여직을 만주(滿洲)로 고쳤다. 그에 이은 순치제(順治帝〔世祖〕; 재위 1643~1661년) 시대에 명(明)의 장군들과 연합하여 산해관(山海關)을 넘어 관내(關內)로 들어와서, 명조(明朝)를 쓰러뜨린 농민군 수령 이자성(李自成)의 대순(大順)정권을 북경(北京)으로부터 축출하고 이곳을 수도로 삼았다(1644년).

이후 각지에서 저항을 계속하고 있던 명 황족의 여러 정권을 멸하고, 나아가 강희제(康熙帝,〔聖祖〕; 재위 1661~1722) 치세의 전반에는 명의 항장(降將) 오삼계(吳三桂) 등의 삼번(三藩)의 난을 평정하여(1681년) 중국본토의 지배를 확립하였다. 또한 대만(臺灣)에 웅거하고 있던 정성공(鄭成功)의 손자를 항복시켜 복건성(福建省) 대만부(臺灣府)를 둠으로써 처음으로 대만을 중국왕조의 직접통치 아래에 두었다(1683년. 1885년에 臺灣省으로 승격되었다).

본토통일 후에 강희제는 몽고족의 준가르부와 싸워 동투르키스탄·청해(靑海)·티베트·외몽고를 제압하였다. 더우기 다음의 옹정제(雍正帝〔世宗〕; 재위 1722~1735) 및 건륭제(乾隆帝〔高宗〕; 재위 1735~1795)는 몇 차례의 출병 끝에 이들 지역의 지배를 굳혔다. 이들 지역은「번부(藩部)」로서 본토와는 구별되어 종래의 토착지배층에 의한 사실상의 자치를 승인하면서도, 중앙으로부터 파견된 대신(大臣)과 군대를 두어 통치하였다.

이리하여 청조는 역대의 어느 왕조보다도, 그리고 현재의 중국보다도 더 광대한 영역을 지닌 아시아 최후의 대제국이 되었다. [1] 역주①

청조는 또한 대제국에 인접한 한반도의 이조(李朝), 오키나와의 유구(琉球)왕국, 베트남의 구엔조(阮朝), 버어마의 알라웅파야조, 타이의 현 짜끄리 왕조와 책봉(册封, 종속)관계를 맺었다. 이는 중국왕조의 황제가 종주(宗主)로서 속방의 왕에게 금인(金印)을 주고, 후자는 종주의 역(曆)을 쓰며 정기적으로 조공(朝貢)하는 것을 주된 내용으로 하는 것으로, 진한(秦漢)제국 이래 동아시아 국제관계의 전통적인 패턴이었다.

왕조체제의 완성

청은 그 지배를 확립시켜 나가던 과정에서 한(漢)족의 전통적인 두발형〔長髮〕을 금지시키고 만주(滿洲)족의 변발(辮髮)을 강제하였으며〔薙髮令〕, 이에 저항하던 양주(揚州)나 가정(嘉定)의 주민을 대량학살하고 또 청조를 이적(夷狄)시하던 한족 사인(士人)의 언론을 철저하게 탄압하였다〔文字獄〕. 더우기 내각(內閣)의 대학사(大學士)나 군기처(軍機處)의 군기대신(軍機大臣) 등 중앙관청의 요직을 만주족·한족 같은 수로 하고, 만주팔기(八旗)와 몽고팔기(1旗 7,500명으로 이루어진 만주 이래의 군사조직)를 군사력의 핵심으로 삼는 등 한족의 우위를 부정하는 정책을 추진하였다. 후일의 태평천국(太平天國)이나 신해혁명(辛亥革命)의 지도자들은 이러한 측면을 포착하여 반만흥한(反滿興漢)을 강조하며 한족을 혁명에 동원하고자 하였다. 그러나 청조는 본질적으로 전통적인 중국의 왕조체제를 계승하고 완성시킨 왕조였다.

　첫째, 청조는 입관(入關) 이전부터 이미 한문화를 상당히 수용하고 있었으며, 입관 후에는 즉각 유교(儒敎)를 통치이념으로 하여 종래의 어느 왕조보다 이를 더욱 존중하였다.

　둘째, 왕조지배의 체제, 즉 직접적으로는 명의 전제군주와 이를 떠받치는 관료제·과거제를 답습하여 더욱 정비, 강화시켰다.

　그러므로 삼번(三藩)의 난 평정 이후 18세기 말까지 약 1세기 동안 지속된 국내의 평화와 안정 속에서 청조는 중국의 정통적인 왕조로서 한족지배층에 받아들여지게 되었다.

농민·지주·향신·관료

　청제국을 밑바닥에서 지탱하고 있던 것은 인구의 90% 이상을 점하는 소농민이었다. 그 대다수는 지주의 토지를 경작하여 수확의 50% 정도의 지대(地代 ; 租 즉 소작료)를 납부하는 의무가 있던 전호(佃戶 ; 소작농)와 토지소유자에게 부과되는 토지세(地丁銀 및 관료의 俸米로서 북경·남경에 보내졌던 米로서 이루어짐)를 국가에 바치는 의무를 지고 있던 자작·자소작 농민이었다. 그들은 10여 호 내지 수십 호로 이루어진 자연촌락 —— 지역에 따라 차이가 있었으나 한 성(姓) 내지 몇개의 성(姓)으로 이루어진 동족적·혈연적 결합의 성격이 짙었다 —— 에 살면서 관개 등의 공동노동을 통하여 느슨한 공동체를 형성하고, 가족노동에 의해 몇 무(畝 ; 1무는 약 6.6 아르)에서 10무(華中·華南의 水田지대) 내지, 10무 전후로부터 20~30무 정도(華北의 田作지대)의 협소한 경지를 집약적으로 경작하고 있었다.

　농민을 직접 지배한 것은 관료 특히 「부모의 관(官)」으로서 지방에 군림한 지현(知縣 ; 약 3,000개 있었던 縣의 장관)이었다. 그러나 그들은 출신지에는 임명되지 않았고 또 단기간에 임지가 바뀌었기 때문에 임지와의 연결은 약하였다. 그러므로 현의 행정실무는 그 지방 출신의 이원(吏員 ; 胥吏)이 담당하고 있었다. 그래서 지방행정 전체에 지배적인 영향력을 행사하고 있던 것은 「향신(鄕紳)」으로 불리운 과거합격자들로부터 탄생된 일종의 특권신분층이었다.[2] 향신의 대다수는 지주출신으로서 특권을 이용하여 토지소유를 확대시켜 나갔다. 또한 향신은 징세·재판·분쟁의 해결, 수리시설의 지배 등을 통하여 평민 소지주를 포함한 농민전체를 지배하였다. 관료의 수는 19세기에 약 4만, 생원(生員)을 포함한 향신의 수는 약 110만으로 추정되고 있다.

상품·화폐경제의 확대

16·17세기 양자강 하류의 강소(江蘇)·절강(浙江)지방에서 발전하기 시작한 상품·화폐경제는 18세기에는 중국 전토로 퍼져갔다. 그 배경에는 관개면적의 확대라든지 클로버·자운영·콩깻묵 등 다양한 비료의 이용, 고구마·옥수수·수수와 같은 다수확작물이나 사탕수수·면화·뽕·차(茶)·쪽[藍]·잎담배·땅콩 등 각종 상품작물의 보급에 나타나는 바와 같은 농업생산력의 향상이 있었다.

농민은 농한기의 잉여노동력이나 보통 농경에는 종사하지 않았던 부녀자의 노동력을 이용하여, 수공업이나 행상(行商), 운반업 등 다양한 가내부업을 영위하였다. 그들은 이들 부업에 의해 고액의 지대나 토지세의 부담을 겨우 감당해내며 그럭저럭 생활을 유지해 나갔다.

이들 농민의 소상품생산은 일반적으로는 아직 자급 부분의 잉여를 상품화하는 단계에 머물러 있었으나, 강남(江南)과 같이 상품생산이 자급생산을 능가하는 지역도 출현하였다. 다른 한편 자급경제가 지배적인 변경(邊境)이나 후진지대도 널리 존재하고 있었으나, 이들 지역도 세(稅)의 은납화(銀納化)나 선진지대의 상품·화폐경제에 영향을 받아서 점차로 상품경제에 휘말려들어갔다.

구사회의 변화

18세기의 국내평화와 농업생산력의 향상 그리고 상품·화폐경제의 보급은 중국사회에 커다란 변화를 가져다 주었다.

첫째, 인구의 격증과 인구이동이다. 당시의 인구를 정확히 파악하기는 어려우나, 인두세(人頭稅)가 폐지되어 인정(人丁)을 감출 필요가 없어졌던 1753년에 청조가 파악하고 있던 인구는 1억 275만명(단 1749년의 인구는 1억 7,749만 명으로서 상당한 차이가 있음)이었다. 이것이 아편전쟁의 전야인 1833년에는 3억 9,894만 2천명으로 격증하고 있다(같은 시기 일본의 인구는 약 3천만 명의 수준으로 정체되어 있었음). 역주② 인구의 증가율은 특히 대만(臺灣)·봉천(奉天)·사천(四川)·광서(廣西)·운남(雲南)에서 현저하였다. 이는 복건(福建) 남부와 광동(廣東) 동북부로부터 대만으로, 산동(山東)으로부터 봉천으로, 화중(華中)·화남(華南)의 동부·중부로부터 서부로의 이주민이 증가하였기 때문이다. 금지령이 있었음에도 불구하고 동남아시아로의 이주도 18세기 후반 이후 해마다 증가하였다.

이 인구이동은 가혹한 지주제(地主制) 아래 좁은 경작지에서 영위되고 있던 이들 지역의 농업이나 부업이 증대하는 인구를 먹여살릴 수 없게 되었기 때문이었다. 반면에 농업생산력의 향상이 새로운 토지에서의 농업을 가능하게 만들어준 때문이기도 하였다.

둘째, 전호(佃戶)의 지주(地主)에 대한 신분적 예속관계가 느슨하여지며 점차 경제적인 계약관계로 바뀌어져 갔다. 농민은 부업 등에 의하여 자급경영을 보충하는 자금을 시장을 통해 획득할 수 있게 되고, 그만큼 지주에 대한 직접적인 의존으로부터 벗어나 자립성을 강화시켰다. 동시에 그들은 상인이나 고리대의 가혹한 착취를 받게 되었다.

이러한 변화를 배경으로, 명말 이래 전호들이 지역적으로 결집하여 흉작시의 지대(地代)감면을 요구하고 계약 외의 부당한 지대징수에 반대하는 운동, 이른바 「항조(抗租)」가 일상적으로 끊임없이 일어나게 되었다. 이는 강남(江南)이나 광동(廣東)의 주강(珠江) 삼각주, 호남(湖南)의 동정호(洞庭湖) 주변 등의 선진지대에 누드러진 움직임이었다. 이 밖에 농노제(農奴制) 그대로의 지주제가 남아 있는 변경이나 후진지대도 널리 존재하였고, 소수민족 가운데는 노예제(奴隷制)가 남아 있거나 계급 미분화의 공동체를 유지하고 있는 곳도 있었다.

그러나 아편전쟁 이후 외국 자본주의상품의 침투에 의하여 농민의 부업이 격심한 타격을 받음에 따라, 지주와 전호 사이의 모순 대립이 한층 격렬하게 되어 후자의 반지주투쟁이 중국의 반봉건혁명의 추진력이 되어갔다.

청조는 명말 이래의 지주·전호관계의 변화에 대응하여 18세기 전반(乾隆시대 초기)에 지주가 전호에게 사적인 형벌을 가하는 일을 금지시키고, 지주·전호간의 「주복(主僕)」의 신분관계를 부정하였다. 동시에 청조 재정수입의 80% 이상을 차지하던 토지세(江蘇·浙江 兩省만으로 地丁銀 세입의 24% 米의 36% 强을 부담하였음)를 확보하기 위하여, 지주의 높은 지대 징수를 국가권력으로 보장하고 전호의 항조(抗租)를 탄압하였다. 한편 지주는 농민지배를 유지하고 확대하기 위해서는 일족(一族)으로부터 관료·향신을 배출시켜야 하므로 과거(科擧)에 온갖 힘을 다 쏟았다.

결국 청조는 지주와 전호의 봉건적인 관계를 기초로 하여, 관료·향신과 평민의 신분적인 지배·피지배관계 위에 존립하고 이를 유지하는 기능을 가진 전제적·관료주의적인 지주(地主) 왕조였다.

18세기에 나타난 세번째 변화는 상업과 수공업의 지방적인 중심으로서 중소의 도시(鎭, 市, 圩 등을 말함)가 발전하기 시작한 일이다. 강남에서는 16세기 이래 급속하게 발전하였으나 18세기 후반에는 전국 각지에 퍼져갔다. 이들 지방도시를 발판으로 하여 상인은 농촌 깊숙이 들어가서, 전당포 등의 고리대나 절량기의 식량과 수공업 원료의 선대(先貸) 등을 통해 농민과 수공업자의 생산물을 헐값에 사들였다. 특히 산서(山西)출신의 산서상인과 안휘(安徽)의 휘주(徽州)출신 신안(新安)상인이 전매제인 소금판매의 독점을 축으로 하여 전국의 상품거래와 금융을 독점적으로 지배하였다. 상인이나 고리대업자가 축적한 자금은 주로 다시 고리대나 농민과 수공업자가 내놓은 경작지를 사들이는 데 쓰여졌다. 이리하여 관료·향신·지주·상인의 부(富)는 기생적으로만 소비되고 생산의 확대에는 거의 투자되지 않았던 것이다.

해체의 징조

18세기 후반 이후가 되면 경작지가 관료・향신・상인지주에게 집중하는 한편, 빈궁화한 농민이 경작지를 잃고 매우 불안정한 각종의 잡업(雜業)에 종사하든가 아니면 유민화(遊民化)할 수밖에 없는 움직임이 두드러지기 시작하였다. 혈연・지연의 공동체로부터 빙겨나온 이들은 각종 자립적인 불법집단 즉 민간 비밀결사에 모여들어 상호부조에 의한 생존의 길을 찾았다.

그 가운데 하나인 「천지회(天地會)」는 18세기 후반에 복건(福建)에서 시작하여 차차 대만과 화중・화남 각지에 퍼져나갔다. 그들은 주로 원격지를 이동하는 운반인・하역인부・선원・광부・유민층 등을 구성원으로 하고, 「천(天)」을 아버지로 「지(地)」를 어머니로 하여 우두머리 아래서 의형제의 언약을 맺어 「협기(俠氣)」를 존중하였다.

원(元) 말 이래 오랜 전통을 지닌 백련교(白蓮敎)계의 여러 종교결사도 이 시기에 광범한 지역으로 확대되었다. 그들은 「말겁(末劫 ; 말세)」의 도래와 「미륵하생(彌勒下生)」에 의한 구원, 「무생노모(無生老母)」가 주재하는 「진공가향(眞空家鄕 ; 참된 고향)」으로의 회귀를 설파하며, 본거지였던 화북 대평원뿐 아니라 가난한 이주민이 많은 사천(四川)・섬서(陝西)・호북(湖北) 3성의 경계지대나 감숙(甘肅), 나아가 귀주(貴州)・호남(湖南)・호북(湖北)・복건(福建)의 산촌 빈농이나 궁민(窮民)층을 조직하여 나갔다.

이들 결사는 지역적으로 분립하여 통일성을 가지지 못하였으며, 또 처음부터 청조(淸朝)타도를 목표로 삼은 것도 아니었다. 그렇지만 성립 그 자체부터 반관적(反官的) 성격이 농후하였고, 관헌의 탄압이나 지방에서의 지배집단과의 분쟁을 계기로 반란을 일으키려는 조직적・사상적 요소를 안고 있었다.

1774년 산동(山東)에서 일어난 왕륜(王倫)의 청수교(淸水敎 ; 白蓮敎系)반란과 1786년 대만의 천지회(天地會) 회원 임상문(林爽文)의 반란은 1세기에 걸친 평화와 안정의 시대가 끝나기 시작한다는 사실을 알려주는 예보가 되었다.

1795년 귀주(貴州)·호남(湖南)·사천(四川)의 경계지구에서 지방관의 박해와 한족(漢族) 상인·고리대업자·지주의 무자비한 착취와 토지의 탈취에 저항하여 묘족(苗族)의 반란이 일어났다. 이어 1796년에는 호북(湖北)·사천(四川)·섬서(陝西)·감숙(甘肅) 4성의 경계지대에서 백련교도의 대반란이 일어나 하남(河南) 서남부로 확대되었다. 청조는 9년의 세월과 3년분의 세입에 상당하는 1억 2천만 냥(兩)의 군사비를 써서 겨우 진압하였다. 이 과정에서 정규군(八旗와 綠營)의 부패 무능이 폭로되자 청조는 향신에게 향토자위단[團練]과 의용군[鄕勇]을 조직시켜 이에 의지하지 않을 수 없게 되었다. 또한 7천만 냥이나 되었던 국고(國庫)의 비축된 은(銀)이 바닥나, 19세기의 만성적인 재정난이 이때부터 시작되었다.

2. 아편전쟁

아편무역

청조가 쇠퇴하는 징조가 나타나기 시작하던 시기에 중국의 시장개방을 요구하는 영국의 압력이 강해지기 시작하였다.

청조는 외국선과의 통상을 광주(廣州) 한 항구에만 제한하고, 공행(公行) —— 보통 광동 13행으로 불리우던 관허(官許)의 특정 중매상인단 —— 에 무역을 독점시켜, 관세의 납부나 외국선·외국인과의 교섭·관리도 그들에게 청부시키고 있었다. 동시대의 일본의 쇄국(鎖國)과는 달리 광주에는 모든 외국선의 내항이 인정되었고 러시아와도 캬흐타에서 국경무역이 이루어지고 있었다. 또 중국의 관허(官許) 상선단은 일본의 나가사끼(長崎)나 동남아시아 각지로 향해 나가 통상하였다. 그 가운데서도 18세기 후반 이래 자본주의의 선두주자였던 영국과의 무역이 수위를 차지하게 되었다. 그 내용은 중국으로부터 차[紅茶]·생사(生糸), 특히 전자의 수출이 주가 되었다. 영국의 중국무역은 동인도회사가 독점하고 있었는데 그들이 팔아먹으려고 하던 본국의 공업제품, 즉 초기의 모직물, 산업 혁명이 진전된 이후의 면포(綿布) 등은 전혀 팔리지 않았다.

한편 차를 마시는 습관이 보급됨에 따라 중국차의 수출은 증가일로를 걷고, 동인도회사는 남아메리카산의 은으로써 차를 사들일 수밖에 없었다. 그러나 미국독립전쟁과 프랑스·스페인의 대영국 참전을 계기로 하여, 모직물의 미국·스페인·프랑스로의 수출에 의한 은의 조달이 곤란해지고 말았다. 이에 영국정부는 광주 이외 다른 항구의 개방, 광동 13 행에 의한 무역 독점·통제의 폐지, 무역 근거지의 조차(租借) 등에 의한 중국시장의 개방과 확대를 노리고 1793 년 마카아트니 사절단을, 1816 년에는 앰허어스트 사절단을 파견하였다. 그러나 무역을 은혜로 간주하는 청조는 이들의 요구를 모두 거부하였다.

영국의 동인도회사군(軍)은 7 년전쟁〔1756~1763〕에서 프랑스의 동인도회사군(軍)을 프랏시에서 격파하고 벵갈의 지배권을 얻었다. 이후 회사는 동시에 영국·인도정부로서 인도의 식민지 지배를 담당하며 지배영역을 확대시켜 나갔다. 그 동안 18 세기 말에 벵갈의 아편전매권을 손에 넣고 자아딘·매티슨상회 등의 사(私)무역상인에게 정제품(精製品)을 팔아넘겨 중국으로 밀수를 시켰다. 침체된 사회적 분위기 속에 아편 흡음(吸飮)의 풍습이 관료·서리·상인·병사·지주·유민층을 중심으로 급속히 퍼져 밀수량은 격증하였다. 3)

청조는 몇 차례나 금지령을 내렸으나 관료들은 이를 뇌물, 즉 눈감아주는 값을 챙기는 데 이용하였을 따름이었다.

이 아편무역은 첫째, 영국·인도정부에 막대한 전매이익금을 가져다주어 재정에 불가결한 요소로 되었다. 이리하여 아편무역은 영국의 인도식민지 지배와 뗄래야 뗄 수 없이 함께 묶여져버리고 말았다.

둘째, 중국차를 사들이는 자금문제를 해결함과 함께, 이에 의해 인도에서 본국 공업제품의 판로를 확대하는 길이 열렸다. 뿐만 아니라 이 영국—인도—중국의 삼각무역을 통하여 중국으로부터 영국으로 역류한 은(銀)은 미국 남부로부터의 면화수입에 대한 결제도 가능하게 해주었다. 이리하여 중국시장은 영국자본주의를 축으로 하는 국제시장의 불가결한 연결고리로서 편성되게 되었던 것이다.

전쟁의 발발

아편밀수의 격증에 의해 1827년을 고비로 하여, 합법무역에 따른 중국 측의 다년간에 걸친 은의 입초(入超)가 역전하였고, 1827년 이후 대량의 은이 유출되기 시작하였다. 그 결과로서 은가(銀價)가 올라가 은본위(銀本位)의 청조 재정과 경제에 파멸적인 영향이 나타났다. 청조 안에서는 아편무역을 합법화하여 관세수입의 증대를 꾀하고 국내에서도 아편 제조를 허가하여 수입을 억제시켜야 한다는 이금파(弛禁派)와 엄금파(嚴禁派)가 대립하였다. 영국측에서는 1833년에 동인도회사의 대중국 무역독점권이 폐지되어, 사무역 상인과 국내의 산업자본은 중국시장의 전면 개방 즉「자유」무역을 중국측에 강요하기 위하여 자국 정부에 압력을 넣었다.

1839년 도광제(道光帝)는 소수파였던 엄금파의 임칙서(林則徐)를 흠차대신(欽差大臣 ; 특명전권대신)으로 발탁하여 광주에 파견하고 아편의 근절을 맡도록 했다. 임칙서는 단호한 태도와 수단으로 외국상인에게 아편의 제출과 다음부터는 아편을 일절 가져오지 않겠다는 서약서의 제출을 명하고, 몰수한 약 2만 상자의 아편을 호문(虎門) 해안에서 폐기처분시켰다. 영국의 파아머스턴 내각은「손실의 보상」과 이 사건을 이용하여「대중무역을 안정된 기초위에 두는 데 필요한 제조건의 획득」에 나서기 시작하여 1939년 10월 중국과의 개전(開戰)을 결정하였다. 다음해 4월 의회는 아편을 빌미로 삼은 추악한 전쟁에 반대하던 국교도, 퀘이커교도와 콥든, 글랫스턴 등 진보파의 반대를 9표차로 부결시키고 20척의 함선 4천여 명의 원정군을 파견하기로 승인하였다.

임칙서는 마카오에서 발행되고 있던 외국신문과 서적을 번역하고 연구하여 서구(西歐)사정의 파악에 힘썼고 이를 통하여 서구문명의 군사기술면에서의 우월성을 인식하고 있었다. 그는 또 후일의 양무(洋務)운동에 앞서 포르투갈과 미국으로부터 서양식 대포를 구입하여 자력으로 이를 제조하여 보려고 하였다. 또한 정규군뿐만 아니고 연안의 어민(漁民) 수부(水夫)를 모집 훈련시켜 해상의 게릴라전을 준비하고, 광주 주변에

서 향신을 중심으로 단련(團練)을 조직시켜서 민족적인 저항을 전개할
자세를 보였다. 그렇지만 그와 같은 관료는 예외적 존재였다. 광주 일
대를 제외한 광대한 연해지방의 방비는 없는 것이나 다름없었고, 민중
을 무장시켜 민족적 저항을 추진하는 발상이나 자신감은 더욱 찾아보기

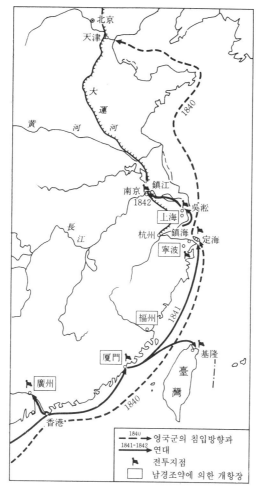

그림 1 아편전쟁의 형세

어려웠다. 1840년 6월 중국 연해에 도착한 영국군은 광주를 그냥 지나 북상하여 8월에는 천진(天津)에 가까운 백하(白河) 하구에 출현하였다. 이 원정함대의 위용에 경악한 청조는 광주에서 교섭할 것을 약속하고, 임칙서를 파면시켜 타협파인 기선(琦善)에게 교섭을 담당시켰다. 기선은 호문(虎門)에 침입한 영국군의 압력에 어찌할 바를 모르고, 몰수 아편의 배상, 홍콩섬의 할양을 포함하는 가조약(假條約)에 조인하고 말았다. 도광제(道光帝)는 이에 격노하여 기선을 파면시켰기 때문에 영국군은 공격을 재개하였다. 1841년 5월 그들은 광주성(城)에 육박하여 배상금의 지불, 청군이 광주성으로부터 철수할 것, 영국군의 광주 주둔을 승인할 것 등을 약속한 광주화약(廣州和約)을 맺었다.

이 무렵 영국군의 폭행에 대응하여 향신이나 마을의 장로(長老)들이 광주 북쪽 삼원리(三元里) 일대의 농민을 조직하여 만든 평영단(平英團)이 영국군을 포위하여 매서운 타격을 가하였다. 광주 주변에서는 그후에도 영국군의 광주입성에 반대하는 장기적인 저항이 계속되고 〈관(官)은 양놈〔洋鬼〕을 겁내고, 양놈은 백성〔民〕을 두려워하네〉라는 민요가 유포되었다.

영국정부는 보다 유리한 조약의 체결을 목표로 전쟁을 확대시켜 아모이(廈門)·영파(寧波) 등을 점령하고, 1842년에는 인도로부터 1만여 명의 증원군을 파견하여 상해(上海)·진강(鎭江)을 점령하여 남경(南京)에 육박하였다.

남경조약

남경의 함락을 목전에 둔 1842년 8월 청조는 영국의 요구를 거의 전면적으로 받아들인 남경조약을 체결하였다. 이 조약에 따라 청조는 홍콩섬의 할양, 광주(廣州)·아모이(廈門)·복주(福州)·영파(寧波)·상해(上海) 다섯 항구의 개항, 공행(公行)제도의 폐지, 2,100만 달러 (약 1,500만 냥)의 전쟁비용 배상 등을 승인하지 않을 수 없었다. 또 다음해 조인한 추가조약(「五口通商章程」과 「虎門條約」)에 따라 관세자주권과 영사재판권의 설정에 의한 거주외국인에 대한 재판권을 잃었고〔治外法權〕, 나아가 개항장에서 토지임차권(후에 열강은 거주지의 경찰권·행정권을 장악하고 중국영토 내의 외국영토라고밖에 할 수 없는 租界를 설립하였다)과 함께 일방적으로 최혜국(最惠國)대우를 인정하였다. 1844년에는 미국과 프랑스가 각각 거의 같은 내용에다 개항장에서의 교회설립권 등을 추가한 망하(望廈)조약 및 황포(黃埔)조약을 맺음으로써 중국은 국가주권의 일부를 잃은 불평등조약 아래서 세계시장에 편입되었다.

현재 중국에서는 아편전쟁과 남경조약을 중국근대사의 기점, 말하자면 반(半)식민지·반(半)봉건사회로의 변화와 그에 대한 저항 및 저항을 통한 자기변혁의 기점으로 보고 있다.

동아시아 대제국인 청조의 비참한 패전은 일본의 지배층에 충격을 주었다. 막부(幕府)는 타카시마 슈우한(高島秋帆)의 서양식 포술(砲術)을 재빨리 채용하여 에가와 타로오자에몽(江川太郞左衛門)에게 이를 배우게 하고 여러 번(藩)에 군비강화를 지시하였다. 또 임칙서의 친구이며 동지였던 위원(魏源)의 저서 ≪해국도지(海國圖志)≫[4]가 일찌기 일본에 수입되었다. 「이(夷)의 장기(뛰어난 군사기술)를 배워 이(夷)를 제압한다」는 주장은 동시대 일본의 예민한 무사(武士)층과 호농(豪農)·호상(豪商)층에 공감되어 널리 읽혀졌다. 그들은 「청의 복철(覆轍)」, 즉 청조의 실패 경험을 되풀이하지 않기 위한 방책을 여기서 배우고자 하였던 것이다. 또한 사쿠마 쇼오잔(佐久間象山)은 중국도 유럽도 일본에게는 모두 외국으로서 일본은 그들로부터 「좋은 점을 받아들여 스스로를 보완하고 북돋우도록」하여야 한다고 하며, 유일하고 절대적인 길로 여겨지던 중국의 「성인(聖人)의 도(道)」〔儒敎〕를 상대화시켰다. 나아가 해방(海防)은 장군(將軍)이나 대명(大名)·무사(武士)라는 신분제의 틀을 넘어선, 전국민적 과제라고 하여 양학(洋學)에 대한 광범한 학습의 길을 열어주었다.

3. 태평천국운동

반란시대의 개막

아편전쟁의 패전에 의해 청조의 권위는 크게 흔들렸다. 그러나 청조는 이 패전으로부터 아무것도 배우지 못하였다. 중국사에서 되풀이되었던 북(北)으로부터 「외이(外夷)」의 침입과는 본질적으로 다른 이 서(西)로부터 오는 근대의 충격의 새로움을 조금이나마 인식하였던 사람들은 임칙서와 위원(魏源)에 연결되는 예외적 소수자에 지나지 않았다. 대다수의 관료나 향신에게는 남경조약도 「천조(天朝)」의 「외이(外夷)」에 대한 은혜로서 일시적인 회유책에 지나지 않았다. 그러므로 서방의 군사기술을 흡수하고자 하는 움직임마저도 전혀 일어나지 않았다.

다른 한편 패전의 결과로 민중의 생활은 한층 어려워졌다. 배상금과 전쟁비용 등을 포함하여 청조는 이 전쟁에서 세입의 2.5배에 상당하는 약 9천만 냥을 지출하였다. 이를 보충하기 위하여 강소·절강·광동·안휘 등의 성(省)으로부터 세금을 가혹하게 거두어들였다. 아편밀수는 더 노골적으로 되어 1851년에는 5만 5천 상자에 달함으로써 이 한해만으로 세입의 절반 이상의 은이 유출하였다. 그 때문에 은의 동전에 대한 비가(比價)는 1821년으로부터 1849년 사이에 85.9%나 뛰어올랐다. 자작·자소작층은 생산물을 팔아 동전을 손에 넣고 이를 은으로 환산하여 토지세를 납부하고 있었다. 그러므로 은가(銀價)의 등귀는 그만큼 그들의 부담을 무겁게 만들었다. 거기에다 각 성(省)은 중앙정부의 징수나 행정비의 부족에 대응하기 위하여, 소농민에 대해서는 부가세를 징수한다든지, 은과 동전의 환산률을 시장시세보다 높게 하고 향신에게는 낮게 하는 등 방법으로 약자에게 더욱 중압을 가하였다. 더구나 1830년대로부터 1840년대에 걸쳐 전국적으로 수재·가뭄·메뚜기피해가 빈발하였는 바, 재정난과 관료의 무기력에 의한 관개치수의 방치와 어우러져 각지에 대재해를 일으켰다. 이리하여 토지집중과 유민(遊民)의 발생이라는

18세기 후반 이래의 특징적인 현상이 더욱 심화되었다.

이러한 상황을 배경으로 아편전쟁 이후 화중·화남의 여러 성(省)에서는 항조(抗租)폭동에다 자의적인 토지세의 징수에 저항하는 대규모의 항량(抗糧)폭동5)과, 「하늘에 순응하여(또는 하늘을 대신하여) 도(道)를 행한다」「부자로부터 뺏아서 빈자를 구제한다」등의 슬로건을 내건 천지회(天地會) 등의 폭동이 빈번하게 일어났다.

특히 광서나 호남은 아편전쟁 후 해고된 병사, 무역중심지가 광주로부터 상해로 옮겨짐에 따라 일자리를 잃은 수부(水夫)나 운반인이 유입하여, 천지회를 비롯한 불법집단의 활동무대가 됨으로써 거의 무정부에 가까운 상태에 빠졌다.

태평천국의 탄생

1850년 가을부터 겨울에 걸쳐 광서성 자형산(紫荊山) 남쪽기슭 계평현(桂平縣) 금전촌(金田村) 일대에 1만 내지 2만의 배상제회(拜上帝會)라는 새로운 종교결사가 청조타도의 군사를 일으켰다. 광주에서 서북으로 50 km 정도 떨어진 화현(花縣)의 객가(客家)6) 농민의 아들 홍수전(洪秀全)이 1843년에 창립한 배상제회의 신도를 핵으로하여, 선주민과의 집단투쟁에서 패배한 객가의 농민집단이나 광부, 그리고 상제교(上帝敎)의 계율을 받아들인 구 천지회원 등이 가담하고 있었다.

홍수전은 과거(科擧) 실패라는 실의 속에서 본 환몽(幻夢 ; 천사에 영접받아 하늘로 올라가, 上帝로부터 妖魔를 일소하여 올바른 신앙을 보급하라는 사명을 받음)과 우연히 손에 넣게 된 기독교[新敎]의 해설서로부터 계시를 얻어, 중국 전래의 상제(上帝)를 예호바에 등치시켜 유일의 참된 신 「천부황상제(天父皇上帝)」라고 하였다. 상제는 모든 인간의 공통의 「영혼의 아버지」이고 천하의 모든 사람은 「형제자매」로서 성(姓)이나 출신지와 나라가 다를 뿐인데, 서로 차별하고 대립항쟁하고 있음은 바로 이 유일신을 잃어버리고 도교·불교 등 모든 우상, 즉 거짓 신(神)·요마(妖魔)에 사로잡혀 속임을 당하고 있기 때문이라고 하여 회개를 역설하고 다녔다. 초

기의 주장은 순수하게 종교적 윤리적 —— 음행·음주·아편·도박·절도·
폭행·주술(呪術)의 금지 등 —— 인 것으로, 모두가 회개하면 모든 사람
이 화목하게 서로 돕고 일체의 대립이 소멸하는 「대동(大同)」의 세계가
실현된다고 되어 있었다.

　그렇지만 새로 온 이주민으로서 공동체로부터 소외되고 가혹한 생활
조건 속에서 고투하고 있던 광서 산촌의 객가농민에게 수용되어가는 과
정에서, 상제교는 기독교와는 다른 토속적인 일신교(一神敎)로 바뀌어갔
다. 질병이나 호랑이, 독사의 해로부터 벗어날 수 있고 일용(日用)의 의
식(衣食)을 얻을 수 있다는 현세이익이 약속되기도 하고, 이 지방에서
「강동(降僮)」으로 불리우던 뿌리깊은 풍속 즉 신(神)이 사람의 몸으로 옮
겨온다는 신내림의 요소 같은 것도 덧붙여졌다. 이것이 상제교를 지상
의 「혁명」과 연결시켜주는 계기를 만들어주게 된다. 그 계기란 자형산
(紫荊山)지구 객가의 빈농 양수청(楊秀淸 ; 후일의 東王)과 그의 친구 소조
귀(蕭朝貴 ; 瑤族의 농민이라고도 함. 후일의 西王)에게 각각 천부(天父) 예호
바와 천형(天兄) 크리스트의 신내림[「下凡」]이었다. 양수청과 소조귀는
1847년에 홍수전이 전개한 우상파괴운동에 따른 지배집단과의 항쟁과정
에서 신도들에게 동요가 생겼을 때, 그들에게 여러차례 하범(下凡)한 상
제와 크리스트의 계시에 의해 동요를 가라앉히고 신도집단의 지도권을
장악하였다. 이 과정에서 「천부」와 「천형」은 홍수전이야말로 천부의 둘
째아들이며 첫째아들인 크리스트의 동생으로서, 지상에 내려와 「참된
주」가 되어 백성을 구원할 사명을 상제로부터 받았다고 알렸다. 홍수전
은 이 신화에 의해 지난날의 꿈을 해석하고 자신을 구세주로서 확신하
였다. 우상파괴를 둘러싸고 기존의 공동체를 기반으로 하는 단련(團練)
과의 항쟁이 격화하는 가운데, 또한 1848년의 대수재를 정점으로 하는
재해와 불법집단의 날뜀에 의해 말세의 양상이 한층 더 깊어가는 가운
데, 그들은 머지않아 큰 전염병이 유행할 것인데 상제를 믿는 자만이
구원받을 수 있다고 선전하며 비밀리에 거사준비를 추진하였다.

　1850년 여름 광서의 각 현(縣)과 광동 서부의 신도들은 일가의 남녀

노소가 각지에 모여 무장하고, 변발(辮髮)을 장발(長髮)로 고쳐 공공연히 청조타도의 의지를 표시하였다. 가을부터 겨울에 걸쳐 각지의 집단은 청군(淸軍) 단련(團練)과 싸우면서 금전촌(金田村) 일대의 마을에 집결하였다. 집단은 남군과 여군으로 나뉘어져 부부의 만남도 금지하는 등, 엄격한 군률(軍律)이 결정되었다. 군자금과 급양은 「성고(聖庫)」(신도들이 토지 재산을 처분한 것과 부호로부터 뺏은 것을 기초로 하여 만들어진 공유재산)에 의존하였다. 전투에서의 전리품의 사유나 명령위반은 엄격하게 처벌되었다. 또한 부상자나 노인도 한사람 빠짐없이 소천당(小天堂 ; 지상의 천국)에 이르기까지 서로 돕자는, 고도의 집단주의·공동주의가 강조되었

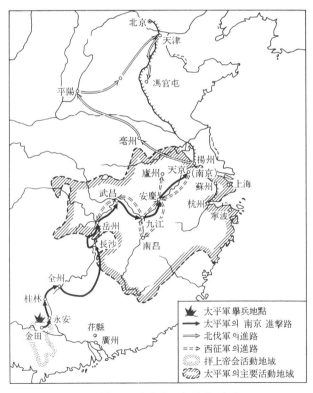

그림 2. 태평천국운동의 형세

다. 청군과의 격렬한 전투가 계속되는 가운데 1851년 봄에 홍수전은 상제의 명에 따라 천왕(天王)으로 즉위하고 국호를 태평천국(太平天國)으로 정하였다.

「혁명」의 발전

광서에서의 고전(苦戰)으로 약 4~5천명이 줄어든 태평군은 1852년 6월 호남남부로 진입하였다. 여기서 천지회원·백련교도·갱부(坑夫)·궁민층이 대량으로 참가하여 수만으로 세력이 늘어나 호남을 석권하고 양자강 유역으로 진출하였다. 동정호(洞庭湖)와 양자강에서 획득한 만여 척의 배와 뱃사공으로 편성된 수군을 포함한 20~25만 안팎의 대군이, 수륙으로 양자강을 따라 내려가 1853년 3월 남경을 점령하고, 여기를 수도 천경(天京)으로 삼아 청조와 대립하는 새 정권을 수립하였다.

태평군의 발전에 호응하여 광동·광서의 천지회, 상해의 천지회 계통의 소도회(小刀會)가 거병하여 각지에 반청(反淸)정권을 수립하였다. 또 안휘의 염군(捻軍), 귀주의 묘족(苗族), 운남의 회족(回族)이 반란을 일으켰다. 뒤이어 1860년대에 들어서면 산동의 백련교도, 감숙·섬서의 회족(回族), 동투루키스탄[新疆]의 투르크족계 이슬람교도(후의 위구르족)가 일어나 중국대륙은 끊임없는 봉기의 큰 파도에 휩쓸리게 된다.

호남진출 이후 태평군은 청조를 요마(妖魔)의 괴수로 탄핵하는 강렬한 「멸만흥한(滅滿興漢)」의 종족주의를 강조하며 한족의 궐기를 재촉하였다. 또 탐욕적인 관리의 일소와 「3년간 토지세를 면제한다」든지 「부세를 가볍게 하고 빈부를 고르게 한다」는 등의 슬로건을 내걸고, 도시의 관료·부상(富商)·대지주에게 공격을 집중시켜, 그들과 나라의 창고로부터 뺏은 의류 및 식량을 궁민이나 농민에게 분배하였다. 민가에 발을 들여놓으면 그 밭을 잘라버린다는 참혹한 군법과, 민중의 지지에 의한 운동의 고양에 힘입은 금욕주의적 모랄이 어울려, 민중은 태평군의 진주(進駐)를 환영하고 청군이 들어오면 도망하였다. 다른 한편 사묘(寺廟)·공자묘(孔子廟)·유서(儒書)의 철저한 파괴는, 향신이나 태평군이 참가해주기를 기대하였던 독서인(讀書人)의 증오심을 자극시켜, 그들은 후술하는 「상군(湘軍)」으로 결집하게 되었다.

신국가의 건설

천경(天京)건도 후부터 1853년 말경에 이르기까지 사이에 천왕은 「천조전묘제도(天朝田畝制度)」를 발표하였다. 그것은 「상제의 한 대가족인」천하의 모든 사람들이 모두 「상제의 큰 복」을 누리고 「평균(平均)」하게 「따뜻이 옷 입고 배불리 먹을(暖衣飽食)」 수 있도록 한다는 이상을 제도로서 구체화시킨 것이었다. 남녀의 구별 없이 평등하게 토지를 나누고 가족의 자가소비분 이상의 농업·부업 생산물은 모조리 성고(聖庫)에 납부할 것, 25호마다 설립된 성고(聖庫)와 예배당에 의해 관혼상제(冠婚喪祭)나 고아, 병자, 의지할 곳 없는 노인의 급양 그리고 자녀의 교육을 행하도록 하였다. 이 25호로 이루어진 공동체를 기층으로 하여 100호·500호·2,500호·12,500호마다 각급의 「향관(鄕官)」을 두어 행정과 군사를 함께 관리하도록 하였다. 「논밭이 있으면 모두가 함께 갈고 음식이 있으면 모두가 함께 먹으며 의복이 있으면 모두가 함께 입으며 돈이 있으면 모두가 함께 써서, 누구나 모두 균등하게 하여 한 사람도 빠짐없이 난의포식(暖衣飽食)할 수 있도록 한다」는 평균주의(平均主義)의 유토피아는, 빈부의 격차가 극단적으로 확대된 위기의 시대에 중국역사상 반복하여 나타나 민중반란의 커다란 추진력이 되어왔으나, 인격·신분·법률상의 평등을 골자로 하는 시민적 평등사상과는 이질적인 것이었다.

거기에는 경제의 발전이라든지 부의 축적에 의한 번영이라는 발상은 전혀 없고, 오직 자급자족의 공동체에서 균등한 생활의 영원한 안정이 이상(理想)으로 되어 있었다. 또 그것은 천(天), 상제(上帝)나 그 뜻을 체현하는 「참된 주」에 의해 위로부터 주어지는 것으로서, 이 「진주(眞主)」의 수족인 「관(官)」과 그들에 의해 배려되는 대상으로서의 「민(民)」과의 상하(上下)신분관계는 자명한 이치로 되어 있었다. 그러므로 「천조전묘제도(天朝田畝制度)」에는, 충성을 다하는 농민은 「낮은 지위로부터 높은 지위로 올려 관직을 세습시키고」「명령을 어기는 자는……높은 지위로 부터 낮은 지위로 떨어뜨려서 관직을 박탈하고 농민으로 만든다」라고 규정되어 있었다.

그러나 이 제도는 실현되지 않았고 실현하기 위한 노력도 이루어지지 않았다. 방대한 군대나 관료를 유지하기 위한 필요에서 종래의 토지제도에 기초한 세제(稅制)를 그대로 계승하고, 신정권에 복종한 지방의 유력자층이나 서리(胥吏)를 「향관(鄕官)」에 등용하여 안휘·강서·호북 등으로 확대된 지배영역의 안정을 도모하였다. 다만 사묘(寺廟)나 청조 고관(高官)의 소유지는 「요산(妖産)」으로서, 몰수하여 국유화하고 종래의 전호(佃戶)에게 경작시켜 지대를 바치게 하였다. 그 외에 청조의 지방권력이 붕괴하는 가운데 농민이 자발적으로 떨쳐 일어나, 지주에게 지대지불을 거부하든지 도망한 지주의 토지를 자기 것으로 만드는 움직임이 널리 일어났다. 그러나 후기에는 수조권(收租權)을 보장하여 도망한 지주의 귀향을 권하는 정책이 채용되었다.

새 정부는 또 아편·노름·음주의 금지, 1년이 366일이 되는 새로운 역(曆)과 새 화폐의 발행, 쉬운 구어(口語)문체의 제창 등, 풍속과 문화의 각 부문에 걸친 혁신을 추진하였다. 공자·맹자의 책은 처음 전면적으로 금지되고 파기되었으며, 다른 한편으로 신구약성서의 번역본을 「성전(聖典)」으로서 간행하였다. 그러나 1854년 1월 동왕(東王)이 천부(天父)의 말씀으로서 공맹(孔孟)의 책에는 「정도충효(正道忠孝)」에 합치하는 유익한 점이 있다고 하여, 이때부터 상제(上帝)의 가르침에 맞지 않는 부분을 빼버린 개정판을 간행하게 되었다. 한편 신구약성서에는 삼위일체설 등 「오류가 많다」고 하여 출판정지를 명하였다. 여성의 지위에 대해서도 매춘과 전족(纏足)을 엄금한다든지 하여, 천경(天京)을 방문한 어느 외국인이 말위에 올라탄 여성병사의 씩씩한 모습에 경탄을 금치못하는 새로운 현실이 나타나고 있었다. 여성을 등용하는 과거(科擧)도 1회 뿐이기는 하였지만 시행되었다. 그러한 반면에 천왕(天王) 이하의 여러 왕들은 거병할 당초부터 권위의 상징으로서 많은 「비빈(妃嬪, 처

첩)」을 거느리고 있었고, 자녀교육용으로 짜여진 교과서에서는, 어릴 때
는 부모에게 시집가서는 남편에게 늙어서는 아들에게 따르라는 전통적
인 「삼종지도(三從之道)」가 설교되어 있었다.

천경(天京)의 참극

이러한 혼돈을 잉태한 채 천왕 이하 제왕(諸王)은[7] 제각기 호화로운
궁전을 짓고 복잡한 관료기구와 신분의례를 제정하였으며, 과거제를 채
용하여 왕조체제의 구축을 향해 나아갔다. 그 과정에서 궁중 깊숙이 물
러앉아 신비주의적인 교의(敎儀)에 의한 새 왕조의 권위수립에 열중하기
시작한 천왕에 대신하여, 군사와 행정의 실권을 장악한 동왕(東王) 양수
청(楊秀淸)의 횡포가 두드러지기 시작하였다. 이를 둘러싸고 왕들 사이
에서 벌어진 은밀한 권력투쟁이 조직을 곪아터지게 하고 있었다. 그리
하여 마침내 1856년 8월 천왕의 지지를 받은 북왕(北王) 위창휘(韋昌輝)
가 동왕에 기습공격을 가하여 동왕과 2만여 명에 이르는 그의 일족·부
하를 살해하는 참극이 폭발하고 말았다. 이어서 천왕이 북왕을 처형하
였고 중망을 얻고 사후처리를 맡았던 익왕(翼王) 석달개(石達開)도 천왕
의 의심과 박해를 견디지 못해 대부대를 이끌고 천경을 이탈하였다[天京
事變].

그러는 동안 북경공략을 위하여 파견된 수만의 정예부대로 이루어진
북벌군이 천진(天津)부근까지 육박하였으나 병력의 열세 때문에 1855년
5월 전멸당하였다. 이리하여 전면적 승리의 가능성은 사라졌다.

태평천국과 열강

태평천국의 수도인 천경은 무역의 중심지가 된 상해와 가깝고, 또 지
배지역인 양자강하류 일대는 생사와 차(茶)의 주산지로서 영국 수출품의
주된 시장이기도 하였다. 따라서 이 「혁명」 정권의 수립은 영국을 비롯
한 열강에게 커다란 충격을 안겨주었다. 후일 주일(駐日)공사가 되는 상
해 영사 올콕크는 태평천국을 무법집단으로 간주하여, 청조를 무력으로

원조하여 이를 진압하고 그 댓가로서 권익을 확대시킬 것을 주장하였다. 미국과 러시아공사도 적극적 간섭론자였다. 한편 상해의 청조 당국과 매판[8]은 외국에 무력원조를 요청하였다. 태평천국에 호응하여 거병하고 1853년 9월부터 1854년 9월까지 상해를 점령한 소도회(小刀會)는 결국 프랑스군에 의해 진압되었으나, 그동안 열강은 세관의 관리권을 손에 넣었고 조차지를 사실상 영토화하였다.

영국의 외교관이나 선교사 가운데는 태평군의 압도적 우세를 보고서는 청조를 단념하고 태평천국의 기독교적 성격에 환상을 품어, 이를 지지함으로써 통상과 선교를 확대시키자는 의견도 있었다.

건도(建都) 후 1개월도 지나지 않아서 천경을 방문하여 남경조약 이후 기득권의 인정과 준수를 요구한 영국공사 일행을, 태평천국의 왕들은 함께 상제를 받드는 「양형제(洋兄弟)」로 간주하고, 공동의 적인 「청요(淸妖)」타도를 위하여 「우리들을 원조하여도 좋고 평상과 같이 무역을 하여도 좋으며 뜻대로 행동할 것을 허락한다」고 대답하였다. 다른 한편에서는 전통적인 중화사상 그대로 천왕을 「천하만국(天下萬國)의 진주(眞主)」로서 공사를 「신(臣)」으로 보고, 기득권 승인요구에는 일체 응하지 않았다. 영국측은 내전에 대한 불간섭과 「중립(中立)」을 표명함과 함께 기득권의 침해에 대해서는 무력으로 대응하겠다고 위협하고 물러갔다. 영국과 프랑스, 미국은 이후 「중립」 정책의 가변성을 암시해가며 공사의 북경주재의 실현을 골자로 하는 조약개정 요구를 수락하도록 청조에 압력을 넣었다. 그리고 러시아는 북방의 흑룡강 유역으로 군사침략을 강화시켰다.

크리미야전쟁(1853~1856)에서 러시아에 승리한 영국은 러시아가 동북아시아로 진출하자 초조해지고 있었다.

애로우 전쟁

마침 1856년 10월 광주(廣州)에서 청조 관헌이 영국국기를 걸고 있던 중국인 소유의 배 애로우호에 타고 있던 해적용의자를 체포한 사건〔애로

우호사건]이 일어났다. 영국은 이 사건을 구실로 청조에 전쟁을 걸어 프랑스에게도 공동출병을 제의하였다. 나폴레옹 3 세는 광서(廣西)에 잠입하여 포교하고 있던 프랑스인 천주교 선교사가 1856 년 2 월에 청의 지방관에 의해 처형된 사건의 보복을 이유로 이에 응하였다.

1857 년 말 5,600 여 명의 영불연합군은 광주(廣州)를 점령하고〔1861 년 10 월까지 계속〕양광총독(兩廣總督) 엽명침(葉名琛)을 잡아 캘커타로 보냈다. 계속 북상하여 청조에 조약개정교섭을 요구하며 1858 년 5 월에는 대고포대(大沽砲臺)를 점령하여 천진(天津)에 육박하였다. 6 월 청조는 부득이 영불(英佛) 양국과 함께 조약개정 요구에 동조한 미국 및 러시아와 각각 천진(天津)조약을 맺었다. 주된 내용은 ① 외교사절의 북경상주 ② 내지(內地) 여행의 자유와 양자강의 개방, ③ 개항장의 증가(漢口・九江・南京등 10 港), ④ 기독교 선교의 공인(①—④는 최혜국대우조항에 따라 4개국 공통) ⑤ 영불 합계 6 백만 냥의 배상금지불 등이었다. 또한 11 월 이 조약에 기초한 무역규제와 세율표가 협정되었다. 이에 의해 청조는 아편무역의 합법화, 일률적인 5 %의 수출입 관세, 시장가격의 2.5 %인 자구세(子口稅 ; 내지에 수송된 외국상품에 대한 과세) 등을 인정하지 않을 수 없었다. 이들은 후일까지 중국경제의 자주적 발전에 무거운 짐이 되었다.[9]

천진조약 조인 직후부터 황제와 그 측근들을 중심으로 조약파기론이 대두되고 있었다. 특히 공사의 북경상주, 이와 함께 황제와 외국공사의 대등한 의례가 중화왕조에 대한 「만이(蠻夷)」의 「조공(朝貢)」이라는 대외관계의 전통적 원칙을 붕괴시키는 것, 그에 따라 인민에 대한 황제의 존엄과 권위가 흔들리게 될 것이라는 위기감이 높아져 있었다. 그러나 영불 양국의 목표는 바로 이러한 중화왕조의 존재양상을 바꾸어놓는 일이었던 것이다.

1859 년 6 월 영불 양국의 공사는 17 척의 군함을 이끌고 내고항(大沽港) 밖에 이르러, 북경에서 천진조약의 비준서를 교환하는 일을 이유로 백하(白河)로 진입하려고 하였다. 그러나 그들은 대고포대(大沽砲臺)로부터 맹렬한 포격을 받아 패배당하고 상해(上海)로 철수하였다. 다음해인

1860년 7월 영불 양국은 2만여 명의 대원정군을 내보내서 8월에는 대고포대를, 이어서 천진을 점령하였다. 청조는 교섭에 의한 해결을 노렸으나, 황제와 공사의 알현문제 특히 두 무릎을 꿇어 절하는 「궤배(跪拜)의 예」를 둘러싸고 결렬되었다.

1860년 9월 영불군은 북경을 점령하고 건륭(乾隆)시대의 번영을 상징하는 이궁(離宮) 원명원(圓明園)을 불지르고 철저하게 약탈하여 청조를 굴복시켰다. (「애로우전쟁」을 중국에서는 「제2차 아편전쟁」으로 부르고 있다).

북경조약과 청조의 변질

1860년 10월 영불공사는 청조의 전권대표 공친왕(恭親王) 혁흔(奕訢, 咸豊帝의 동생)과 각각 천진조약의 비준서를 교환함과 동시에 북경조약의 조인을 행하였다. 이로부터 앞의 천진조약이 전면적으로 실시되었을 뿐만아니라 새로이 천진의 개항, 중국인노동자[苦力]의 해외 도항(渡航)의 공인, 배상금의 증액, 영국에 대한 구룡(九龍 ; 홍콩섬의 對岸)의 할양 등이 결정되었다.

러시아는 강화(講和) 중개의 댓가로서 1858년의 아이군(愛琿)조약에 이어 11월 북경조약을 맺었다. 이 두 조약에 의해 러시아는 흑룡강 이북의 영토와 광대한 연해주(沿海州)를 손에 넣었다.

이 굴욕 속에서 열하(熱河, 承德)의 이궁으로 떠나 있던 함풍제(咸豊帝)는 극도의 황음한 생활 끝에 일찍 죽었다. 어린 황제 동치제(同治帝)의 어머니 서태후(西太后)는 1861년 12월에는 공친왕(恭親王) 등과 연결하여 쿠데타를 감행하고 전황제 측근의 고관을 처형하여 실권을 장악하였다. 공친왕은 처음으로 외교의 전문기관으로서 총리각국사무아문(總理各國事務衙門, 약칭 總理衙門)을 설립하여 대외화친책으로 전환하였다. 파아머스턴 수상은 의회에서 영국의 대중국정책의 기둥이 처음으로 세워졌다고 말하며 청조를 강력히 지지하고자 하였다.

태평천국의 패배

양자강 유역의 내전의 주된 전장(戰場)에도 변화가 생겼다. 궤멸상태에 빠졌던 청의 정규군에 대신하여 한족의 고관이며 저명한 주자학자이기도 한 증국번(曾國藩)이 고향 호남(湖南)에서 조직한 상군(湘軍)이 태평군의 주된 적으로서 대두하였다. 상군은 증국번을 선생님으로 받드는 호남의 향신(鄕伸)·독서인(讀書人)을 핵으로 하고, 그들이 고향마을의 농민을 직접 모집하여 편성한 사병적(私兵的) 성격이 짙은 의용군이었다. 증국번이 내건 구호란 외래외 「이교(異敎)」로부터 유교를, 「모든 사람은 형제」라는 「평등」 윤리로부터 가부장제적 신분윤리를, 공유제로부터 사유제[지주제]를, 바깥사람들[광동·광서인]의 유린으로부터 호남을 지키자는 것으로 근대중국의 완강한 보수주의의 원형이었다. 상군(湘軍)은 강력한 수군(水軍)을 편성하여 몇 차례의 난관을 극복하고 양자강 유역의 다른 성에도 진출하여 1858년까지에는 천경(天京)상류의 호남·호북·강서를 회복하였다. 태평군은 안휘(安徽)의 염군(捻軍)과 연합하여 상군과 사투를 전개하는 한편, 충왕 이수성 휘하의 대군은 양자강 하류의 강소·절강 일대에 진출하여 1860년 10월 상해에 육박하였다. 당지의 지방관과 매판은 미국의 모험가 워어드 등에게 자금을 제공하여 외국인을 지휘관으로 하고 중국인을 병사로 하는 서양식 총포대(후에 「常勝軍」으로 개칭)를 만들어 태평군을 공격시켰다. 한편 영국·프랑스군은 충왕의 제1차 진격군에게 상해성 아래에서 총탄을 사정없이 퍼부어 격퇴시켰다. 이 상해공격 때 충왕은 영국·프랑스를 「양형제(洋兄弟)」로 믿어 의심치 않아 그들에게 손가락 하나 대지 않았다.

국가재정의 심장부였던 강절(江浙)지역 상실의 위기에 직면하여 청조는 하는 수 없이 상군(湘軍)의 우두머리 증국번을 양강(兩江)총독에 임명하였다. 이를 전후하여 상군의 여러 지도자가 화중·화남 여러 성의 순무(巡撫) 이하의 지방관에 임명되어, 그들은 지방의 군사·행정·재정권을 쥐게 되었다. 태평천국 이후의 독무(總督·巡撫)권력의 강대화로의 길이 이렇게 열리게 되었다. 증국번은 안휘출신의 막료 이홍장(李鴻章)에게 고향에서 상군과 같은 회군(淮軍)이라는 의용군을 편성시켜 강절(江浙)방위의 주력으로 삼았다. 1862년 봄 안휘의 안경(安慶)으로부터 영국상선에 나누어 탄 6,500명의 회군(淮軍)은 천경의 코앞을 지나 상해에 도착하였고, 이홍장은 강소순무(巡撫)에 임명되었다. 영국은 같은 해 1월 충왕군(忠王軍)의 제2차 상해진격을 격퇴한 다음, 현역장교 고오든을 상승군의 지휘관으로 배치하여 질적 양적으로 강화시키고 회군과 협력하여 강절의 태평군을 일소하는 데 앞장서 나갔다. 프랑스도 상첩군(常捷軍)을 편성하여 복건·절강의 태평군을 공격시켰다. 상해나 영파 등 개항장에 접근하지 말 것을 요구한 열강에 대해, 태평천국 정부는 「영토문제에 대해서는 한치의 땅도 예외를 둠은 불가능」하다고 하여 거부하였다. 이는 초기의 중화사상을 탈피하여 영토주권의 상호존중이라는 민족주의의 사상이 그들 사이에서 태어나기 시작하였음을 보여준다.

서양식 장비로 강화된 상군·회군과 외국의 간섭 군대에 의해 태평군은 한걸음씩 몰리다가, 1864년 7월 드디어 천경이 함락되고 태평천국은 붕괴하였다. 그 직전인 6월 천왕은 중병에 걸렸으나 종교적 신념으로 복약을 거부한 채 병사하였다.

천경 함락 이후도 염군(捻軍)과 합친 태평군 잔여부대의 화북평원에서의 전투라든지, 회족(回族)과 연합한 염군의 섬서(陝西)·감숙(甘肅)에서의 전투, 또한 귀주(貴州)의 묘족(苗族), 신강(新疆)의 이슬람교도의 반란이 계속되었다. 그러나 1870년대 전반에는 회군이나 상군에 의해 거의 진압되어 청조는 상대적인 안정을 회복하였다.

태평천국의 의의

쇄국 이후 에도막부(江戶幕府)가 처음으로 1862년 상해에 파견한 센자이호(千歲丸)에 탑승한 타카스기 신사꾸(高杉晋作) 등은 상해의 식민지적 상황과 구미의 근대적 군비에 충격을 받고, 아편전쟁에서 임칙서가 대응한 것에 큰 관심을 보였다. 귀국 후 곧 타카스기 신사꾸는 시나가와(品川)의 영국공사관 습격에 참가하였고, 1년 후 농민·상인을 포함한 기병대(騎兵隊)를 결성하여 장비의 근대화를 추진하고자 하였다. 또한 타카스기의 동지인 쿠사까 겐즈이(久坂玄瑞)는 번주(藩主)에게 올리는 글 속에 「아마쿠사(天草)의 난」역주③의 재판(再版)인 태평천국에 대한 반감을 나타내고, 철저한 기독교금지를 요구하는 한편, 그들의 영국·프랑스군과의 씨움이 영·불의 일본에 대한 군사적 압력을 약화시키고 있음을 지적하였다.

태평천국운동은 근대중국의 혁명운동에 커다란 영향을 주었다. 손문 (孫文)은 이를 민족혁명의 선구로서 높이 평가하면서, 그 실패의 경험 특히 민권(민주)주의의 결여가 가져다 준 제왕 사이의 항쟁을 교훈으로 삼아 발전적으로 계승하려고 하였다. 또한 중국공산당은 1927년 이후 농촌에서 홍군(紅軍)을 건설하는 과정에서 태평천국운동을 농민전쟁으로서 평가하고, 그 군대의 편성과 규율로부터 배우고자 하였다.

II. 제국주의의 침략과 저항

1. 양무운동과 청일전쟁

양무파의 등장

애로우전쟁의 패배와 태평천국과의 사투를 거치고 나서 청조 지배층의 일부는 우선 서양식 군비와 기계제 군사공업, 이어서 일반공업의 건설을 시작하였다. 그와 함께 구미(歐美)로의 유학생 파견, 외국어학교의 설립도 시작되었다. 이러한 움직임을 「양무운동(洋務運動)」이라 하고, 이를 추진한 관료그룹을 「양무파(洋務派)」라고 부른다. 동시대에 식산공업(殖産工業)정책을 추진한 일본의 유신(維新)관료가 막부를 타도하여 신정부의 주도권을 장악하였음에 비해, 그들은 「양(洋)」의 모든 것을 거부하는 완고한 보수파(頑固派)와 공존하며 그 제약 아래서 양무운동을 추진할 수밖에 없었다. 일본과 중국은 구미와의 불평등 조약을 공유하고 있었으나, 외국에 두 차례나 패전당하고 태평천국 진압에도 무력간섭을 받아들였던 중국의 종속도(從屬度)가 한층 깊었다. 아편 수입과 쿠리(苦力) 수출의 공인, 상해에서의 조계의 존재 등이 바로 그러한 상징이었다. 이들 조건은 기타 일본과 중국의 차이[10]와 어우러져, 서로 나란히 추진된 양무운동과 유신정부의 식산공업정책의 결과에 상당한 차이를 초래하였다.

서양식 군사공업의 건설은 안으로부터의 민중반란과 밖으로부터의 군사압력에 대해 청조의 저항력을 강화시키는 목적으로, 태평천국 진압의 중심이 되었던 증국번·이홍장·좌종당(左宗棠) 등 화중·화남의 지방장관

〔督撫〕에 의하여 개시되었다. 그것은 1865 년부터 1867 년에 걸쳐, 즉 명치유신의 직전에 본격화하였다.

이홍장에 의한 상해의 강남제조국(江南製造局 ; 총포·탄약·기선 제조)과 남경의 금릉기기국(金陵機器局 ; 대포·화약), 상군 출신의 민절(閩浙)총독 좌종당(左宗棠)에 의한 복주선정국(福州船政局 ; 조선소), 만주족의 귀족으로 북양삼구통상대신(北洋三口通商大臣)인 숭후(崇厚)에 의한 천진기기국(天津機器局 ; 화약·포탄)의 4 대 공장이 그동안 건설되었고 이후에도 각지에 대소의 군사공장이 건설되었다. 모두가 관영으로서 4 대공장의 노동자수는 2 천에서 7 천이었으며 기계와 기사는 외국에 의존하였다. 상품생산이 아니었으므로 자본주의 기업이라고는 할 수 없었다. 그러나 이것이 중국에서 최초의 기계제 대생산이었으며 노동자도 임금제에 의해 고용되었다.

1874 년 일본의 대만출병을 계기로 이홍장 등은 일본에 대처하기 위한 해군 건설이 시급함을 강조하여, 1884 년에 모두 43 척 42,000 톤으로 이루어진 북양(北洋, 15 척)·복건(福建, 11 척)·남양(南洋, 17 척)의 3 함대가 모양을 갖추게 되었다. 그러나 회군계나 상군계의 파벌로 나뉘어져 통일적인 지휘계통이 성립되지 못한 점은 1884 년의 청불(淸佛)전쟁에서 복건함대가 전멸당하는 한 원인이 되었다. 해군의 건설비는 외국무역의 확대와 함께 증가한 관세 수입과 임금(厘金)으로부터 충당되었다. 함대에는 중국에서 만든 군함도 있었으나 주력함은 영국·독일로부터 구입하였다.

「공업화」를 위한 첫 시도

1860 년의 북경조약 이후 외국 자본주의의 중국 경제 진출이 한층 확대되었다. 1864 년으로부터 1894 년까지에 수입액이 2.5 배 늘어나고 특히 면사(綿絲)의 수입이 격증하여 1870 년대 이후는 입초(入超)가 만성화되었을 뿐아니라 매년 증가하여 갔다. 불법이었음에도 불구하고 외국자본의 광공업에 대한 직접투자도 이루어지고 있었다. 1860 년으로부터

1894년까지 투자된 2천 8백만 원(元)을 선박운수업에 대한 투자와 합치게 되면 5천만원에 달하여, 같은 기간 중국의 투하 자본액 2천 8백만 원을 훨씬 상회하였다.

이 외국자본주의의 진출에 대처하고 또 재정난을 해결하기 위하여, 양무파는 일반공업의 건설에 의한 「부국(富國)」을 이룩하려고 하였다.

1872년 이홍장은 양자강 항로를 포함하여 중국의 해운업을 독점하고 있던 외국 기선회사로부터 그 「이(利)」를 빼앗아 올 목적으로 상해에 윤선초상국(輪船招商局 ; 기선회사)을 창립하였다. 그 이후 1890년대 초까지 기륭탄광(基隆炭鑛, 대만성, 노동자 1천 명), 개평탄광(開平炭鑛, 직예성, 3천 명), 막하금광(漠河金鑛, 흑룡강성, 2천 명), 대야철광(大冶鐵鑛, 호북성, 1천 명) 등의 광산, 상해기기직포국(4천 명) 호북직포국(2~3천 명) 등의 면방적공장, 천진전보국, 한양제철소(3천 명) 등을 대표로 하는 근대 광공업의 기업들이 건설되었다. 1881년 개평탄광의 석탄수송을 위하여 당산(唐山)—서각장(胥各莊) 사이(11km)에 최초의 철도도 건설되었다. 그렇지만 철도부설은 특히 「완고파(頑固派)」의 강한 반대를 불리일으키는 짐도 있어, 그 후의 진척이 더디어지고 청일전쟁이 일어난 1894년까지 약 360 km 정도 건설하는 데 불과하였다 역주④(같은 해 일본의 철도는 423 km).

관료자본주의의 형성

이들 기업의 대부분은 「관독상판(官督商辨)」이라는 반관반민(半官半民)의 경영방식을 채용하고 있었다. 창업 때에는 다액의 국가자금이 대여되었고, 청조의 고관(高官) 직접적으로는 양무파의 고관이 파견한 관료가 기업의 중추를 통할하였다. 다른 한편 민간으로부터 자본을 모집하고, 다액의 투자자로서 경제를 잘 아는 민간인에게 경영을 맡겼다. 이에 응한 민간인은 주로 상해 등의 개항장에서 활약하며 사금을 축석하고 있던 매판(買辨)이나 염상(鹽商) 등의 대상인, 또 대개의 경우 매판출신인 양무파 관료가 개인으로서 경영을 담당하였다. 관독상판기업은 외국자본에 의한 경쟁의 압력으로부터 유약한 중국의 기업을 지킨다는 이유로서, 세제(稅制)상의 우대조치라든지 관물(官物)·관용(官用)의 독점, 일정 기간의 영업독점권 등의 특권을 누렸다. 반면 때때로 이홍장에 의한 군함구입비를 대신 지불한다든가, 기타 같은 계통 기업의 적자를 메꾸어주는 데 유용되는 등으로 이윤을 빼앗기거나, 군사수송비의 할인과 생산물의 일정한 분량을 시장가격 이하로 국가에 넘기는 일 등을 강요당하였다.

1870년대가 되면 자금을 축적하고 있던 연해지방의 매판이나 상인 또 성공한 화교 가운데서 제사업(製絲業) 등 수출산업부문을 중심으로 근대 기업을 일으키려고 하는 기운이 싹트기 시작하였다. 그들은 홍콩의 영국정청(政廳)에 기업을 등록시킨다든지 외국 무역회사의 명의를 차용한다든지 하여, 완고파의 전통적인 억상(抑商)정책의 벽을 뛰어넘으려고 하였다. 이러한 상황과 불평등조약에 보호받는 선진자본주의 상품의 강대한 압력 아래서, 관독상판기업은 그들에게 하나의 출로를 제공하였다.

그러한 가운데 「민(民)」이 「관(官)」의 비호를 이용해가며 힘을 길러서 「(官)」의 간여를 배제하고, 자립한 민간자본주의기업＝민족자본으로 성장하는 가능성도 있었다. 사실 「관」의 간여를 배제하려는 「민」의 기업 내 투쟁도 일어나고 있었다. 또한 「관독(官督)」의 총수라고도 할 수 있는 이홍장 자신도 자금부족의 「화상(華商)」에게 「관이 국가자금을 대여하여 지원하고 역부족을 메꾸자」라고 하며, 민간기업의 발전에 대한 희망을 표명하기도 하였다. 그렇지만 결과는 1880년대 중기 이후 오히려 「관」의 지배력이 강화되어 관료자본주의의 방향으로 나아가며, 영업독점권이 민간기업을 억압하는 사태도 생겼다. 또한 경영에 실패하여 도산한다든지 외국자본에 흡수된 기업도 적지 않았다. 자본의 대부분을 장악한 개인으로서의 양무파관료가 「관」의 간섭을 배제하여 민간기업가로 변신한다든지, 관독상판기업이 자극제가 되어 순수한 민영기업이 창립되는 움직임도 한편에서는 일어났다. 그렇다고 해도 총체적으로 양무운동의 정점(頂點)이라고 볼 수 있는 이 관독상판기업은 내외의 여러 조

건에 제약을 받아, 중국의 공업화와 자본주의화의 견인차로서 역할을
다하지 못하고 말았다.[11]

변경(邊境)의 위기

1870년대로부터 1880년대에 걸쳐 중국 변경(邊境)과 함께 청조와 책
봉(冊封)관계로 맺어져 있던 이웃나라에 대한 구미열강과 일본의 침략이
진행되었다. 호칸드(현 소련 우즈백공화국령)의 야쿱 한의 신강(新疆)점령,
영국의 터어기 접근에 대항하여 러시아가 점령한(1871년) 일리지방은 좌
종당의 분투에 의해 회수할 수 있었다. 그러나 그 후 일리조약(1881년)
에 의하여 신강의 일부를 잃고 신강 전토를 러시아무역에 개방하지 않
을 수 없게 되어버렸다. 서남 변경에서는 버어마 남부를 점령한 영국이
운남(雲南)에 탐험대를 파견하였을 때 통역 마아가리가 여기서 살해된
사건이 일어나자, 이홍장을 압박하여 「연대(煙臺)조약」(芝罘조약)을 조
인시키고 운남과 버어마 사이의 국경무역 등을 승인시켰다. 1886년에
는 전 버어마를 병합한 영국의 운남에 대한 압력이 한층 강화되었다.
1860년대에 베트남 남부를 점령한 프랑스는 1870년대에 북부를 침략하
고 1883년에 전 베트남을 보호국화〔후에조약〕하였다. 종주국 청조의 후
에조약 승인, 베트남 영내에서 프랑스군과 싸우고 있던 「흑기군(黑旗
軍)」(태평천국시대 광서에서 활약하던 농민군의 수령 劉永福이 지휘하고 있었음)
에 대한 원조중지 요구를 둘러싸고 1883년 12월 청불전쟁이 폭발하였
다. 청군은 국경의 진남관(鎭南關) 등에서 국부적인 승리를 거두었으나,
교섭을 맡고 있던 이홍장은 전쟁의 장기화에 따른 동요와, 일본으로부
터 압력을 받고 있던 조선에서 중국의 영향력이 약화될 것을 걱정하여
철저한 항전을 회피하였다. 이리하여 1885년 6월의 천진조약에서 프랑
스의 주상을 받아들여 베트남의 종주권을 포기하였다.

오키나와(沖繩)・조선을 둘러싼 청・일 대립

1871년 9월 청・일 양국은 「더욱 우의를 두텁게 하기를 천지와 함께

영원할 것. 또한 양국에 속한 국토도 서로 예의를 갖추어 조금도 침범하는 일 없이 영구히 안전을 얻을 것」이라는 자손만대까지의 우호를 노래한 「청일수호조규(淸日修好條規)」를 맺었다. 이는 양국이 외국과 맺은 근대 최초의 대등한 조약이었다. 그러나 이 해에 표착한 오키나와(沖繩)의 어민이 대만의 선주(先住)부족에게 살해되는 사건을 계기로 명치유신 정부는 1874년 5월 대만에 출병하였다. 이는 근대 일본 최초의 대외출병이었다. 그 결과 청조와 책봉관계를 맺고있던 유구(琉球)왕국의 인민이 「일본의 속민」임을 사실상 청조에 인정시켜, 희생자에 대한 위문금 등 50만냥을 지불시켰다. 일본정부는 이로써 「양속(兩屬)」문제는 해결되었다고 간주하였으나, 유구번왕(琉球藩王)은 청조에 대한 조공을 계속하였고 청도 이를 받아들였다. 일본정부는 무력을 방패삼아 오키나와 「징벌」을 강행하고, 1879년 4월 번왕을 폐하여 오키나와현(縣)을 설치하였다. 이 오키나와 문제와 대만출병을 계기로 청조 내에서는 대일경계론과 해방론(海防論)이 높아갔다. 한편 일본정부 내에서는 「지나(支那)는 육군 60만이라 하여도 사람은 어리석은 데다 병졸은 약하며, 무기도 갖추어지지 않았을 뿐아니라 전법(戰法)도 서툴기 때문에 승산은 의심할 바 없다」는, 에토오 신뻬이(江藤新平)가 이와쿠라 토모미(岩倉具視) 앞으로 보낸 건백서(1871년)로 대표될 수 있는 청국멸시관과, 이렇게 약한 청국과 조선이 러시아의 지배하에 들어가버리게 되면 「황국이 위험해지기가 누란(累卵)과 같아질 것」이라는 위기감이 이미 존재하여, 이것이 그 후 중국·조선에 대한 정책의 한 저류를 이루게 되었다.

1875년 9월 이조(李朝)에 대한 조약 체결 교섭이 막다른 골목에 다달았을 때, 일본군함 운양호는 멋대로 조선해안을 측량하며 음료수 보급을 이유로 수도 서울(漢城)의 입구인 강화도 부근에 배를 접근시켜 조선측으로부터 포격을 받았다. 이에 대하여 일본은 페리함대의 계략을 흉내낸 군사력의 위압 아래서, 1876년 2월 이조로 하여금 「조일수호조규(朝日修好條規 ; 江華島條約)」를 수락시켜 부산 외에 2항의 개항을 약속시켰다. 조약의 제1조에는 「조선국은 자주의 나라로서 일본국과 평등한 권리를 가진다」라고 하여, 청조와의 책봉(册封)관계를 부정하는 의미의 조항을 내세우고 있다. 그러나 실질적으로는 개항장에서의 영사재판권, 거류지의 설정과 거류지 내에서의 일본화폐 유통, 수출입 상품의 무관세 등, 일본이 구미로부터 뒤집어쓰고 있던 것을 더 부풀린 불평등조약이었다.

이조의 실권을 쥐고 있던 민비(閔妃)정권에 대한 일본의 영향력 확대, 조선미(米)의 대량매입과 영국제 면제품의 수출을 중심으로 하는 일본의 경제진출에 대해서, 청조도 이홍장을 중심으로 전통적인 책봉관계의 틀을 넘어선 적극적인 간섭 정책을 추진하였다.

1882년 7월 서울에서 일어난 병사들의 반일·반민비정권 폭동(壬午軍亂 ; 일본인 군사고문이 살해되고 일본공사관이 점령되었음)을 당하여 이홍장은 파병된 일본군의 기선을 제압하여 출병하고, 반란병사들이 옹립한 대원군(국왕의 아버지)을 중국으로 납치하였다. 이 때문에 조선에서 우위를 일거에 실현시키고자 한 일본의 의도는 이루어질 수가 없었다. 그러나 일본도 제물포조약에 의해 청조와 마찬가지로 군대의 주눈권 등을 획득하였다. 이홍장의 부하 원세개(袁世凱)는 이조(李朝)군대의 지도권을 쥐고 이조에 대한 영향력을 강화하였다. 또한 이홍장은 미국·영국·러시아 등 열강과 조선의 통상조약을 중개함으로써 일본을 견제하고자 하였다. 조선내의 급진개혁파 김옥균 등은 절박한 민족적 위기를, 명치유신을 본뜬 제도개혁에 의해 타개하고자 하였다. 일본은 그들의 활동을 이용하여 세력의 만회를 기도하였다. 1884년 12월 청불전쟁에 따른 청조의 어려운 처지를 틈타 일본은 김옥균 등의 쿠데타(甲申政變)를 무력으로 지원할 것을 약속하였다. 그러나 쿠데타는 청군의 개입에 의해 실패하고, 이후 정치·경제의 양면에서 청조의 입장은 강화되어갔다. 임오군란과 갑신정변을 통하여, 일본의 지배층은 청조와 전쟁 없이는 조선에서 지배권을 확보할 수 없다는 점을 인식하였다.

제국주의시대의 개막

1880년대 후반 열강은 동아시아에 대한 새로운 침략공세를 개시하였다. 1885년 아프가니스탄을 둘러싸고 러시아와 영국의 긴장이 커졌을 때, 영국함대가 대한해협의 입구에 있는 거문도를 점령하고 해군기지를 만들었다(1887년 철거). 이는 러시아가 이조에 해군기지의 조차(租借)를 요구하고 있다는 정보에 대처하기 위한 것이었다. 1891년에는 러시아에 의한 시베리아철도 건설이 프랑스 자본의 원조를 얻어 시작되었다. 남방에서는 청불전쟁 중에 프랑스가 대만을 공격하고, 독일도 대만영유의 관심을 표명하고 있었다.

이들은 1870년대 이후 자본주의공업국에서 철강을 중심으로 하는 중공업의 발전, 금융자본의 집중·독점과 자본수출, 또한 독일·미국 자본주의의 약진에 따른 영국 우위의 동요라는 새로운 동향을 배경으로, 강국이 식민지의 독점지배와 분할을 목표로 하여 항쟁하는 제국주의의 시대가 개막하고 있다는 사실을 보여주는 것이었다.

이 새로운 국제정세 속에서 일본정부와 군부는 시베리아 철도가 완성되기 전에, 한반도와 그 후방인 만주 남부 그리고 대만 등을 지배하에 두기 위하여 청의 북양함대에 대항할 해군의 건설을 열심히 추진하였다. 청불전쟁 후 청조는 새로운 북양함대의 건설에 나서, 1888년에 정식으로 이를 달성하였다. 그것은 독일로부터 구입한 당시 최대급의 전함인 정원(定遠) 치원(致遠, 각 7,335톤)을 중심으로 신식 순양함과 어뢰정을 포함하는 대소 50척, 약 5만 톤으로 이루어진, 동시대의 일본해군을 능가하는 것이었다. 그러나 그후 청조는 군함구입을 중지하고, 해군경비 2천만냥을 서태후(西太后)의 환갑을 축하하는 이화원(頤和園) 건설비에 충당하였다. 한편 일본은 그 사이에 기동력이 뛰어난 10척의 중소 신예함정을 구입하고 자력으로 건조한 순양함·철갑함 다수를 포함하여 1894년 당시까지에 55척, 6만 톤의 대해군을 건설하였다.[12] 특히 북양함대에는 1문도 없었던 최신의 속사포 155문을 갖추었다. 그 결과 1894년의 시점에 북양함대는 일본해군에 비해 주력함의 평균시속이 1

해리 늦고 평균선령도 2년 낡았으며 포의 발사속도도 4~6배 늦은 열세에 놓여 있었다.

군사적 우위를 자각한 일본정부·군부는 개전의 기회를 기다리고 있었다. 기회는 1894년 봄에 찾아왔다. 이 해 전라도에서 탐욕스러운 부정관료의 규탄으로부터 갑오농민전쟁——서학(西學, 기독교)에 대하여 일어난 「동학(東學)」이라는 민간교단이 커다란 역할을 수행하고 있었기 때문에 일본에서는 「동학당의 난」으로 불렀다——이 일어났다. 이조는 청조에 진압을 위한 출병을 요청하였고 청조는 이에 응하였다. 일본은 즉각 청군을 능가하는 대병력을 파견하였다. 이조가 농민군과 화약(和約)을 맺어 출병의 명분이 없어지자, 일본은 청조의 거부를 예측해가며 청·일 공동으로 조선의 「내정개혁」을 하자고 제의하고, 이것이 거부되자 청군에 기습공격을 가하였다. 이리하여 청일전쟁이 시작되었다.

청일전쟁

충분히 전쟁 준비를 갖추고 있던 일본에 비해, 청조를 지배하고 있던 서태후와 그녀를 추종하는 이홍장은 러시아와 영국의 간섭과 조정에 의해 전쟁을 회피하려고 하였다. 「후당(后黨, 서태후파)」의 독재에 불만을 지닌 광서제(光緖帝)와 그의 측근을 중심으로 하는 「제당(帝黨)」은 주전론을 부르짖었으나 그들에게는 실권이 없었다. 개전의 전야에 영국이 영·일개정 통상항해조약(英日改正通商航海條約)——관세자주권의 일부 승인과 치외법권의 철폐를 주된 내용으로 한——의 조인에 응한 것 때문에 영국, 나아가서는 러시아의 강력한 간섭은 기대할 수 없게 되었다. 이홍장은 하는 수 없이 회군(淮軍)과 북양함대를 동원하여 일본군에 맞섰다. 그러나 평양에서의 싸움과 황해의 해전에서 패배하고 말았고, 1895년 3월까지는 일본군이 여순(旅順)·대련(大連), 산동반도의 위해위(威海衛) 등 중국영토마저 점령하였다.

여순점령 때는 비전투원 부녀자 등 6만 명이 일본군에 살해되었다고 《뉴욕 월드》가 보도하였고, 《타임즈》특파원도 일본군의 잔학성을 세계에 널리 알렸다. 무쯔 무네미쯔(陸奧宗光)외상은 《뉴욕 월드》지에 투고하기를, 보도는 「너무 지나치게 과장되어 있으며」 피해자의 대부분은 청병이 시민으로 가장한 자들이었다고 변명하였다. 또 후쿠자와 유키찌 (福澤諭吉)는 「여순의 살육, 근거 없는 유언(流言)」(《時事新報》 1984년 12월 14일 호)에서 일본군의 행위의 정당성을 주장하였다. 일본군대는 「틀림없는 문명의 군대」로서 아산이나 평양의 포로를 인도적으로 대우한 데 비해, 「원래 중국인이란 신의를 입으로 말하면서도 실제는 불신불의를 수치로 여기지 않는 것은 말할 것도 없고, 도저히 보통의 인간으로 볼 수 있는 인민이 아니며」, 이번에 살해된 자들도 「그들이 전문으로 하는 사기수단에 의한 변장의 병사」로서, 이들을 죽인 것은 「정당방위로 어쩔수없는 것이었을 뿐」이라고 하였다. 이러한 언론이나 당시 유행하던 노래——예를 들면 「멋대가리 없이 커다란 팟두릎처럼, 짱꼴라는 덩치가 커도 지혜는 모자라니 싸움에는 지기 마련……」「허풍뿐인 짱꼴라군대를 나팔소리 한번에 무찔러 버리네」(《士氣의 노래》)——등을 통하여, 이 시기에 일본인의 중국에 대한 멸시의식이 굳게 형성되었다.

하관(下關)조약과 삼국간섭

청일전쟁은 1895년 4월 하관(下關)조약의 체결에 의하여 종결되었다. 이는 일본·중국·조선이 근대세계에서 그 위치와 상호관계의 존재양상을 결정하는 일대 획기가 되었다. 조선과 중국본토에서 일본군의 전사자는 1,264명, 병사(주로 콜레라) 7,124명, 합계 8,388명(그밖에 대만에서 전사자 569명 병사 4,017명)이었다. 중국측의 사망자는 훨씬 많으나 대략의 숫자나마 알 수가 없다. 이를 조사하려는 체제가 애당초부터 되어 있지 않았던 것이다. 일본은 근대의 대외전쟁 가운데 가장 경미한 손실로서 하관조약에 의해 조선의 「독립」을 청조에 인정시키고, 요동반도·대만·팽호도(澎湖島)의 할양, 당시 청국의 세입 총액의 2.5년분에 상당하는 2억냥의 배상금, 편무적(片務的) 최혜국 대우, 열강에 앞선 개항장에서의 기업경영권 등을 얻어내었다. 일본은 앞의 영·일개정통상항해조약과 청일전쟁 후 열강과 차례로 맺은 개정조약에 따라 관세자주권의 일부를 회복하고 치외법권을 철폐시켜서 기본적으로 독립의 과제를 달성하였다. 그와 동시에 아시아에 식민지를 영유하는, 아시에서는 유일한 지배민족이 되었다. 그리고 이 배상금을 기초로 금본위제를 확립하고 또 야하따(八幡)제철소 건설 등의 사업확장비를 메꾸며 본격적인 자본주의 공업국의 길을 걷기 시작하였다.

식민지 지배는 즉각 대만주민의 거센 저항에 부딪쳤다. 대만의 유력자층은 구 순무(巡撫)인 당경숭(唐景崧)을 대총통에 옹립하고 「대만민주공화국」을 설립하여 일본의 지배를 거부하고자 하였다. 이것이 2개월만에 궤멸된 뒤에도 대만주민은 각지에서 게릴라전을 계속하였다. 이에 대해 일본의 대만총독부는 1897년부터 1901년까지 체포한 자가 8,030명, 살육한 자가 3,473명, 「명치 35년의 대토벌에서는 포로를 재판에서 사형시킨 자가 539명, 즉결처분으로 살육한 자가 4,043명」(鶴見祐輔 《後藤新平》 제2권)이라는 철저한 탄압을 가하였다. 그 결과 20세기 초에 겨우 본격적인 식민지 경영에 나설 수가 있었던 것이다. 일본의 요동반도 영유는 러시아·프랑스·독일의 간섭을 불러왔다. 러시아는 시베리아 철도를 연장하여 만주남북철도를 건설하고 이에 의해 만주·조선에 진출할 것을 노리고 있었다. 독일은 중국의 패전에 의해 그 분할 경쟁이 시작될 것을 예상하여 교주만(膠州灣) 획득계획을 가지고 있었다. 또한 프랑스는 노·불동맹 유지의 입장에서 러시아를 지지하였다. 일본은 결국 청조로부터 3천만 냥을 받고 요동반도를 돌려주지 않을 수 없었다.

이 간섭을 계기로 조선에 대한 러시아의 영향력이 커지고, 일본은 조선과 요동반도의 지배를 둘러싸고 새로운 강적과 대치하게 되었다.

한편 중국은 청일전쟁의 패전에 의해 제국주의 열강의 이권획득과 세력권 분할경쟁이 중요한 무대가 되었다.

2. 반식민지화와 저항

「세력범위」로의 분할

거액의 배상금을 일본에 지불하기 위해서 청조는 외국은행으로부터 거액의 차관을 받았다. 1895년부터 1898년에 걸쳐 노·불은행으로부터 1억냥, 영·독은행으로부터 2억 7백만냥을 빌렸고 관세·염세·이금(厘金)을 그 담보로 넣었다. 이에 따라 외국은행은 중국의 외국무역과 교통운수의 동맥을 장악하게 되었다. 열강은 또한 일본이 획득한 개항장에서의 기업 경영권을 최혜국대우 조항에 의해 함께 누렸다. 이로부터 종래 비합법적으로 이루어지고 있던 재중(在中)기업에의 투자가 격증하고, 1895년부터 1902년까지 8년간의 투자 총액은 5억 2천만 달러로 청일전쟁까지 투자액의 30배에 달하였다. 삼국간섭과 차관에 의해 은혜를 베푼 셈인 프랑스·러시아·독일은 1896년부터 1898년에 걸쳐 각각 광서(廣西)의 용주(龍州)로부터 성내(省內) 진남관(鎭南關)까지의 철도, 흑룡강·길림 두성을 횡단하는 동청(東淸) 철도, 산동반도를 동서로 관통하는 교제선(膠濟線)의 부설권을 획득하였다. 영국도 진진선(津鎭線, 天津―鎭江), 광구선(廣九線, 廣州―九龍), 호녕선(滬寧線, 上海―南京), 그리고 프랑스·러시아 자본을 배경으로 한 벨기에 은행단은 경한선(京漢線, 北京―漢口), 미국은 월한선(粤漢線, 廣州―漢口)을 각각 격렬한 쟁탈전을 거쳐 획득하였다. 1898년말까지 구미 각국이 획득한 철도부설권은 10,336 km에 달하였다. 철도부설권은 대개의 경우 통과지역에의 광산개발권을 수반하고 있으므로, 이들 철도는 당대의 공업을 대표하는 철강의 시장을 보장하여줌과 동시에 공업제품의 판로확대와 중국으로부터의 농산물 원료의 획득을 용이하게 만들었다.

나아가 1897년 가을, 산동성에서 2명의 독일인 천주교 선교사가 살해된 사건을 계기로 독일함대가 교주만(膠州灣)을 점령하였다. 이에 대항하여 러시아함대가 여순항에 침입하였고, 다음해 독일은 교주만의 조차권(租借權), 러시아는 여순·대련항의 조차권을 무리하게 얻어내었다. 이에 대항하여 영국은 구룡반도〔新界租借조약으로 1997년까지 99년간의 기한〕와 위해위(威海衛)를, 프랑스는 광주만(廣州灣)을 조차하였다. 열강은 조차지=군사기지와 철도를 축으로 자국의 권익을 배타적으로 확보하는 세력범위를 설정하고, 이 권내에서는 타국에 권익을 양도하지 말 것을 청조에 승인시켰다. 이리하여 러시아는 동삼성(東三省 ; 滿州)·몽고, 독일

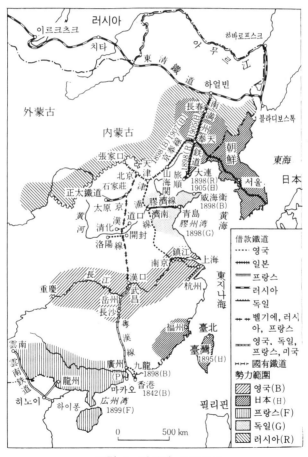

그림 3. 열강의 중국분할

은 산동반도, 영국은 양자강 유역과 광동 동남부, 프랑스는 베트남과 잇닿은 광서(廣西)·광동(廣東) 서부·운남(雲南) 남부 등을 세력범위로 삼았다. 일본도 대만의 맞은편 복건성(福建省)의 권익을 일본 이외의 다른 나라에 주지 않겠다는 것을 청조에 수락시켰다. 뒤늦게 등장한 미국은 1899년 중국의 주권존중·영토보전·기회균등을 내용으로 하는「문호개방선언」을 발표하여 중국 전역에 대한 자유로운 경제 진출을 대중국정책의 원칙으로 설정하였다.

변법운동의 전개

동아시아의 소국으로 최근까지 중국문화권내의 한 나라라고 생각되어 온 일본에 패전당한 사실은 중국의 젊은 사대부층에 강렬한 충격을 주어 그들의 각성을 촉구하였다. 선두에 나선 이는 광동성 남해현(南海縣)의 사대부 강유위(康有爲)였다. 그는 청불전쟁의 패전후 일찌감치 일본의 명치유신에 주목하여, 마찬가지의 정치제도 개혁[變法]에 의해서만 부국강병을 이룩할 수 있다고 주장하고 있었다. 하관조약 조인의 소식이 들려오자 강유위는 회시(會試)시험을 보기 위해 북경에 모여 있던 1,200여 명의 응시자[擧人]들에게 호소하여, 조약을 거부하고 정치를 개혁하여 굴욕으로부터 벗어나자는 상서(上書)를 연명으로 청조에 제출하였다[公車上書]. 이때부터 그와 양계초(梁啓超) 등의 지지자들은「제당(帝黨)」의 관료라든지 원세개 등을 포함하여 강학회(强學會)·남학회(南學會) 등의 학회를 조직하고, 19종의 신문·잡지를 발행하여 구미나 일본의 정치·교육제도·사상 등을 소개하며 개혁의 시급함을 계몽하였다. 부국강병이라는 견지에서 현모양처를 양성하기 위한 여학교의 건설이나 전족(纏足)폐지운동도 취급되었다.

강유위가 쓴 《공자개제고(孔子改制考)》와 영국유학생 엄복(嚴復)이 T. H. 헉슬리의 《진화와 윤리》를 번역하여 해설을 붙인 《천연론(天演論)》은「화산의 대분화와 대지진」에 비유된 충격을 젊은 사대부층에 주었다. 전자는 공자를 절대불변하는「성인(聖人)의 길」의 조술자(祖述者)로서가 아니라, 옛 성인(聖人)에 가탁(假託)하여 당시의 시의(時宜)에 맞는 개혁을 실현하고자 한 개혁가로 보는 대담한 재해석에 의해, 변법유신의 정당성을 뒷받침하고자 하였다. 또 후자에 의해 사람들은 「물경(物競, 생존경쟁)」과 「천택(天擇, 자연도태)」의 법칙이 지배하는 이 세계에서 중국이 「부적자(不適者)」로서 멸망할 가능성이 있는 점을 통절히 인식하고, 여기에서 중국이 살아남기 위해서는 「서학(西學)」에는 있으나 「중학(中學)」에는 없는 자주적인 정신을 길러 개혁을 하는 수밖에 없다는 것을 자각하였다. 《천연론》은 엄복이 잇달아 번역한 아담 스미스의 《원부(原富, 國富論)》, 몽테스큐의 《법의(法意, 法의 정신)》 등과 함께, 발전·진보·자유 등 중국의 전통사상에는 결여되어 있던 서양근대의 개념을 고심참담 끝에 만들어낸 번역어에 의해 처음으로 중국의 지식층에 전달하였다. 특히 그가 소개한 《진화론》은 제국주의 강국의 「양육강식」주의에 의한 망국의 위기의식과 결부되어 제1차대전 후까지 강한 영향을 남기고 있었다.

무술변법(戊戌變法)

강유위는 사대부층에 대한 계몽운동과 병행하여 광서제(光緒帝)에게 기대를 걸고 거듭 「상서(上書)」를 올렸다. 외국의 침략과 대평천국의 재발 즉 아래로부터의 대농민반란으로부터 청조와 중국이 위기를 벗어나기 위해서는, 전제정체(專制政體)를 군민일체(軍民一體)의 정체로 바꿀것, 이를 명치유신이나 러시아 뾰트르대제의 개혁 처럼 황제 자신의 주도권으로 행할 것을 요점으로 한 것이었다. 1897년 말 독일·러시아의 교주만·여순 점령의 직후에 제출된 그의 다섯번째 상서는 「변법(變法)」을 하지 않으면 황제나 대신도 보통의 서민으로서 살아갈 수조차 없게 될 것」이라고 개혁의 시급함을 역설하여, 황제의 마음을 크게 움직이게 하였다. 황제의 요구에 응하여 강유위는 변법의 대강을 서면으로 제출하였고, 황제는 이를 개혁의 기본방침으로서 받아들였다. 그 골자는 ① 신하들을 모아 유신(維新)의 국시를 정하고 이에 반대하는 관리는 사임시킬 것 ② 상서소(上書所)를 설치하여 사민(士民)으로 하여금 자유로이 상서시키고 그 가운데서 인재를 발탁할 것 ③ 제도국(制度局)을 개설하여 수십명의 유능한 인재를 선발하여 운영시키고, 황제는 매일 여기서 정무를 의논하며 새로운 법과 제도를 제정할 것이었다.

1898년(戊戌年) 6월 11일 황제는 「국시를 정하는 조(詔)」를 발하여 변법의 추진을 공포하였다[戊戌變法]. 이후 강유위에 대한 파격적인 접견, 강유위, 양계초, 호남의 급진변법파 담사동(譚嗣同) 기타 젊은 변법파의 등용이 이루어지고, 그들은 광서제의 조칙을 통하여 잇달아 신법·신제도를 포고하였다. 과거(科擧)의 근본적 개혁[八股文의 폐지]역주⑤, 근대적인 대학·중·소학교와 각종 전문학교의 설립, 신식 육군의 건설, 불필요한 관원의 정리, 민간 상공업·농업의 진흥 등이 주된 내용이었다. 그러나 관료의 대다수는 신법을 무시하였고 실행된 것은 경사대학당(京師大學堂, 후의 북경대학)의 창립 뿐이었다.

완고파는 과거개혁에 따라 권위의 근원을 잃어버리게 되는 데 대해 증오심을 불태우고 있었다. 서태후는 그들의 기대를 받으며 심복 부하 영록(榮祿)을 임시 직예총독(直隷總督)에 임명하여 북양(北洋)육군을 장악하게 하고 반격을 준비하였다. 9월 상서(上書)올리는 것을 방해하였다는 이유로 황제가 완고파의 예부상서(禮部尙書)를 파면시킨 것을 계기로 변법에 반대하는 쿠테타의 비밀모의가 구체화하기 시작하였다. 위기를 느낀 담사동(譚嗣同)은 일찌기 강학회(强學會)의 회원으로서 「신건육군(新建陸軍)」(청일전쟁 후 독일육군을 모델로 하여 원세개가 천진 근교에서 편성한 군대)을 장악하고 있던 원세개에게, 선수를 치는 군사행동을 일으키도록 요청하였다. 그렇지만 원세개는 이를 영록에게 보고하였다. 9월 21일 서태후는 광서제를 연금시키고 담사동 이하 6명의 변법파를 처형하였다. 강유위·양계초는 일본공사관과 미야자끼 토오뗀(宮崎滔天)의 원조로 일본으로 망명함으로써 유신은 백일 남짓만에 유산되고 말았다[百日維新].

변법운동은 시민적·부르조아적인 세력이 아직 생성의 초기 단계에 있던 시대에 혁신적인 사대부층에 의해 담당된 민족주의적 성격을 지닌 최초의 구국운동이었다. 그러나 민중적 기반이 없었으며 강유위 등 변법파 지도자는 아래로부터의 민중운동의 발전을 오히려 경계하며 두려워하였다. 중국의 완강한 보수세력에 대립하는 개혁은 넓은 민중운동의 기반이 없는 위로부터의 개혁만으로는 실현불가능이었던 것이다.

반기독교 폭동의 격화

변법운동을 전후하여 산동 서남부에서는 반기독교 폭동이 격화되어 갔다. 1879년 이후 독일을 배경으로 이 지역에서 끈질긴 포교를 하여오던 천주교 신언회(神言會)의 독일인 선교사와 중국인 교인이 공격의 주된 대상이 되었다. 투쟁의 주체는 의화권(義和拳)이나 대도회(大刀會) 등의 민간결사로서, 그들은 백련교계의 팔괘교(八卦敎) 무술수련조직으로부터 유래되었다고 전해지고 있다. 그들은 주문을 외고 부적을 불사른 재를 마시며 권술(拳術)과 같은 무예와 「기공」(氣功 ; 체조의 일종)에 의해 근육을 단련시키면 칼이나 총탄도 튕겨버릴 수 있다고 주장하였다. 이 지방에서는 19세기 후반 이후 토비(土匪 ; 무법자 집단)의 약탈이 일상화하고 있었다. 당시 빈발하고 있던 수재, 가뭄, 외국 공업제품의 수입 급증에 따른 부업의 파괴, 대운하를 이용해오던 남방으로부터의 세미(稅米)수송이 해운으로 바뀌었기 때문에 뱃사공이나 배를 끄는 인부들이 대량으로 실업한 일 등이 모두 토비(土匪)발생의 원인이 되었다. 관료나 향신이 지배하는 단련도 백성을 지켜줄 수 없었기 때문에 농민은 대도회(大刀會) 등에 결집하여 자위를 하고자 하였다. 이리하여 공권력으로부터 자립한 무장 민간집단이 확대되어 갔다.

한편 교인의 대다수도 교회가 제공하는 물질적 원조에 의해 기아로부터 벗어나고자 하거나, 관헌이나 지주의 박해로부터의 비호를 바라는 빈궁한 백성들이었다. 천주교로 「개종」하여 탄압을 피한 백련교도들도 적지않게 있었던 것이다. 그러나 교회는 대도회(大刀會)라든지 의화권(義和拳)과는 달리 중국의 공권력보다 우위의 외국권력에 의해 지켜지는 조직이었다. 독일이 교주만을 조차한 1898년 말 이래 산동 남부에서 빈발한 의화권 등의 공격에 대해 신언회(神言會)는 독일군의 출병을 요청하였고, 이에 응한 독일군은 마을들을 불지르고 현성(縣城)을 점령하고서는 다액의 배상금을 받아내었다, 끊임없이 일상적으로 일어났던 교인과 비교인 사이의 토지를 둘러싼 분쟁이나 제례(祭禮)에의 기부금──신언회(神言會)는 중국의 전통적인 습속에 대해 비타협적인 태도를 견지하였다──등을 에워싼 분쟁에 대하여, 신언회나 프란시스코회는 계층적인 교회조직을 구사하여 지현(知縣)에서 결판이 나지 않으면 지부(知府)에게, 그것도 안되면 순무(巡撫)에게 나아가서는 총리아문(總理衙門)에게 압력을 넣었다. 산동에서는 교회에 청탁하는 편이 훨씬 빠르고 유리하게 분쟁을 해결할 수 있었다. 그러므로 반기독교 폭동은 기독교에 대한 폭동이라기 보다 민중의 일상생활에까지 침입하여 온 제국주의 권력에 대한 싸움이었다.

의화단운동

1899년 의화권의 반기독교 폭동은 산동 남부로부터 남서부──서중부일대에 확대되었다. 진압에 혼이 난 산동순무는 의화권을 단련(團練)으로 공인하여 회유하고자 하였다. 이 무렵부터 의화권은 일반의 단련에 침투하고, 통합을 이루어 의화단(義和團)이라고 칭하며 「부청멸양(扶淸滅洋)」의 슬로건을 내걸었다. 결국 독일 등 열강의 요구로서 순무가 파면당하고, 신임 순무 원세개가 신건육군(新建陸軍)으로 산동의 운동을 진압하였다. 그러나 1900년 봄 의화단은 직예성(지금의 하북성)으로 확대되고, 철도나 역사(驛舍), 전선(電線)을 파괴해가며 북상하여 같은해 6월에는 천진, 북경으로 진출하였다. 단원의 주력은 10대의 농촌 남녀였고, 소녀들로 구성된 선전대〔紅燈照〕는 대만의 수복을 부르짖었다. 반기독교 운동으로부터 전반적인 배외·반제국주의운동으로 발전하여간 것이다. 운동의 폭발적인 발전에 따라, 비참한 일상세계로부터 비상(飛翔)하고자 하는 환상과 열광이 민중을 깊이 사로잡아 갔다. 이러한 가운데

《봉신연의(封神演義)》──명대의 소설로서 주무왕(周武王)이 은주왕(殷紂王)을 쳤을 때 많은 선불(仙佛)이 하늘로부터 내려와 도와주었다는 이야기──나 《삼국지연의(三國志演義)》《서유기(西遊記)》《수호전(水滸傳)》에 등장하는 다수의 신불(神佛)이나 영웅들이 단원에게 신들려 내리게 되었다. 말하자면 「무생노모(無生老母)」의 화신이 됨으로써 성화(聖化)된 창녀(娼女)가 고관(高官)을 꿇어앉혔다든지, 손오공이 신내림한 「홍등조(紅燈照)」의 소녀가 동경까지 공중을 날아가 「배상금을 찾아」왔다든가, 「모스크바를 불사르고 왔다」라고 선전하였다.

6월, 독일공사와 일본공사관원이 북경거리에서 살해당하고 의화단이 공사관 지역을 포위하자, 독일·일본·영국·미국·프랑스·러시아·오스트리아·이탈리아의 8개국 연합군이 공동출병하였다. 약 3만 6천의 연합국 주력은 2만 2천 명의 일본군이었다. 영국과 미국은 지리(地利)를 가진 러시아가 대량 출병하여 중국에서의 지위를 강화할 것을 두려워하였다. 그러나 이 두 나라는 지리적으로 멀고 거기에다 영국은 남아프리카의 보어족 반란에, 미국은 필리핀의 아기날도 등의 독립전쟁에 골치를 썩이고 있었다. 조선과 만주〔東三省〕남부를 에워싸고 러시아와 대립하고 있던 일본은 영국·미국 등의 지지를 필요로 하고 있었다. 바로 이것이 중국본토에는 아직 그다지 권익을 갖고 있지 못하던 일본이 대군을 내보내게 된 주된 이유였다.

의화단운동의 확대와 열강의 무력간섭 앞에 청조 지배층은 의화단 진압을 주장하는 대외협조파와 의화단을 이용하자는 대외항전파로 분열하였다. 서태후는 동요하던 끝에 열강이 광서제(光緒帝)의 친정(親政)부활을 요구하고 있다는 정보에 격노하여 후자를 지지하였다. 6월 21일 그녀는 연합국에 선전포고하고 배외완고파의 경친왕(慶親王) 등에게 의화단의 통솔을 명하였다. 그렇지만 이홍장 등 화중·화남 각성의 양무파 총독은 열강과 「동남호보협정(東南互保協定)」을 맺어 협조관계를 유지하였다.

8월 북경을 점령한 연합군은 자금성(紫禁城) 내의 이화원(頤和園)을 비롯한 모든 곳에 들어가 닥치는대로 약탈과 만행을 저지르고 무수한 귀중한 문물(文物) 전적(典籍)을 구미(歐美)로 가져가버렸다. 개개의 병사로서는 연합군 가운데 가장 규율이 엄정했던 일본군도, 천진의 청조국고로부터 마제은(馬蹄銀) 120만 냥을 빼앗아 이를 국가에 헌상하였다. 그것을 수송하는 도중에 사단 상층부가 일부를 횡령한 사실이 나중에 중대문제가 되기도 하였다.

　북경점령 후 약 7만으로 증강된 연합군은 서쪽은 산서동부, 북쪽은 몽고의 장가구(張家口), 남쪽은 하북의 보정(保定) 일대까지 침입하여 점령하였다. 북으로부터 침입한 러시아군은 치치하르·하얼빈·길림·봉천〔瀋陽〕등 동삼성의 요지를 모조리 점령하였다.

　의화단이 필사적으로 저항을 계속하고 있는 가운데 8월 서안으로 도피하던 서태후는, 도망 도중에 표변하여 의화단에 대한 철저한 진압명령을 내림으로써 자신의 안전을 꾀하였다.

　중국의 반식민지화

　1901년 9월 청조와 열강 간에 체결된 「북경의정서」(北京議政書, 辛丑和約)는 중국의 반식민지로서의 위치를 결정적으로 만들었다. 조약의 내용 그 자체가 열강간에 대립하는 이해(利害) 조정의 결과로서 결정된 것으로, 청조는 그 무렵 상대로서 제대로 인정받지 못하였다. 이로부터 중국은 4억 5천만 냥, 39년부의 원리금 합계 9억 8천만 냥이라는 막대한 배상금을 부과받았고, 관세·염세·이금(厘金)이 그 재원으로서 지정되어 외국인 총세무사의 관할하에 놓이게 되었다. 또한 북경에 중국인의 거주를 허락치 않는 공사관 구역을 설정하여 외국군대가 주둔하게 되고 북경—천진〔大沽港〕간에 포대(砲臺) 철거를 강요당하는 한편, 북경으로부터 산해관(山海關)까지의 철도 연변 요지에 외국군의 주둔권을 인정하게 되었다. 북경은 이제 무방비 상태가 되어버렸으며, 후에 일본은 북경 주변의 주둔권을 화북침략의 지렛대로 사용하였다. 더우기 금후 모든 배외운동을 사형(死刑)으로써 단속한다는 약속을 하지 않을 수 없었다.

이리하여 청조는 열강의 권익옹호를 사명으로 하는 「양인(洋人)의 조정」으로 변질되고 그렇게 함으로써만이 존속을 보증받게 되었다. 반면에 열강은 중국의 직접적 분할 즉 식민지화를 완수할 수 없었다. 이는 열강간의 대립과 상호견제라는 요인때문이기도하나 특히 의화단에서 나타난 중국민중의 강한 저항에 따른 것이다. 총사령관 발데르제(독일의 장군)는 기특하게도 다음과 같이 말하고 있다.

> 중국의 상층계급이나 관료는 세계정세에 어두우며 썩어빠져 있으나 4억의 민중은 이른바 「신의 자손」이라는 자존심이 높고⋯⋯무한한 생기가 가득차 있으며, 근면하고 영리하여 전투심도 왕성하다. 이번의 의화단운동에서는 산동·직예에서 적어도 10만명이 이에 참가하고 있다. 패배한 것은 무장이 갖추어지지 않았기 때문일 뿐이다 (빌헬름 II세에게 올린 〈중국분할에 관한 奏議〉).

> 구미·일본 어느 나라도 세계인구 1/4 을 차지하는 이와 같은 민중을 지배할 수 있는 지혜나 병력을 갖추고 있지 않다. 분할과 같은 것은 최대의 하책이다 (어느 외국신문사 통신원과의 담화).

3. 신해혁명

청조의 新政

1901 년 1 월 서태후는 「외국의 장점을 취하고 중국의 단점을 버려 부강을 꾀한다」고 하여, 고관들에게 국정에 관한 의견의 상신을 명하였다. 이를 출발점으로하여 청조는 살아남기 위한 신정(新政)을 개시하였다. 신정의 추진자는 직예총독 원세개(袁世凱), 양강총독 유곤일(劉坤一), 호광총독 장지동(張之洞)이었다. 주된 내용은 ① 36 개 사단의 신군(新軍) 건설을 중심으로하는 군대의 근대화(청말까지 14 개 사단이 편성되었다) ② 상부(商部 ; 상공부)의 신설, 상회나 회사의 설립장려, 상법의 제정 등 실업의 진흥 ③ 각현(縣)에 소학교, 부(府)에는 중학, 성(省)에는 대학 또는 사범학교, 각종 실업학교를 건립하여 학제를 공포하고 학부〔문교부〕를 설치하는 등 교육개혁, 과거(科擧)의 폐지(1905 년), 외국 특히 일

본으로의 유학생 대량파견, 그에 따른 새로운 관료의 양성 등이었다. 열강에 대한 청조의 종속이 결정적으로 된 시기에 겨우 이루어진 신정 (新政)은, 중국사회에 여러가지의 변화를 일으켰으며, 그것이 곧 청조의 묘혈을 파는 셈이 되었다.

신정(新政)의 여러 결과

정치면에서는 약 7 만의 병력으로 이루어진 북양 6 개 사단의 신군을 건설한 원세개를 우두머리로 하는 북양집단이 최대의 실력파로 떠올랐다. 원세개는 교통은행을 설립하고 영국의 지지 아래 철도·운수부문의 실권을 장악하였다.

한편 청일전쟁의 패전을 계기로 태동되어온 매판(買辦)이나 대상인 및 개명적인 향신 등에 의한 기업설립의 기운은, 신정의 실업진흥이라는 장단에 맞추어 한층 발전을 이룩하였다.[13] 그러나 민간자본주의의 발전은 오직 방적부문(1911 년의 민영기업 총수 416 가운데 150 기업), 제분·착유·성냥 등 경공업에 한정되어 중공업은 보잘것이 없었다. 또한 강소·절강·광동·호남·호북 등의 지역에 전체의 60 %가 집중하고 있었다. 더우기 반식민지화가 심화되는 가운데 외국자본의 투하속도가 한층 빨라져서 1913 년의 외자총액은 12 억 1 천만 원, 중국자본 총계의 5 배에 이르렀다. 외자기업과 비교하여 중국 민족자본의 자력(資力)·규모·기술은 현저하게 떨어져 있었다. 그렇지만 「양인(洋人)의 조정」으로 변해버린 청조에게는, 외압으로부터 이를 보호하고 발전시킬 능력이 전혀 없었다. 그 때문에 신흥의 민족자본가층은 신정을 한걸음 더 진전시킨 입헌개혁을 통하여 정권에 참여코자 하는 「입헌파」로서 정치무대에 등장하였다. 그들은 또 외국으로부터 이권을 회수하자는 운동의 중심세력이 되었다.

신식학교의 설립과 유학생의 대량파견은 전통적인 독서인 사대부층과 다른 타입의 지식계층을 탄생시켜 주었다. 1908 년에는 전국에 47,900 여 개의 각급 신식학교가 존재하여 학생수 약 130 만 명 교원수 약 63, 500 여 명에 달하였다. 이들 신지식층은 진부한 교육내용이나 봉건적 관리에 반발하여 차츰 혁명사상이나 입헌사상에 마음을 기울여갔다. 특히 일본 유학생은[14] 망명한 혁명가나 개량파들과 접촉하거나 일본어로 번역된 유럽 근대사상의 흡수, 그리고 명치유신 이후 일본의 발전과 중국의 상황과를 대비하는 가운데 급속하게 입헌이나 혁명의 사상을 받아들이게 되었다.

한편 신정은 민중에게 당장에는 어떤 직접적 이익도 가져다주지 않았다. 그들에게 신정은 터무니없는 중세(重稅)를 의미할 따름이었다. 각 성(省)에 할당된 방대한 의화단배상금에다 신정에 필요한 거액의 경비를 염출하기 위해, 각 성은 희한한 신세(新稅)를 차례로 만들어내거나 구세(舊稅)를 인상시키거나 하였다. 예를 들면 산서성에서는 1902년 이후 강세(缸稅) · 유세(油稅) · 석탄세 등 10여 종의 신세가 만들어졌고, 직예성에서는 창기(娼妓)나 인력거에까지 세금이 부과되었다. 또한 직예성 정현(定縣)의 전부(田賦)부가세가 1907년에는 1899년보다 약 3.6배로 뛰었다. 잡다한 상업세와 소비세를 중심으로 종래의 몇 배, 지역에 따라서는 열 몇배로 증가한 중세(重稅), 그에 따른 물가등귀에 의한 생존의 위기에 직면하여 농민이나 도시빈민층은 각지에서 반세(反稅)투쟁이나 쌀소동, 항량(抗糧) · 항조(抗租)폭동을 일으켰다. 1907년부터 1910년 사이에 양자강 중류 · 하류 유역에서만도 90회 이상의 크고작은 폭동이 일어나고 있다. 이것이 청조지배를 약화시키고 흔들어버린 커다란 원동력이 되었다.

혁명파의 탄생 —— 흥중회(興中會)

혁명의 햇불을 처음으로 든 사람은 손문(孫文, 호는 中山. 1866-1925)이었다. 그는 광동성 (廣東省) 향산현(香山縣, 지금의 中山縣)의 농민의 아들로서, 태평군에 참가한 친척으로부터 싸움의 이야기를 듣고서는 반역정신을 키웠다. 후에 하와이로 이민하여 성공한 형 밑에서 미국식의 교육을 받았고, 귀국 후 홍콩에서 의학을 공부하였다. 청일전쟁이 한창인 1894년 11월, 그는 하와이의 화교 120명을 조직하여 「흥중회(興中會)」

를 창립하였다. 그 장정(章程, 규약)에는「당당한 화하(華夏, 중국)」가「이민족〔만주족〕에 경멸당하고 있는」상황을 통분하고, 그러한 상황하에서 열강에 의한 중국분할의 위기가 급박함을 강조하며,「뜻있는 인사」의 궐기를 재촉한 것이었다. 이어서 다음해 2월, 그는 홍콩에서「오랑캐〔淸朝〕를 내쫓고 중화를 회복하여 합중(合衆)정부를 창립한다」는 목표를 명확히 내건「홍중회총부(興中會總部)」를 창립하였다. 이리하여 청조의 타도와 공화제(共和制)국가 즉「백성〔民〕의 나라〔國〕」의 수립을 지향하는 최초의 혁명단체가 성립하였다.

홍중회(興中會)는 그 해 가을 광주(廣州)에서 회당(會黨, 민간의 비밀결사)이나 실업한 병사나 수병(水兵)을 모아서 최초의 거병을 감행하였다. 그러나 밀고에 의해 계획이 누설되어 실패하였다(이 때에 처형된 육호동(陸皓東)이 거병할 군대의 깃발로서 만든「청천백일기(靑天白日旗)」가 1928년에 중화민국의 국기로 결정되었다). 손문은 런던·캐나다·일본 등에 망명하여 혁명이론을 가다듬는 한편, 화교를 설득하여 운동자금을 모으고 또한 중국혁명에 대한 지원을 외국인 유지(有志)들에게 호소하였다. 그러나 당시의 손문은 멋모르고 날뛰는 단순한 수배자(手配者) 정도로 중국 내외에서 간주되었으며 이렇다 할 성과를 올리지 못하였다. 그러한 가운데 1897년 일본체류중의 손문을 방문한 미야자끼 토오뗀(宮崎滔天)은 그의 인격과 식견에 반하여 오오쿠마 시게노부(大隈重信)나 이누가이 쯔요시(犬養毅)에게 소개하고, 그후 일본에서 중국혁명 지원을 조직하는 활동에 헌신하였다. 특히 그의 저서《33년의 꿈》(1902년 초판)은 다음해《손일선(孫逸仙)》으로 줄여져 중국어로 번역 간행되어, 혁명지도자로서 손문의 고결한 인물상과 혁명사상을 보급시키는 데 커다란 공헌을 하였다.

1900년 의화단(義和團)사건에 따른 청조의 어려운 처지를 틈타 손문은 수천명의 회당(會黨)을 동원하여 광동성 혜주(惠州)에서 거병하였다〔惠州起義〕. 그러나 대만총독 코다마 겐타로오(兒玉源太郎)를 통하여 획득하려 했던 무기를 손에 넣지 못하여 거사도 실패하고 말았다.[15] 그렇지만 이번의 거병은 최초의 거병과는 달리 혁명의 바람을 불러일으키는 발단이 되었다.

혁명론의 대두

일찌기 변법(變法)에 기대를 걸었던 지식인들은 의화단사건 후의 청조의 변질에 직면하여, 특히 의화단 진압 후에도 동북[滿洲] 요지의 점령을 계속하던 러시아에 대해 어찌할 바를 모르는 청조의 무력함을 보고서는, 민족 자존을 위해서 청조를 타도할 수밖에 없다고 생각하게 되었다.

혁명의 주장은 일본유학생 가운데서 먼저 나타나고, 국내 신설학교의 학생들이 이를 뒤따랐다. 특히 1902년 4월 최후까지 청에 저항한 명의 황족 영력제(永曆帝)가 체포된 1661년을 망국의 해로 삼아서, 장병린(章炳麟)·진력산(秦力山) 등이 요코하마(橫濱)에서 개최한 「지나망국(支那亡國) 242년 기념회」는 유학생들에게 혁명사상을 보급하는 데 커다란 영향을 미쳤다. 예전에는 오로지 회당(會黨)만을 중시하며 지식인을 「입과 혀의 무리」로서 경시하여왔던 손문도 이들 유학생의 움직임을 보고 그들에 대한 작용을 중시하게 되었고, 유학생들에 대한 손문의 영향력이 증대하게 되었다. 중국 국내에서는 상해에서 간행되고 있던 《소보(蘇報)》에서 장병린(章炳麟)이나 추용(鄒容) 등이 강렬한 반만(反滿)혁명론을 전개하였다. 조계공부국(租界工部局)에 의한 《소보(蘇報)》의 폐간과 청조가 원고(原告)가 된 그들에 대한 재판은 커다란 반향을 불러일으켰다. 이때 붙잡혀 옥사한 추용(鄒容)의 저작 《혁명군》, 장병린의 《강유위(康有爲)를 반박하며 혁명을 논하는 글》은 호남의 천재적인 선전가 진천화(陳天華)의 침통하고 정열적인 팜플렛 《경세종(警世鍾)》《맹회두(猛回頭)》와 함께 학생이나 지식인들에게 커다란 영향을 주었다. 이러한 혁명기운이 대두하는 가운데 각지에서는 새로운 혁명단체가 조직되었다. 1903년 일본유학생과 상해를 비롯한 전국 주요도시의 학생들은 러시아에 반격을 가하기 위한 「거아의용대(拒俄義勇隊)」(俄는 러시아를 가리킴)를 결성하여 동북으로의 출격과 러시아의 침략에 대한 저항을 청조에 요청하였으나 거부되고 탄압당하였다. 의용대는 군국민교육회(軍國民敎育會)로 개칭되어 차츰 청조타도로 역점을 옮기게 되었다. 그 회원이었던 호남의 황흥(黃興), 송교인(宋敎仁) 등은 1904년 장사(長沙)에서 「화흥회(華興會)」를 창립하고, 다음해 회당[哥老會]과 연결하여 호남에서 무장봉기를 일으켰다. 그 지도자 황흥(黃興)은 중국의 특수성에 기초하여 프랑스혁명과 같은 수도혁명론보다 각 성(省)별의 자립을 주장하였다.

또한 1904년 채원배(蔡元培) 등에 의해 군국민교육회(軍國民敎育會)의 암살단을 모태(母胎)로 하여 「광복회(光復會)」가 상해에서 조직되었다. 이 회에는 장병린이 강한 사상적 영향력을 갖고 있었다. 광복회(光復會)는 특히 중국의 전통사상에 조예가 깊은 학자혁명가를 다수 포용하고 있었다. 그들은 강렬한 반만(反滿)혁명론과 방법으로서의 테러리즘, 통치에 참여하여 부귀영화를 얻으려는 중국 사대부층의 전통적인 관념을 거부하는 각자의 자기희생적인 혁명도덕을 중시한다는 점 등에서 두드러졌었다. 또 장병린은 인도에 깊은 공감을 지니고, 이를 통하여 구미의 압박에 대한 피억압민족의 세계적인 저항을 구상하였다. 광복회도 소흥(紹興) 출신의 일본유학생 도성장(陶成章)을 중심으로 회당(會黨)과의 연합에 힘썼다.

여성혁명가 추근(秋瑾)도 광복회원이었다. 그녀는 소흥(紹興)의 관료집안에서 태어나 호남의 어떤 부호와의 결혼을 집어치우고, 단신으로 일본에 유학하여 여성의 자립을 위한 여성교육의 보급과 여성참정권의 획득을 주장하고 있었다. 귀국후 1907년 절강과 안휘에서 무장봉기를 계획하였다가 실패하여 처형되었다. 한편 젊은 날의 노신(魯迅)도 광복회원이었다.

중국동맹회의 성립

1904년 2월, 조선의 지배와 그 배후의 땅인 중국 동북지방을 둘러싼 제국주의적 대립으로부터 노일전쟁이 일어났다. 다음해 일본이 승리하여 9월 초 포츠머스조약이 맺어졌다. 이에 의해 일본은 조선에서 지배적 지위를 확립하고 1910년에 한국을 합병하여 이를 식민지로 만들었다. 또한 관동주(요동반도)에 대한 러시아의 조차권과 동청철도의 남만지선(南滿支線, 장춘·여순간)의 경영권을 계승하게 되어 만주 식민지화의 첫걸음을 내디뎠다. 그러나 개전(開戰) 이래 중국의 입헌파나 혁명파는 자국의 영토 속에서 일어난 이 전쟁을 방관할 수밖에 없었던 스스로의 무력함에 굴욕감을 느꼈고, 또 승리후의 일본의 야심을 경계하면서도 대체로 일본의 승리를 바라고 있었다. 러시아의 침략을 발등에 떨어진 불로 생각했기 때문이었다. 그들은 일본의 승리를 「전제」에 대한 「입헌」의, 「유럽」에 대한 「아시아」의 최초의 승리로 간주하여 입헌운동과 혁명운동에 박차를 가하였다.

 1905년 7월, 미국과 유럽을 거쳐 일본에 온 손문은 미야자끼 토오뗀(宮崎滔天)의 소개로 황흥(黃興)·송교인(宋敎仁)·진천화(陳天華) 등과 회담하며, 한편으로는 각 혁명단체에 소속한 유학생들과도 새로운 혁명단체의 창립을 토의하였다. 이러한 토의의 결과, 손문의 주도 아래 「오랑캐를 구축하여 중화를 회복한다(민족주의), 민국을 창립한다(민권주의), 토지소유권을 균등히 한다(민생주의16)」는 이른바 「삼민주의(三民主義)」를 강령으로 하는 「중국동맹회(中國同盟會)」――「중국혁명동맹회」안이 유력하였으나 「혁명」을 덧붙이면 활동에 불리하다는 이유로 이렇게 고쳐졌다――의 결성이 결정되었다.

 이어 약 1,800명의 참가자와 장외에 넘친 수백명의 유학생들의 열기에 휩싸여 코오지마찌(麴町)의 후지미루(富士見樓)에서 개최된 손중산(孫中山)환영대회를 거쳐, 8월 20일 카스미가세끼(霞ヶ關)의 사카모또 킨야(坂本金彌) 의원의 저택에서 성립대회가 개최되어, 손문(孫文)이 총리에 선출되었다. 동맹회는 동경에서 약 1만 부의 기관지 《민보(民報)》를 빌행하여, 양계초(梁啓超)·강유위(康有爲) 등 개량파의 입헌군주제론(立憲君主制論) 및 혁명은 사회의 혼란과 이를 틈탄 열강의 분할을 초래한다는 등을 이유로 하는 혁명반대론과 논쟁을 거듭하며 혁명의 여론을 부채질하였다.

동맹회의 혁명구상

동맹회는 손문의 주장에 따라「혁명방략」을 제정하였다. 여기에는 이 혁명에「일관하는 정신은 자유·평등·박애이다. 그러므로 지난날에는 영웅혁명이었으나 오늘날에는 국민혁명이다」라고 되어 있고, 이에 기초하여 그들은 중국 각지에 분회를 설립하였다. 약 1년 내에 1만 명을 넘는 가맹자를 얻어 그들을 중심으로 신군(新軍)·회당(會黨)을 조직하여 각지에서 무장봉기를 일으켰다. 동맹회의 중심은 지식인·학생·화교를 주로하는 중산계급으로서, 그들이 이 혁명이념에 따라 인민을 지도하고 동원하는, 결국 전자의「지(知)」와 후자의「력(力)」을 전자의 지도아래 결합하여「질서있는 혁명」을 실현시킨다는 구상이었다. 민중 자신의 요구에 입각하여 이를 조직하고 궐기시킨다는 발상이 여기에는 빠져 있다. 이 점이 드높아져 있던 민중투쟁과의 결합을 저해하였다. 또한 그「대외선언」은 종래의 조약이 모두 유효하며 외국인의 기득권은 보호한다고 하여, 열강의 중립과 불간섭을 확보하는 일에 역점을 두었다.

당시 손문의 민족주의는 종족적인 복수(復讐)주의를 부정하고「반만(反滿)」의 중심문제는 만주족 지배자로부터 정권을 국민의 손에 빼앗아오는 일로서, 만주족의 인민도 혁명 배만(排滿)에 참가하는 것을 환영하며 민족주의를 민권주의와 결합시킨 점에서, 태평천국의 종족(種族)주의로부터 크게 전진하였다. 그러나 여러 민족의 평등원칙을 명확한 형태로는 제기하지 않았다. 또한 많은 혁명파는 중국인은 곧 한족(漢族)으로 간주하여 심정적으로는 벗어나기 어려운 대한족주의(大漢族主義)에 사로잡혀 있었다. 또 앞의 대외선언에 보이는 바와 같이 직접적으로는 반(反)제국주의를 제기하지 않았고,「양인(洋人)의 조정」으로 바뀐 청조의 타도라는 주장을 통하여 간접적으로 표현하는 데 그쳤다. 이러한 중국 동맹회의 성립에 의해 중국혁명은 통일적인 조직과 강령을 지닌 전국적인 운동으로 발전하여 갔다.

입헌운동의 전개

무술변법(戊戌變法)의 실패 후, 일본 등지에 망명하고 있던 강유위·양계초 등은 혁명론의 대두에 대항하여 일본에서 간행하고 있던 《신민총보(新民叢報)》 등을 통해, 청조치하에서의 입헌군주제의 실현을 주장하여 화교나 유학생 사이에 상당한 영향력을 지니고 있었다. 노일전쟁에서 일본의 승리를 계기로 아시아인도 입헌하면 유럽에 이길 수 있다는 양계초의 주장은 강한 설득력을 지니게 되었다. 《동방잡지(東方雜誌)》 등 많은 저널리즘이 입헌개혁을 주장하였다. 방적업의 대민족자본가 장건(張謇)은 1904년 원세개(元世凱)에게 「이토오 히로부미(伊藤博文)와 이타가끼 타이스께(板垣退助)를 배우」도록 권하며, 또한 「대일본제국헌법」을 조정에 보내어 입헌의 실시를 호소하였다. 청조의 재외(在外) 사신이나 장지동(張之洞) 등 유력한 지방장관 가운데서도 입헌 실시를 상주하는 사람이 나타났다. 이리하여 1904년경부터 장건(張謇) 등을 지도자로 하여 부르조아지나 개명적인 향신층으로 이루어지고, 일부의 개명적인 관료들로부터 지지받는 입헌파가 형성되었다. 형세를 관망하고 있던 원세개(袁世凱)도 1905년에 황족과 귀족을 해외에 파견하여 정치를 시찰시키며 입헌실시의 준비를 하도록 상주하였다. 서태후(西太后) 측근의 대신들도 일본을 예로삼아 「입헌에 의해 군권(君權)은 영구히 굳건해진다」고 그녀를 설득하였다.

1905년 7월, 청조는 헌정시찰단(憲政視察團)을 구미와 일본에 파견하였고, 다음해에는 9년 뒤에 입헌제를 실시할 것을 약속하는 상유(上諭)를 선포하였다. 1908년 장건 등이 「예비입헌공회(豫備立憲公會)」를 결성하여 조기(早期)의 입헌실시를 청원하자, 청조는 다음해 각 성(省)에 자의국(諮議局)을, 1910년에는 중앙에 자정원(資政院)이라는 자문기관을 발족시켰다. 또한 1980년 8월에 「흠정헌법대강(欽定憲法大綱)」을 공포하며, 9년후에는 헌정을 실시할 것을 약속하였다. 이 헌법대강은 명치헌법을 모델로 하여 청조황제의 「만세일계(萬世一系)」와 「신성불가침(神聖不可侵)」을, 또 황제의 광범위하고 강대한 권한을 규정하고 있었다.

그 직후에 광서제(光緖帝)와 서태후가 잇달아 병사하고 다음해 부의 (溥儀, 1906~1967)가 2살에 선통제(宣統帝)로서 즉위하자, 아버지인 재례 (載澧)가 섭정왕으로서 실권을 쥐었다. 그는 실력자인 원세개(袁世凱)를 다리병을 이유로 하여 은퇴시켜버리고 북양신군(北洋新軍)을 장악하려고 하였다. 또한 장건 등의 국회청원동지회(國會請願同志會)의 10회에 걸친 조기(早期) 국회개설 청원을 냉담하게 거부하였다. 이러한 일들은 청조 의 입헌이라는 것이 독재의 영속을 기하기 위한 연극에 지나지 않는다 는 것을 나타내주어, 정권의 참여와 주도권 장악을 목표로 한 입헌파와 의 대립이 깊어갔다.

특히 1911년 5월, 예정을 앞당겨 책임내각을 만든다는 이유로 청조 가 발표한 내각의 구성은, 대신 13명 가운데 만주족의 황족·귀족이 8 명, 몽고귀족이 1명이었다(親貴내각). 이에 따라 청조에 대한 입헌파의 절망은 한층 깊어졌다.

이권회수(利權回收)운동

1904년, 청조로부터 월한선(粤漢線)의 부설권을 얻었던 미국의 기업이 남쪽 끝부분의 일부분을 부설하였을 뿐, 주식의 2/3를 벨기에 자본에 매각하여, 이 자본이 월한선(粤漢線)의 주요부분을 건설하게 되었다. 이 에 대하여 광동·호남·호북에서 항의하는 여론이 비등해져, 마침내 외국 자본에 장악된 철도와 광산의 이권(利權)을 회수하여 자력으로 건설·경 영하고자 하는 운동이 각지에서 일어났다. 민족자본이 비교적 발전하였 던 양자강유역과 화남(華南)을 중심으로 1903년부터 1910년까지에 16 개의 민간철도회사가 건설되었다. 운동은 입헌파에 연결되는 부르조아 지나 개명적인 향신을 지도세력으로 한 광범위한 계층을 포함한 국민적 인 운동으로서, 청조의 대외타협정책에 저항하며 전개되었다. 이에 따 라 산서(山西)의 광산과 탄광의 채굴권을 영국자본으로부터, 또한 월한 선(粤漢線)의 부설권을 벨기에 자본으로부터 회수하고, 천한선(川漢線, 成 都一漢口)이 민간자본에 의해 건설되게 되었다. 이 운동은 중국에서 민족주의와 자립적인 자본주의의 형성과 발전에 커다란 역할을 수행하였다.

민족의식이 높아가는 가운데, 미국에서의 중국인노동자의 배척과 박해에 항의 하는 미국상품배척운동(1905년), 일본의 다이니신호(第二辰丸)에 의한 무기밀수사건, 무리하게 밀고 나아가려 한 안봉선(安奉線, 安東—瀋陽) 개축에 항의하는 대일(對日) 배척운동 (1908~1909년)이 함께 일어났다. 이러한 민족주의의 고양에 도전하는 것처럼 성립 직후의 친귀(親貴)내각은 1911년 5월 민영의 천한선(川漢線)과 월한선(粵漢線)의 「국유화」를 선언하고, 호북·호남·광동·사천의 민간철도회사의 접수를 강행하였다. 바로 전해의 5월에 성립한 영국·프랑스·독일·미국의 「4국은행단」으로부터 차관을 얻기 위해 철도부설권을 이에 팔아넘기려고 한 것이다. 이에 대하여 먼저 호남의 자의국(諮議局)을 장악하고 있던 입헌파가 반대운동을 일으키고, 이어서 호북·사천으로 확대되었다. 특히 농민을 포함한 광범위한 대중으로부터 모은 자금으로 천한(川漢)철도회사를 조직하고 있던 사천에서는 10여 만의 회원을 거느린 보로동지회(保路同志會)가 조직되어 대규모적인 반대운동이 전개되었다. 1911년 8월 청조가 천한선(川漢線)의 의창(宜昌)·만현(萬縣)간의 접수를 강행하면서 운동은 폭동으로 발전하였다. 사천의 동맹회원과 그 지도하의 회당은 보로동지군(保路同志軍)을 조직하여, 처음 운동의 지도권을 쥐고 있던 입헌파의 생각을 넘어서서, 이를 무장봉기와 지방혁명정권의 수립으로 발전시키고자 하였다. 이리하여 사천은 내란상태에 빠졌다.

동맹회의 활동과 무장봉기

동맹회는 성립 이래 화남·화중 각지에서 회당과 신군(新軍)에 작용하여 몇차례나 거병하였다. 손문은 광동·광서를 점령한 다음, 양자강 유역으로 진출하여 화중의 신군과 합류한다는 구상 아래, 1907년에 광동·광서·운남에서 여섯번이나 무장봉기를 시도하였다. 그 실패의 경험을 총괄하여 1911년 4월 손문과 황흥의 지도하에 화교와 일본유학생을 중심으로, 광주에서 동맹회성립 이래 최대규모의 봉기를 감행하였다.

그러나 이 봉기도 많은 희생자를 내고 실패하였다〔黃花崗起義〕[17].

구 화흥회의 송교인 등은 손문과 동맹회의 화남 중시(重視)에 만족하지 않고 양자강 유역 각지의 동시 봉기에 의한 혁명정부의 수립과 북벌이라는 구상을 가지고 1911 년 신해(辛亥)년에 상해에다 동맹회 중부총회를 결성하였다. 이에 앞서 호북의 혁명파 지식청년들은 무창(武昌)의 신군(新軍)에 끼어들어 장병들에게 혁명사상을 보급하고 공진회(共進會) 문학사(文學社) 등의 혁명단체를 신군(新軍) 내에 설립하고 있었다. 1911 년 가을에는 무창의 신군 1 만 5 천명 가운데 5 천여 명이 이들에 조직되어 있었다. 중부총회는 호북(湖北) 분회를 설립하여 지도하였으며, 같은

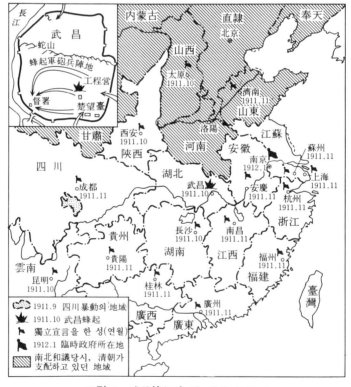

그림 4. 武昌蜂起와 각 성의 독립

해 9월 하순에는 무장봉기의 통일적인 지도부가 성립하여 10월 9일에 봉기할 것을 계획하였다. 그러나 8일에 한구(漢口)조계에서 제조중이던 폭탄이 폭발하였기 때문에 봉기의 비밀지도기관이 파괴되고 간부는 체포되거나 또는 도망하였다. 그런데 10일밤 신군의 공병 제8대대의 하사관 병사들이 먼저 일어나고 이어서 보병·포병·치중(輜重)의 각 대대와 군사학교의 학생들이 봉기하였다. 12일 새벽까지 봉기군은 무창·한구·한양의 무한(武漢) 3진을 제압하고 호북군정부(湖北軍政府)를 수립하였다. 그러나 그들은 혁명파와는 관계없는 신군의 여단장 여원홍(黎元洪)을 도독(都督; 省의 軍政과 民政을 겸하여 통할 하는 장관)으로 선출하고, 호북(諮議局)자의국 의장인 입헌파의 탕화룡(湯化龍)을 민정부장의 요직에 앉혔다. 또「백성들이 질서를 어지럽히는 짓을 결코 용납하지 않겠다고」 포고하여 혁명의 주도권을 스스로 포기하였다.

중화민국 임시정부의 성립

무창봉기에 이어 호남·섬서·강서·산서·상해·절강·광동의 동맹회원이 봉기하여 11월 하순에는 24성 가운데 14성이 청조의 지배로부터 이탈하였다. 이 형세를 보고 입헌파나 일부의 지방장관도 청조를 버리고 「혁명」을 지지하여 선수를 쳐서 성의 독립을 선언한다든지, 혁명파를 끌어넣는다든지 배제한다든지 함으로써 각지의 새정권의 지도권을 장악하였다.

양자강 중하유역의 혁명군은 학생이나 노동자·농민의 참가로 군을 확대시키고 청조가 진압을 위해 파견한 북양신군과 고투해가며 12월에 처음으로 남경을 점령하였다. 같은달 29일 남경에 모인 독립 17성의 대표는 미국으로부터 막 귀국한 손문을 16표(각성마다 1표)로서 임시 대총통에 선출하고, 1912년 1월 1일 중화민국 임시정부를 수립하였다.

이 무렵 청조는 10월 말 원세개를 흠차대신(欽差大臣)으로 기용하여 육해군 지휘의 전권을 주고, 나아가 친귀내각을 해산하여 그를 총리대신에 임명하였다. 원세개는 북양신군으로 혁명파에 압력을 가하며 내부

대립과 재정난에 시달리고 있던 혁명파와 흥정하여, 청조를 배제해버리고 권력을 뺏고자 하였다.

이 중국의 혁명에 대하여 일본정부는 영국과 협조하며, 입헌군주제의 수립에 의해 내란을 수습할 것, 그에 따라 청조 신정권에 대한 강한 영향력을 확보하여 요동반도의 조차기한 연장을 포함한 「만주문제의 근본적 해결」을 유리하게 하고, 아울러 중국본토의 이권을 증대시킬 것 등을 목표로 하였다. 그러나 화중·화남에 큰 권익을 갖고 있던 영국은 청조의 통치능력을 단념하고 원세개의 실권장악과 그에 의한 내란의 빠른 수습을 지지하니, 미국도 이에 동조하였다. 일본은 이에 따라 입헌군주제에 의한 청조의 존속을 단념하지 않을 수 없게 되었다. 이후 일본은 러시아와의 제휴강화에 의한 만주권익의 확보와 혁명군에 대한 자금공여를 교환조건으로, 양자강방면에서 한야평공사(漢冶萍公司) 등의 경제권익의 획득을 노렸다.

혁명정권 내부의 약점과 영국 등의 강력한 지지를 얻은 원세개의 교묘한 공세 앞에 손문은 청조 황제의 퇴위와 공화제의 실현, 수도의 남경 이전 등을 조건으로 하여 원세개를 임시대총통으로 하는 데 동의하였다. 원세개는 단기서(段琪瑞) 등 북양군 장령에게 「공화정체(共和政體)」를 요구하는 전보를 청조에 타전토록하는 한편, 퇴위 후에도 대청황제의 존호를 폐지하지 않고 중화민국은 그를 외국군주의 예로서 대우하며, 세비를 지급할 것, 얼마동안 궁성내에서 거주할 수 있게 할 것을 인정하는 등의 황실우대조건을 제시하여 퇴위를 강요하였다. 2월 12일 이를 받아들여 선통제(宣統帝)가 퇴위하니, 진(秦)의 시황제(始皇帝) 이래의 전제왕조체제는 종언을 고하였다 〔辛亥革命〕. 같은달 14일, 손문은 대총통의 직을 사임하였고, 다음날 남경의 참의원은 17표의 만장일치로서 원세개를 임시대총통으로 선출하였다.

III. 민국의 고뇌

1. 광명으로부터 암흑으로

「백성의 나라〔民國〕」의 성립

1912년 1월 1일, 중화민국 임시대총통에 선출된 손문은 취임선언에서 다음과 같이 말했다. 「10여 년 이래 오늘에 이르기까지 혁명에 종사한 자는 누구나 진지하고 순수한 정신에 의해 부딪친 어려움을 이겨왔다. 만일 지금부터의 어려움이 과거의 어려움을 훨씬 뛰어넘는 것이라 할지라도 우리들이 혁명정신을 지니는 한, 앞으로 나아감에 거칠 것 없이 반드시 중화민국의 기초를 이 대지 위에 확립할 수 있게 될 것이다.

중화민국의 성립은 2천 년이나 내려온 전제왕조 지배에 종지부를 찍고, 아시아 최초의 민주공화국의 탄생을 고하는 것이었다. 이해 3월에 공포된 「임시약법(臨時約法)」[18]은 주권재민, 즉 인민의 자유와 권리를 높이 부르짖고 있다.

또한 「천부인권」의 원칙에 기초하여, 오랫동안 법령에 의해 부당한 신분차별을 당해오던 단민(蛋民 ; 水上생활자), 절강의 타민(墮民), 하남의 개호(丐戶) 등에 대한 차별을 폐지하는 법령, 전족(纏足)을 금지하는 법령도 발포되었다. 여성참정권도 문제가 되었다.

인민이야말로 새로운 국가의 주인공이라는 이 「민국(民國)」의 이념은 오랜 침략과 전제에 시달려오던 사람들로부터 빛나는 「광명」으로 받아들여졌다. 이후 민주주의를 위한 투쟁 속에서, 이 임시약법은 때때로 중화민국의 원점으로서 되돌아보게 된다.

그러나 「청조황제의 내각총리대신」이었던 원세개가 그대로 민국의 최고권력을 쥔 사실은 이후 「백성의 나라〔民國〕」의 운명을 상징하는 것이었다. 그는 먼저 「남경을 수도로 삼는다」는 조건을 모략으로 백지화시키고, 무리하게 자신의 본거지인 북경에 눌러 앉았다.

원세개의 독재와 제 2 혁명

원세개는 독재권을 확립하기 위해 수단을 가리지 않았다. 1913년 3월 그는 자객을 시켜 최대의 적수로 보이던 송교인(宋敎仁)을 암살하였다. 송교인은 동맹회를 중심으로 군소정당을 합쳐 국민당을 결성하고, 그 전해 말부터 행해지고 있던 최초의 총선거에서 국민당을 제 1 당으로 이끌었다. 의회내에서 책임내각제를 수립하여 원세개를 견제하고자 하는 것이 국민당의 방침이었고, 송교인은 신의회에서 국무총리에 예정되어 있었던 것이다. 중심을 잃고 국민당의 결속은 간단히 무너져, 원세개에 대한 유효한 대항책을 강구할 수 없게 되었다.

잇달아 원세개는 의회의 반대를 무시하고 5 개국은행단(영·독·불·일·러)으로부터 2 천 5 백만 파운드에 달하는 대차관을 도입하여 독재를 위한 재정적 기반을 확보하고, 반대하는 의원을 회유·협박·감금 등 모든 수단으로 무너뜨려갔다.

이렇게 준비를 마친 다음, 6 월에 원세개는 국민당계 3 인의 도독(都督)을 파면하여 그 무력을 빼앗아버리고자 하였다. 궁지에 몰린 국민당 급진파는 어쩔수없이 무력항쟁으로 치달아 남방 7 성에서 토원(討袁)의 군대를 일으켰다. 이것이 신해혁명을 이은 제 2 혁명이다. 그러나 기대했던 연쇄반응은 일어나지 않았고 이미 민중으로부터 유리되어 혁명의 에너지를 잃고 있던 혁명측은 우세한 북방군 앞에 차례로 격파되어 9 월에는 완전히 진압되고 말았다.

10 월, 얼마 안되는 돈에 고용된 「공민단」이라 칭하는 폭도가 협박하는 가운데, 국회는 원세개를 정식 대총통에 선임하였다. 이 직후 원세개는 국민당의 해산을 명하고, 남아 있던 국민당 온건파의원의 자격을

박탈하며 기능을 잃은 국회 대신 중앙정치회의를 두었다. 이리하여 대총통의 권한을 대폭적으로 확대시킨 「신약법」이 제정되었다.

신문조례(新聞條例), 출판법 등에 의해 언론기관에 무서운 탄압이 가해지고, 사상통제를 위해 공자존숭운동(孔子尊崇運動)이 추진되었다. 학교교육에도 유교에 입각한 도덕교육이 부활하였다. 이리하여 신해혁명이 가져다준 민주주의의 「광명」은 모조리 사라져버리고, 반동복고(反動復古)의 풍조가 전국을 지배하였다. 사람들은 이를 「암흑」으로 불렀다. 당시 제 2 혁명에 참가하여 상해조계로 피신해 있던 진독수(陳獨秀)는 편지 속에 이렇게 쓰고 있다.

> 국회해산 이래 행정은 없는 것이나 다름없고 실업자는 천하에 가득찼읍니다. 거기에다 잡다한 형벌과 가혹한 세금이 농민・상인에게 가해지고 있읍니다. 지금 전국의 인민은 관리・병비(兵匪)・밀정을 제외하면 무서워 떨지 않는 자라고는 하나도 없읍니다. 활로가 끊어진 것은 당인(黨人)뿐만이 아닙니다. 국민의 유일한 희망은 외국인에 의한 분할 뿐입니다.

21 개조 요구

1914 년에 시작된 제 1 차 세계대전은 중국을 에워싼 국제관계를 일변시켰다. 영・독・불・러의 각국은 유럽전선에 전력을 쏟아 아시아를 돌아볼 여유를 잃었고, 그동안 일본은 중국을 독점적인 지배하에 두고자 기도하였던 것이다.

대전의 발발을 「일본의 국운융성을 위한 다이쇼오(大正) 신시대의 천우(天佑)」〔원로 井上馨〕라고 생각한 일본정부는, 영일(英日)동맹을 대의명분으로 독일에 선전포고하고(8 월), 독일의 조차지로서 동양함대의 근거지가 있었던 청도(靑島)의 공략작전을 개시하였다. 그 참된 목적은 단순한 군사목적이 아니고 오오쿠마 시게노부(大隈重信) 수상이 각의에서 언명한 바와 같이 「지나(支那)에서 우리나라의 권리를 신장시킨다」는 것, 구체적으로는 독일이 보유하고 있던 산동성의 권익의 전부를 뺏는 데 있었다. 원세개정부는 대전 직후에 중립을 선언하였으나 일본은 이를 무시하고 청도(青島)와는 반대쪽의 산동반도 북안에 상륙(9월)하여, 거의 산동성 전역으로 군사행동을 넓혀 성도(省都)인 제남(濟南)을 점령한 다음에 청도를 함락시켰다(11월).

이 기정사실을 토대로 하여 1915년 1월, 일본정부는 중국에 대하여 전부터 해오던 요구를 정리하여 원세개에게 제기하였다. 이것이 이른바 「21개조 요구」이다. 요구는 다섯부분으로 나뉘어져 있었다.

제1호 산동권익. 산동성의 권익에 관하여 일본이 독일과 협정을 맺는 경우, 중국정부는 모두를 승인할 것.

제2호 남만주·동부내몽고에서의 일본의 우선권. 여순·대련 및 남만주철도의 조차기간 연장, 일본인의 거주·영업의 자유, 부동산 취득권과 광산 채굴권을 인정할 것 등.

제3호 한야평공사(漢冶萍公司)[19]의 합작경영. 이 공사를 장래 중·일 양국이 합작경영할 것, 그 자산 및 채굴권을 보전할 것.

제4호 영토불할양. 중국 연안의 항만·도서(島嶼)를 타국에 양도·대여하지 않을 것.

제5호 소위 희망사항. ① 중국정부에 일본인 정치·재정·군사고문을 둘 것 ② 필요한 지방의 경찰을 중·일 합동으로 두든지 일본인을 둘 것 ③ 무기(武器)는 일본으로부터 공급받든지 중·일 합작의 무기공장을 만들 것 ④ 화중·화남에도 일본의 철도부설권을 인정할 것 ⑤ 복건성의 운수시설에 대한 일본자본의 우선권 ⑥ 일본인의 선교권(宣敎權) 등등.

이들 요구는 일본의 기득권익을 강화, 확장시킬 뿐만 아니고, 중앙정부조차도 일본의 감독하에 두어 중국을 일본의 보호국으로 만들고자 하는 것이었다.

원세개는 요구의 내용을 미국에 흘리고 열강의 간섭에 의해 일본을 물러서게 하려고 하였으나, 열강은 제5호에 대해서는 강한 반대를 표시하였지만 나머지에 대해서는 일본의 주장을 양해하였다.

요구의 내용이 신문에 보도되자 국민 각계층에 망국의 위기감이 퍼지고 「요구를 거절하라」는 여론이 비등하였다. 운동은 머지않아 일본제품

불매, 애국저금(中日開戰에 대비하여 무기구입자금을 갹출)의 형태로 전국적으로 전개되어 민국 이래 첫 민족운동이 되었다.

이러한 가운데 일본정부는 무력을 배경으로하여 5월 7일에는, 제 5 호를 삭제하고 나머지에 부분적 수정을 가한 최종안을 9일까지 수락하라는 최후통첩을 발하니, 원세개는 굴복하고 말았다. 국민의 격분은 극에 달하여 5월 7일과 9일을 「국치기념일」로 하고, 그후 매년 「국치(國恥)를 잊지말 것」을 슬로건으로 시위와 집회가 행하여지게 되었다.

21 개조요구는 민중 차원에서 일본과 중국 사이에 결정적인 간격을 만들었다. 일본의 여론은 소수의 예외(예를 들면 石橋湛山)을 제외하고는 강경수단에 의해서라도 중국을 굴복시키라고 주장하며, 중국의 민족적 저항을 거의 이해하지 못하였다. 이것이 그후 일본을 파멸로 이끌어간 원인(遠因)이 된 것이다.

제제(帝制)부활과 제 3 혁명

21 개조요구가 밖으로부터 민국을 위협하는 것이었다면, 안으로부터 민국을 파괴하려고 한 것이 공화제 폐지, 제제(帝制)부활의 「운동」이었다. 원세개 스스로 황제가 됨으로써 독재체제를 완성하고자 하는 이 시도는 1915년 8월경부터 활발하게 되었다. 먼저 대총통고문의 프랑크 굿나우와 아리가 나가오(有賀長雄) 등의 「공화제는 민도가 낮은 중국의 실정에는 맞지 않는다」는 의견이 흘러나오고, 이어서 어용학자들이 조직한 주안회(籌安會)가 공공연히 「입헌군주제」를 주창하기 시작하였다. 원세개는 어용신문을 동원하여 각지에서 조작된 「제제(帝制)추진운동」을 대대적으로 벌이며, 조금이라도 비판적인 신문·잡지를 차례로 발행금지 시켰다. 비밀경찰의 감시는 사람들의 사생활에까지 미치고, 제제(帝制)에 반대하기 때문에 체포, 살해된 자는 셀 수 없을 정도였다.

이리하여 12월에는 1,993명의 「국민대표」에 의한 국체결정의 투표가 행하여져, 1표의 반대도 없이 공화제의 폐지, 입헌군주제도의 이행이 결정되고 즉각 원세개를 「중화제국」황제에 추대하였다.

그러나 시대를 역행하는 이 무리한 움직임은 내외의 반발을 불러 일으켜, 우선 원세개 아래의 장군과 고관들이 잇달아 사직하였다. 거기에다 지금까지 원세개를 지원하여 오던 일·영·러·불의 열강도 급격한 국체변경은 국내의 혼란을 초래할 우려가 있다고 하여 반대를 표명하였다. 국민당계 급진파도 테러와 무장봉기를 시도하기 시작하였다.

이러한 가운데, 지금까지 원세개의 여당이었던 양계초(梁啓超) 등의 진보당을 중심으로 반원(反袁)세력이 결집되어 갔다. 12월, 운남에 세력을 보존시키고 있던 전 운남도독 채악(蔡鍔)이 지도하는 운남호국군(雲南護國軍)이 제제(帝制)반대를 내걸고 봉기하니 5월까지 10성이 이에 호응하였다〔제3혁명〕. 원세개는 제제(帝制)를 취소함으로써 타협을 시도하였으나, 혁명측은 대총통의 사직을 끝까지 요구하니 원세개는 1916년 6월 울분 끝에 병사하였다.

단기서(段琪瑞)와 일본

원세개의 죽음에 따라 북양군벌은 크게 둘로 나뉘었다. 하나는 단기서(段琪瑞)를 우두머리로 하는 안휘파(安徽派)로서 일본의 지원을 받고 있고, 하나는 풍국장(馮國璋, 후에는 曹錕·吳佩孚)이 장악한 직예파(直隸派)로서 영국과 미국을 후원자로 삼고 있었다. 이 두 파가 암투를 벌이면서 이후의 북경정부를 움직여 갔다. 그러나 원세개라는 강력한 중심을 잃은 다음의 양파는 어느 편도 전국을 지배할 정도의 힘을 지니지 못하고, 각지에 중소 군벌이 할거하여 각각 열강의 하나와 연결하여 서로 대립항쟁을 계속하였다. 북경정부는 명목만의 중앙정부에 지나지 않았다. 만주에는 일본과 연결된 장작림(張作霖), 산서에는 염석산(閻錫山), 운남에는 당계요(唐繼堯), 광서에는 육영정(陸榮廷), 호남에는 담연개(譚延闓), 광동에는 진형명(陳炯明)이 있어 중앙정부와 대립하고 있었다. 그리하여 민중은 이들 군벌의 야만적인 지배하에 여전히 무권리상태로 전란의 재난과 전비(戰費)조달을 위한 가혹한 착취에 시달리고 있었다. 민국의 탄생은 청조의 황제지배를 끝내게 하였으나, 이제는 군벌이라는 이름의 「작은 황제」의 봉건지배가 이를 대신하였던 것이다. 이러한 군벌 할거의 상황은 1928년의 국민정부수립까지 이어지게 된다.

원세개의 사후, 구(舊)약법과 구(舊)국회가 회복되어 여원홍(黎元洪)부총통이 대총통에 취임하였으나, 실권은 국무총리인 단기서가 쥐고 있었다. 그는 일본으로부터 대량의 차관을 도입하여 반대파의 일소를 기도하였다. 일본에서는 1916년 10월에 오오쿠마(大隈)내각으로부터 테라우찌 마사타께(寺內正毅)내각으로 바뀌어 무리한 대중국 강경책으로부터 「일화(日華)친선」책, 즉 단기서정권을 도와줌으로써 일본세력을 확장하는 정책으로 전환하였다. 1917년 1월부터 1년 반 사이에 총액 3억여 원의 자금이 단기서정권에 주어지고(그 약 절반은 테라우찌수상의 사적인 사절인 니시하라 카메조오(西原龜三)에 의해 마무리되었으므로 西原借款으로 불리움), 가지가지의 이권이 일본에 팔아 넘겨졌다.

이 사이 북경 정국은 대독(對獨)참전문제로 어지러웠다. 단기서는 독일에 선전을 포고하고 참전군을 편성하는 것을 명목으로 하여 차관을 도입하고, 자기의 군비를 확장하고자 하였다. 이에 대하여 여원홍은 1917년 5월 의회를 자기편으로 끌어들여 참전에 반대하고 단기서를 파면시켰다. 단기서는 각 성(省)의 독군(督軍)을 동원하여 무력으로 여원홍을 협박하였다. 이때 독군단(督軍團)의 한사람으로서 군대를 이끌고 북경에 들어온 장훈(張勳)이 여원홍을 강요하여 대총통 사직과 국회해산을 하게 한 후, 갑자기 쿠데타를 감행하여 퇴위하여 있던 청조의 선통제(宣統帝) 부의(溥儀)를 옹립하고, 공화제 폐지와 청조부활을 선언하였다[復辟사건]. 이 시대착오적인 시도는 겨우 13일만에 실패하고 단기서가 국무총리에 복귀하여 독일에 선전을 포고하고 「참전군」을 확충하였다(8월). 그러나 그는 장훈(張勳)에 의해 폐지된 구약법과 구국회의 회복을 거절하였다.

이러한 단기서의 독주는 직예파를 필두로 한 다른 군벌과의 대립을 격화시켜 육영정(陸榮廷)·당계요(唐繼堯) 등의 서남군벌이 중앙정부에 대하여 「자주」를 표명하였다. 제2혁명 이래 정계로부터 멀어졌던 손문도 광동으로 가서(1917년 7월) 이들 군벌과 함께 「호법(護法)」(구약법에 상징된 참된 공화를 지키는)을 위한 광동군정부(廣東軍政府)를 조직하여, 어디까지나 무력통일정책을 밀고나가는 단기서와 대항하였다. 이 호법(護法)전쟁은 직예파도 얽혀들어 1년여 계속되었다.

2. 5·4 운동

《신청년(新靑年)》과 북경대학

원세개의 제제(帝制)운동이 진행되어 복고(復古)의 풍조가 전국을 휩쓸고 있던 1915년 9월, 상해에서 《청년잡지》(陳獨秀 주편. 후에 《신청년》으로 개칭)가 창간되었다. 이 잡지는 청년들에게 낡은 전통사상의 철저한 파괴와 서양을 모델로 한 새로운 문화의 창조를 외치며 암흑 속에서 고민하는 젊은 지식인들의 가슴에 희망의 빛을 밝혀주고, 곧 「신문화운동」으로 불리우는 사상혁신운동의 중심이 되었다. 당시 학생의 대부분은 1905년에 과거가 폐지된 다음의 근대학교교육을 받고 자라났다. 그들이 배운 서구근대와 중국현실과의 거리는 너무나 멀었고, 또 신해혁명의 광명으로부터 암흑으로의 전락은 너무도 빨랐었다. 그만큼 중국을 혁신하는 데 대한 그들의 바램에는 강렬한 것이 있었다.

진독수는 창간호의 〈청년에게 고함〉 속에서 「노예적·보수적·도피적·쇄국적·허식적·공상적」일 것을 그만두고, 「자주적·진보적·진취적·세계적·실리적·과학적」이어야 한다고 주장하였다. 썩은 구사상에 중독된 사람은 더 이상 세계의 대세에 적응할 수 없다. 순수하고 발랄하며 자각한 청년만이 멸망에 직면한 이 중국을 건질수가 있다. 《신청년》은 이러한 입장으로부터 구사상의 근간인 유교를 격렬하게 비판하였다. 유교야말로 중국의 2천년 전제정치의 정신적 지주이며 암흑을 낳는 근원인 것이다. 유교비판은 더 나아가 인간의 자주독립을 방해하는 가족제도의 비판, 여성해방의 주장으로 퍼져 갔다. 1917년 군벌인 장훈이 전부터 공자교(孔子敎)를 국교로 하자고 주장하고 있던 강유위를 협력자로 삼아 청조(淸朝)부활을 기도하였던 복벽(復辟)사건은 유교비판의 정당함을 실증하는 사례로 받아들여졌다. 민국과 유교는 양립하지 않는다고 하며 「전제와 미신」의 유교에 반대하여, 「데모크라시(民主)와 사이언스(科學)」를 표방하는 《신청년》의 주장은 위기감을 지닌 지식인들 사이에 널리 침투하였다.

유교비판과 함께 《신청년》의 중심논제가 된 것은 호적(胡適) 등이 제창한 문학혁명이었다. 지금까지 정통으로 되어온 문어(文語)문학에 대신하여 자신의 사상과 감정을 거짓없이 표현할 수 있는 구어(口語)문학을 확립하자는 주장은, 단지 표현형식의 혁신에 그치지 않고 문어(文語)표현을 받치고 있는 전통적인 정신구조 그 자체를 변혁시킬 것, 문학을 특권적인 지식인의 독점으로부터 널리 대중에게 해방시킬 것을 의미하고 있었다. 노신(魯迅)은 〈광인일기(狂人日記)〉〈공을기(孔乙己)〉〈약(藥)〉 등의 구어(口語)소설을 써서 구사회의 암흑과 비참을 묘사하고 문학혁명 주장의 실질을 보여주었다.

이러한 《신청년》의 주장을 문화혁신의 「운동」으로까지 넓힌 것은 채원배(蔡元培)에 의한 북경대학의 개혁이었다. 청말의 학제(學制)개혁에 의해 청조관리의 양성기관으로서 설립된 이 대학에서는 관리로서 출세하는 자격만 얻으면 좋다는 기풍이 강하여, 학생도 교수도 학문연구에는 거의 관심이 없었다. 1917년 1월 교장에 취임한 채원배는 이러한 기풍을 고치기 위하여 학과의 통폐합을 진행시키는 한편, 뛰어난 인재를 초빙하는 일에 힘을 기울였다. 진독수(陳獨秀)・호적(胡適) 외에 이대조(李大釗)・주작인(周作人 ; 魯迅의 동생) 등이 초빙되고, 거기에 원래부터 있던 전현동(錢玄同)・심윤묵(沈尹默)・유반농(劉半農)을 합쳐 《신청년》 주요 멤버의 대부분이 북경대학에 모였다. 학생들의 의욕도 눈에 띄게 달라져서 전국으로부터 혁신을 원하는 청년들이 모여 북경대학은 신문화운동의 중심이 되었다.

민족산업의 발전

열강이 제1차대전으로 겨를이 없는 사이에 중국의 민족산업은 눈부신 성장을 이룩하였다. 중국은 불평등조약에 의해 관세(關稅)자주권을 빼앗긴 것을 비롯하여 가지가지의 반(半)식민지적 조건을 짊어지고 있었기 때문에 민족자본에 의한 근대산업이 발전할 여지는 적었다. 그런데 유럽 여러나라가 수출능력을 잃어 외국상품의 유입이 감소하자, 방적·제분·성냥·담배·비누 등의 경공업을 중심으로 민족산업이 급속하게 발전하였다. 민족자본의 투자 총액은 1914년부터 1919년의 6년간에 2배 가까이 늘어나고 공장의 신설이 잇따랐다.

민족산업이 발전함에 따라 민족부르조아지 및 도시의 소부르조아지 사이에는 자신들이 놓여진 열악한 상황에 대한 불만이 높아갔다. 철강·석탄·기계 등의 기간산업은 대부분 외국의 손에 장악되고, 경공업에서도 압도적인 우위에 선 외국자본과 어려운 경쟁을 하지 않으면 안되었다. 정치를 하는 군벌과 관료는 민족자본을 육성하기는커녕 신세(新稅)나 부가세를 부과하여 수탈하는가 하면, 군벌 상호간의 전쟁으로 시장을 혼란시키든지 하였다. 제국주의와 봉건군벌에 대한 그들의 저항은 이 시기에 점차 급진화하여 갔다.

노동자계급의 성장은 더욱 빨랐다. 민족산업의 발전 외에도 일본과 미국이 대전기간 동안에 대중국 투자를 급속하게 증대시켰던 까닭이었다. 일본은 1913년부터 1919년 사이에 재중(在中)기업투자를 2배 반으로 늘이고, 그 중심이었던 방적업의 공장 증설은 1913년의 방추(紡錘)수 11만 추로부터 1919년의 33만 추로 3배가 되어 중국 민족방적업의 약 절반에 달하였다. 미국의 투자액도 거의 2배가 되어 있었다. 그렇지만 신구(新舊)공장이 모조리 움직이고 있었기 때문에 노동자수는 60여 만 명으로부터 200여 만명으로 3배 이상 증가하였던 것이다.

노동조건은 가혹하였다. 그들의 대부분은 파산한 농민출신으로 놀랄 만한 저임금에다 평균 13시간이라는 장시간노동을 강제당하였고, 결사·집회·파업은 형벌로써 금지되어 있었다. 그렇지만 노동자의 자연발

생적인 파업은 해마다 늘어나 1914년부터 1918년까지에 약 90건을 혜
아렸다.

지식인들의 변혁 요구도 이러한 민족부르조아지, 도시 소부르조아지,
노동자계급의 힘의 증대에 뒷받침되어 있었던 것이다.

대전후의 세계와 중국

중국에서 신문화운동(新文化運動)이 본격적으로 전개되기 시작하였을
때는 세계도 또한 대격동의 시기를 맞고 있었다. 1917년의 러시아혁명
은 자본주의 세계의 일각을 무너뜨리고 세계 최초의 사회주의정권을 탄
생시켰다. 「착취없는 노동자・농민의 나라」라는 이상을 내건 혁명의 성
공은 세계민중의 희망의 별이 되어, 대전에 의해 커다란 타격을 받은
유럽 각국의 혁명운동에 용기를 불어넣어 주었다. 1918년에는 혁명의
바람이 핀란드・독일・오스트리아・헝가리 등에서 불어 닥치며 각지에 소
비에트정권이 수립되었다. 일본에서도 400건이 넘는 파업이 일어나고
8월에는 1천만의 민중이 휩쓸린 「쌀소동」이 발생하였다. 일・미・영・불
의 열강은 러시아 국내의 반혁명세력과 연결하여 1918년 8월부터 군대
를 보내 간섭전쟁에 나섰으나 결국은 실패로 끝났다.

대전의 상처와 러시아혁명은 19세기 이래의 「열강에 의한 세계분할」
이라는 지배구조를 동요시켜, 아시아의 식민지・종속국의 민족운동이 고
양되었다. 특히 1918년 1월 미국대통령 윌슨이 발표한 전후(戰後)처리
를 위한 「14조원칙」이 「약소 민족에 대한 원조」「구독일제국 지배하의
지역에 있어서의 민족자결」을 주장하고 있었던 점이 제국주의지배와 싸
우는 사람들의 기대를 모았다. 1919년 독일에서는 간디가 지도하는 불
복종운동이 시작되고, 터어키에서는 케말이 이끄는 민족해방의 투쟁이
전개되었다. 이집트에서도 영국지배로부터의 독립을 요구하며 민중이
궐기하고, 전국에서 시위와 파업이 일어났다. 조선에서는 3월 1일 독
립만세를 외치며 30만의 민중이 시위한 것을 계기로 하여, 일본의 식민
지지배에 반대하는 격렬한 저항운동이 전국에서 펼쳐졌다[3・1운동].

이러한 세계 민중의 움직임을 가장 민감하게 받아들인 사람이 이대조(李大釗)였다. 그는 1918년 11월 《신청년》에 〈서민의 승리〉〈볼쉐비즘의 승리〉를 발표하여, 제1차 세계대전의 결과를 전제국(專制國)에 대한 민주국(民主國)의 승리가 아니고(연합국측은 그렇게 선전하고 있었음), 전제주의·자본주의(제국주의)에 대한 민주주의·노공(勞工)주의의 승리, 즉 억압된 민중의 해방운동의 승리로 파악하였다. 러시아혁명에서 볼쉐비즘의 승리는 「20세기 세계혁명의 선구」로서, 「전세계 인류 한사람 한사람의 가슴에 있는 자각한 공통의 정신」의 상징이었다. 민주주의는 민중 스스로가 「중력(衆力)을 합하여」 싸움에 의해 획득되지 않으면 안된다는 이대조(李大釗)의 주장은 진독수(陳獨秀) 등의 계몽주의를 넘어 새로운 민중운동을 불러 일으키는 것이었다.

이 해 그는 북경대학의 학생들과 「마르크스학설연구회」를 만들고 다음해 《신청년》의 책을 마르크스주의 특집호로 꾸며, 중국에서 마르크스주의 전파의 첫걸음을 내디디었다.

청년·학생 사이에 자주적인 단체를 만들어 활동하는 자가 나타난 것도 1918년경부터로서, 그 선구가 된 것이 「학생구국회」이다. 1918년 5월, 일본은 러시아혁명에 간섭하는 것을 목적으로 하여 독일군의 극동진출을 막는다는 명목으로 단기서정권과의 사이에 비밀군사협정을 맺었다. 이는 북부만주·몽고 등에서 일본군의 자유행동, 첩보기관의 설치, 중국군의 일본군에의 예속을 규정하고 있었고, 「21개조 요구」의 제5호를 실질적으로 부활시킨 내용이었다. 이를 알게 된 재일유학생은 즉각 반대운동을 시작하였으나 일본관헌의 무자비한 탄압을 받자 항의를 위해 2천명이 일제히 귀국하였다. 그들의 호소에 호응한 북경의 학생들은 2천여 명으로 총통부에 청원데모를 하는 한편, 전국각지에 대표를 보내 「학생구국회」를 조직하고 잡지 《국민》을 발행하였다. 같은 무렵 전국의 뜻있는 청년을 결집하여 젊은 중국을 건설하자고 부르짖은 「소년중국학회」가 결성되었다. 젊은 모택동(毛澤東)도 그 회원의 한 사람이었다. 또 북경대학의 학생들이 《신청년》의 영향 아래 「신조사(新潮社)」를 만들어 신문학·신사상의 보급을 목표로 하였다.

지방에서도 장사(長沙)에서 모택동(毛澤東, 1893~1976)에 의해 「신민학회(新民學會)」가, 또 천진(天津)에서 주은래(周恩來, 1898~1976) 등에 의해 「각오사(覺悟社)」가 결성되었다.

유럽에서 일하면서 혁신의 길을 배우자는 「근공검학운동(勤工儉學運動)」도 전국에 퍼져, 그 가운데는 주은래·등소평(鄧小平, 1903~   )·진의(陳毅)·유소기(劉少寄) 등, 후일 공산당 간부가 된 사람들이 있었다. 이러한 혁신의 에너지가 차차 양성되어 가는 가운데 1919년의 5·4운동이 시작된 것이다.

5월 4일과 6월 3일

제1차대전 처리를 위한 베르사이유 강화회의는 1919년 1월에 열렸는데, 중국민중은 월슨의 14개조 원칙에 커다란 기대를 걸었다. 중국의 남북 양정부 합동대표단은 불평등조약의 철폐와 함께 산동성에서의 구독일권익의 반환, 중일협약(소위 21개조조약)의 무효를 희망조건으로 5개국회의(미·영·일·불·이)에 제기하였다.

그러나 일본은 이미 대전 기간부터 영국·프랑스·이탈리아 각국과의 사이에 강화회의에서 서로 이런요구를 인정할 것을 밀약하고 있었고, 더우기 북경정부와의 사이에도 산동문제 처리에 관한 교환공문을 주고받아 산동이권을 정식으로 승인시키고 있었다.[20] 결국 4월 21일 이탈리아를 제외한 4대국회의는 중국의 요구를 물리치고 일본의 주장을 거의 전면적으로 승인할 것을 결정하였다.

외교 패배의 뉴스가 5월 1일에 북경에 이르자 국민 각계층에 위기감이 확산되었다. 그러한 가운데 가장 먼저 궐기한 것이 북경대학을 위시한 북경의 각 대학·고등선문학교의 학생들이었다. 그들은 5월 7일의 국치기념일에 예정하고 있던 시위를 급히 앞당겨 5월 4일 천안문광장에 3천 명이 모여, 「21개조를 취소하라」「청도(靑島)를 반환하라」「매국노를 처벌하라」고 쓴 깃발을 휘두르며 시내를 시위행진하고, 망국의

위기를 호소하는 전단을 시민들에게 나누어주었다. 시위대는 곧 교통총
장 조여림(曹汝霖)의 집을 향해 가 경찰대의 경비를 뚫고 집안에 침입하
여 방화하고, 마침 그 자리에 있던 장종상(章宗祥)을 구타하여 중상을
입혔다. 이 사건으로 학생 32명이 체포되었다.

　자기 몸을 희생하여 민족의 위기를 구하려는 학생들의 자세는 국민들
에게 강렬한 충격을 주었다. 북경뿐 아니고 상해·천진 등 각지의 여러
단체로부터 학생의 석방, 매국노의 파면, 강화조약 조인거부를 요구하
는 소리가 높아가고, 이 사건을 계기로 하여 전국 곳곳마다 대중집회,
시위, 가두연설, 일본제품 불매 등의 민중운동이 전개되었다. 5월 7일
북경 외성(外城)의 천단(天壇)에서 행해진 일본제품을 불태우는 모임에
참석하였던 시미즈 야스조오(淸水安三)씨는 그 광경을 다음과 같이 쓰고
있다.

> 조그마한 언덕을 이룬 일본상품에는 한통의 석유가 끼얹어졌다. 몇 명의 학
> 생들이 성냥을 그어댔다. 보고 있는 사이에 둥근 구름모양을 한 보라색 연기가
> 뭉게뭉게 피어올랐다. 한사람의 중학생이 이날 자전거를 타고 와 있었다. 크게
> 느낀 바가 있었던지 자전거를 불속에 집어던졌다. 이 자전거도 일본제였다 !
> 그는 이렇게 외쳤다.……그 중학생은 울고 있었다. 우리들의 머리 속으로 싸늘
> 한, 찌르는 듯한 쇼크가 찡하고 지나갔다(《支那新人과 黎明運動》).

　6월 3일에 운동은 하나의 전기를 맞이하였다. 이미 동맹휴학에 들어
가 있던 북경학생연합회는 이날부터 연일 일제히 가두로 나와 연설하였
다. 일본공사관으로부터 배일운동 단속의 요구가 제기되어 학생운동을
금지하는 대총통명령이 나와 있었기 때문에, 대량 체포는 각오하고 있
는 터이었다. 이르는 곳곳의 거리에서 산동문제, 일본제품 불매, 국산
품 애용을 외치는 학생들이 군경의 손에 차례차례 체포되어 경찰의 유
치장은 만원이 되고 북경대학의 강당이 임시유치장으로 쓰여지는 사태
가 되었다. 그래도 거리로 나오는 학생은 늘어나 마침내 정부는 학생체
포 중지를 명령하지 않을 수 없었다.

동맹휴학·철시·파업

6월 3일의 대량체포의 뉴스가 전해지자 전국에서 항의의 소리가 솟구쳤다. 특히 상해에서는 이미 동맹휴학에 들어가 있던 학생들에 가세하여 상점들이 일제히 철시에 들어가고, 나아가 노동자의 파업도 확대하여갔다〔三罷투쟁〕. 대중적인 음식점을 제외한 시내 모든 상점과 오락장이 폐쇄되었다. 대자본가의 단체인 총상회(總商會)가 타협적인 자세를 보였으나, 중소상인들의 압도적인 반대로 철시는 속행되었다. 일본자본의 내외면방적공장 등 2만 명의 노동자파업을 위시하여 기계·조선·인쇄, 뿐만 아니라 수공업노동자도 파업에 참가하였다. 항만 노동자는 일본배의 하역작업을 거부하였다. 6월 10일에는 교통·통신 노동자가 파업에 들어가 3파(三罷)투쟁은 절정에 달하였다. 중국 최대의 도시로서 경제의 중추인 상해는 도시 기능을 거의 잃어버리고 은행·전장(錢莊, 구식의 금융기관)의 폐쇄에 의해 금융위기의 징후도 나타나기 시작하였다. 당시 상해에 있던 키다 잇끼(北一輝)는 「베란다의 아래에는……일본에 대한 미움과 분노로 외쳐대는 군중의 대 노도(努濤)였다」라고 회상하고 있다.

그 동안에 파업의 풍조는 양자강 하류의 각도시로 퍼져가고, 나아가 천진(天津)·한구(漢口)·제남(濟南)등 대도시에도 비화하였다. 북경에는 전국 각지로부터 위기를 알리는 보고가 속속 날아들고 있었다.

6월 10일 북경정부는 마침내 민중의 요구에 굴복하여, 매국노로 지목되어 있던 세 고관을 파면하고, 나아가 28일에는 베르사이유조약의 조인을 거부하였다. 2개월에 걸쳐 전국에서 전개되던 민중운동이 거의 완전한 승리를 거둔 것이다.

상해의 3파(三罷)투쟁은 6월 12일로서 끝났으나 일본제품 불매운동은 약 1년간에 걸쳐 각지에서 계속되었다. 특히 11월에 발생한 복주사건(福州事件)[21]을 계기로 하여 전국에서 반일 시위·집회가 행하여져, 불매운동이 또다시 일어나고 있었다. 또한 많은 지방도시에서 애국운동이 잇달아 전개되었으나, 민중의 궐기는 봉건적인 지배를 계속하는 지방군벌과 충돌하는 것이었으므로, 각지에서 야만적인 탄압을 받고 천진·제남에서는 유혈참사를 야기시켰다. 그 때문에 운동은 반제(反帝)와 함께 반군벌(反軍閥)·민주화(民主化)의 성격을 띠게 되었다. 장사(長沙)에서는 모택동(毛澤東) 등이 지도하는 군벌 장경요추방운동(驅張運動)이 다음해인 1920년까지 계속되었다.

5·4 운동의 의의

5·4운동은 중국역사에 새로운 단계를 그어 주었다. 첫째, 이 운동이 대규모적인 민중운동으로 추진되었다는 점이다. 이제까지의 정치운동이 소수의 혁명가의 무장봉기나 정객·군벌의 세력다툼이었던 것과 달리, 학생·상인·노동자 등이 각자 생활의 터전에서 궐기하여, 스스로 조직을 만들고 서로 연합하여 시위·파업·불매를 무기로 하여 저변으로부터 정치를 움직였던 것이다. 이 운동 속에서 「국권을 옹호하고 민치(民治)를 촉진하기 위한 평민단체의 조직」인 「전국각계연합회」가 탄생하였는데, 이만큼 광범한 민중이 단결하여 투쟁에 궐기한 일은 지금까지 없었던 일로서, 이후 중국의 역사는 이 민중운동을 기축으로 하여 움직여가게 된 것이다. 더구나 이 운동은 민중의 의식에서나 객관적 사실로서나 앞서 말한 러시아혁명, 구미의 혁명운동, 아시아의 민족운동과 직접으로 연결되어 있어,[22] 중국혁명을 세계혁명의 일환으로 편입시켜주는 것이었다.

둘째, 이 운동과정에서 노동자계급이 처음으로 정치무대에 등장한 것이다. 중국의 노동자는 제국주의·민족자본·봉건세력의 3중의 압박을 받는 가장 학대받는 계급이면서도 지금까지 자신의 조직을 거의 갖지 못하였다. 5·4운동 때도 처음은 민족자본가나 조합 우두머리의 주도로서 파업에 참가한 자도 적지 않았으나, 3파(三罷)투쟁의 승리를 통하여 자신들의 힘에 눈뜨기 시작하여 곧 다음 시대의 민족통일전선에서 선두에 서는 세력으로 되는 첫걸음을 내디디었던 것이다.

셋째, 이 운동을 거침으로써 「반제국주의·반봉건주의」라는 중국혁명의 과제가 명확하게된 것이다. 당초는 「산동 이권의 회복과 친일파관료의 파면」이라는 극히 한정된 요구로 시작된 운동이 투쟁을 거치는 동안 자신들은 억압하는 것이 일본의 침략을 허용하는 제국주의적 세계구조와, 그와 불가분으로 연결된 군벌의 봉건지배에 있다는 것을 차츰 밝혀내게 되었던 것이다. 전국 각계 연합회의 「국권옹호・민치(民治)촉진」은 민족의 독립과 민주주의의 확립을 원하는 것으로서, 이것이야말로 5・4 운동에서 싸운 광범한 민중의 일치된 결론이었다. 중국에서는 5・4 운동 이후를 「신민주주의혁명」(그 이전은 구민주주의혁명)의 단계로 부르고 있다.

중국공산당의 결성

5・4 운동을 거치는 가운데 전국 각지에서 혁신을 바라는 청년・학생의 결사가 나타나, 그 수는 약 4 백이 넘었다. 운동을 통하여 민중의 힘을 안 그들은 작은 잡지를 발행하여 쉬운 구어(口語)로서 자기들의 주장을 민중에게 직접 전달함과 함께 노동하는 사람들 속에 들어가 실천활동을 계속하였다. 그들의 공통된 과제는 「사회의 개조」로서, 처음은 각양각색의 「사회주의」를 막연한 이상으로 내걸고 있었으나 「문제와주의논쟁」(1919 년), 「사회주의논쟁」, 「무정부주의논쟁」(1920 년)을 거쳐, 차차로 명확한 의식을 지닌 공산주의자의 그룹이 분화되어갔다.

1920 년 3 월, 그 전해 7 월에 나온 제 1 차 카라한선언이 중국에 전해졌다. 소비에트정부 외교인민위원(外相) 카라한이 「중국인민 및 남북의 두 중국정부」에 대하여 제정(帝政)러시아가 중국으로부터 뺏은 이권을 무상으로 반환하고 비밀조약을 모조리 파기할 것을 선언한 것이다. 이 선언은 베르사이유회의에서의 윌슨의 민족자결정책에 환멸을 느끼고 있던 사람들의 열광적인 환영을 받았다. 국민들 사이에 중・소(中蘇) 국교 수립을 요구하는 소리가 높아가고(1924 년 6 월에 국교 수립), 소비에트 러시아의 권위가 급속히 높아갔다.

이러한 가운데 1920 년 4 월, 코민테른의 사자(使者)로서 보이틴스키가 중국에 와서, 북경·상해·무한·제남·광주를 돌며 이대조(李大釗) 진독수 (陳獨秀) 등과 만나 공산당 결성을 종용하였다. 이 해 여름부터 각지에 공산주의그룹과 사회주의청년단이 결성되어, 당 설립과 노동자의 조직 화를 위한 활동을 시작하였다. 그들의 대부분은 신문화운동의 중심이 된 지식인, 5·4운동에서 적극적으로 활동한 청년·학생들이었다. 《신청 년》은 이 해 9월부터 상해공산주의 그룹의 기관지가 되고, 11월에는 전국의 그룹들을 연결 짓는 당 내부의 잡지 《공산당》도 발간되었다.

다음해 1921년 6월 코민테른 극동제국담당 집행위원회 대표로서 마 링이 상해에 도착하여 조속히 정식의 공산당을 성립시키도록 요구하였 다. 코민테른은 유럽의 혁명운동이 빠른 시일내에 성공할 희망이 없어 진 상황에 직면하여, 전 해 7월의 제2회 대회에서 「민족 및 식민지문 제에 관한 테제」를 채택하여 선진국의 프롤레타리아의 소비에트운동을 추진함과 동시에, 제국주의에 저항하는 식민지의 민족해방운동을 적극 적으로 지원하여 양자 사이의 동맹을 수립하는 방침을 정하여 놓았던 것이다.

7월 하순, 북경·상해·광주·제남·무한·장사 지역과 재일유학생의 당 원 57명을 대표하는 이달(李達)·장국도(張國燾)·모택동(毛澤東)·동필무(董 必武) 등 13명이 상해에 모여 마링도 참석한 가운데 당의 창립대회를 열어서, 노동자의 조직화를 제일의 임무로 하는 당강령과 결의가 채택 되었다. 대회의 도중에 경찰의 밀정에게 탐지되었기 때문에 최종회의는 절강성 가흥(嘉興)에 있는 남호(南湖)의 선상(船上)에서 열었는데, 이것 이 그야말로 중국공산당의 출항(出港)이 되었던 것이다.

3. 국공합작(國共合作)과 국민혁명

워싱턴회의와 중국

제1차대전 후 중국을 둘러싼 국제정세는 크게 달라졌다. 제정러시아 가 무너지고 독일이 패배하였다. 프랑스가 후퇴하고 최대세력이었던 영국도 힘을 잃어 대신 미국이 크게 진출하였다. 일본은 대전(大戰) 기간에는 중국에서 거의 독점적인 지위를 차지하였으나, 5·4운동에 나타난 광범한 배일풍조와 그에 따른 친일적인 안휘파군벌의 쇠퇴, 대전의 상처로부터 회복한 구미열강의 재진출 등으로 말미암아 그 지위를 유지하기가 곤란하여졌다. 이러한 정세 속에 미국의 주도 아래 극동에서의 열강의 「질서」를 재편성하기 위하여 1921년 11월부터 다음해 2월까지 열린 것이 워싱턴회의였다. 일본은 오랜 협력관계에 있던 러시아를 잃고, 대외무역에서 대미의존이 커졌으므로 미국과 타협할 수밖에 없었던 것이다.

회의의 중요한 결과는 다음과 같다.

해군군축조약 —— 주력함 보유 비율을 미 5, 영 5, 일 3으로 한다.

4개국조약 —— 태평양 도서(島嶼)에 관한 영토권의 상호존중과 일·미·영·불의 협조, 영일동맹은 종료.

중국관세조약 —— 일률종가(一律從價) 5%의 관세 외에 부가세 2.5~5%를 인정함.

9개국조약 —— 미국의 종래 주장이었던 「문호개방」의 원칙에 기초하여, 중국의 주권존중, 영토보전, 열강의 기회균등 등을 일·미·영·불·이·중·벨기에·네덜란드·포르투갈의 9개국이 지킨다.

산동현안의 해결 —— 중·일 양국의 직접교섭에 의해 일본은 산동의 구 독일조차지를 중국에 반환(다만 모든 외국인에게 개방), 교제선(膠濟線)을 유상으로 반환(다만 상환 완료까지 일본인간부를 임용), 21개조요구의 유보항목을 포기함, 등등.

이상이 이때부터 1931년의 만주사변까지의 약 10년간 중국을 둘러싼 국제관계를 규정하게 된 이른바 워싱턴체제였다.

회의의 결과는 종래 무력을 배경으로 힌 분할경쟁으로부터 경제력에 의한 협조적 진출로의 전환이었다고 할 수 있다. 물론 이 전환은 결코 중국의 국제적 지위를 높이는 것은 아니었다. 9개국조약은 중국에서의 외국권익을 당연한 전제로 하고, 이를 영국과 일본의 독점으로부터 열강의 공동관리로 바꾼 것 뿐이었다. 관세자주권은 여전히 인정되지 않았고, 일본이 주장한 만주·몽고의 특수권익에 대해서도 암묵의 양해가 이루어졌었다.

군벌전쟁과 민족산업의 피폐

워싱턴체제가 중국 국내에 가져다준 것은 군벌전쟁의 격화와 사회·경제의 더욱 심화된 식민지화였다.

군벌전쟁은 직접적인 무력 행사가 억제된 열강이 북경정부 또는 지방군벌을 도구로 하여 행한 대리전쟁이었다.

1916년 이래 일본의 지원을 받아 북경정부를 장악하고 있던 단기서 등의 안휘파 군벌은, 대일 추종외교와 남방에 대한 무력통일 정책이 여론의 비판을 받아 고립상태에 빠져있었다. 이에 대하여 영국과 미국을 배경으로 한 조곤(曹錕) 등의 직예파는 1920년초 일본과 결탁하고 있던 봉천파의 장작림(張作霖)과도 제휴하여 반안휘파 8성동맹을 맺어, 남북화평, 대일 타협 반대를 간판으로 내걸고 대항하였다. 7월에 이르러 쌍방의 대립은 마침내 대규모의 무력충돌로 발전하여, 결국 직봉(直奉)연합군이 승리하게 되니 안휘파는 북경정부로부터 일소되었다(安直전쟁 또는 直皖전쟁으로 불리운다).

이 결과는 다음해인 1921년의 워싱턴회의에 그대로 반영되었다. 직예파의 근운붕(靳雲鵬)내각은 중국대표단에 손문 등 광동(廣東)정부의 참가를 거절하고, 또 미국의 「문호개방, 기회균등」의 원칙에 전면적인 찬의를 표하였다. 그런데 정권내의 직봉(直奉) 양파의 대립이 표면화하고, 회의가 한창이던 1921년 12월 장작림(張作霖)이 북경에 도착하여 근운붕(靳雲鵬)내각에 대신하여 양사이(梁士詒)내각을 등장시키자, 양사이는 교제(膠濟)철도의 일본합작을 찬성하며, 일본으로부터 차관을 얻고자 하였다. 직예파는 즉각 이에 반격을 가해, 여론을 부채질하여 양사이(梁士詒)를 사직시킴과 동시에 군대를 움직여 결전에 대비하였다. 1922년 4월 두 파의 군대는 경한선(京漢線)과 진포선(津浦線)의 두 철도에 끼어 있는 넓은 지역에서 전투를 개시하여, 오패부(吳佩孚)가 거느리는 직예군이 압승을 거두었다〔제1차 直奉전쟁〕. 이 이후 북경정부는 직예파 군벌의 독점물이 되고 봉천파의 장작림은 동삼성(東三省 ; 만주)으로 철수하여「폐관자치(閉關自治)」를 선언하였다.

이러한 대전쟁 외에 지방군벌간의 소전쟁도 끊임없이 계속되었다. 군벌전쟁은 전화(戰火)나 약탈 등 직접적인 피해 외에, 폭력적인 전쟁비용조달, 교통혼란, 시장질서의 파괴 등, 일반민중의 생활을 한층 곤궁 속에 몰아넣었다.

「문호개방」된 중국시장에 대한 열강의 경제침략은 발전도상에 있던 민족자본에 치명적인 타격을 주었다. 5·4운동기에 민족산업의 꽃으로서 「황금시기」를 맞이하였던 면방직업은 1921년이 되자 순식간에 불황에 빠져, 세계적 규모로 원면조달, 제품판매의 루트를 가진 외국기업에 상대가 되지 않아, 1922~23년에는 많은 기업이 조업 단축·정지로 몰리든지 외국자본에 흡수 합병되든지 하였다. 대전 도중에는 수출초과까지 기록한 제분업도 일본·미국·호주·캐나다산 밀가루의 대량 유입에 의해 금방 국내외의 시장을 빼앗겨 도산하는 기업이 잇달아 나타났다. 이러한 민족산업의 부진은 실업(失業)과 노동조건의 악화를 몰고와서 노동자에게 더 한층의 희생을 강요하게 되었다. 더우기 저렴한 가격과 유리한 관세에 의해 격증한 외국제 일용품(수입 총액의 약 7할)은 농촌까지 깊숙이 침투하여, 부업적 수공업에 커다란 타격을 주고 농촌경제를 싫건 좋건간에 세계상품시장에 편입시켜 버렸다. 농민의 물자구입률이 올라감과 함께 그만큼 상품작물로의 전환도 진전되었다. 대다수가 소규모 경영으로 가혹한 조세·채무에 쫓기는 농민은 상대가 정하는 가격대로 팔아넘기지 않을 수 없어 중국농촌은 면화·콩 등을 비롯한 저렴한 원료의 공급지로서의 성격을 강하게 띠게 되었다. 그러나 이와 같은 식민지화의 어려운 처지 속에서 봉건군벌과 제국주의의 지배에 저항하는 힘도 또한 점차 싹이 트기 시작하였던 것이다.

노동운동의 최초의 고양(高揚)

1921년 7월에 결성된 중국공산당은 다음달 「중국노동조합 서기부」를 설치하여 노동자의 조직화에 착수하였다. 5·4운동의 파업투쟁 이래 노동자들은 자신감을 가지고 일어나기 시작하였고, 이미 홍콩·상해·광주·무한의 각지에서 자연발생적인 쟁의를 거듭하고 있었다. 조직화가 진행됨에 따라 이러한 풍조는 점점 확산되어 1922년 1월부터 다음해 2월까지 중국노동운동은 제1차 고양기(高揚期)를 맞이하였던 것이다. 이 13개월간에 해운·면방·철강·무기·철도 등의 노동자가 대소 100여 회의 파업을 하여 참가 총수는 연 30만 명에 달하였다. 1922년 5월에 광주에서 열린 제1회 전국노동대회에는 전국 12개 도시로부터 100여 개의 조합, 20만의 노동자를 대표하여 162명이 모여 전국총공회의 결성준비를 결의하였다.

이러한 고양(高揚)의 첫 테이프를 끊은 홍콩선원파업은 반식민지 중국의 노동운동을 상징하는 것이었다. 중공당원 소조징(蘇兆徵) 등에 의해 지도된 중화해원공회(中華海員工會)는 대폭적인 임금인상을 요구하며 1월 12일부터 파업에 들어가 영국 당국의 조합폐쇄, 계엄령, 군대의 무력탄압(사망자 6명 부상자 수백 명)에도 굴하지 아니하고 매판자본가의 회유도 잘라버리며, 동정파업에 들어간 운수노동자를 포함한 3만 명이 56일간을 싸워서 마침내 승리하였던 것이다. 그동안 손문 등의 광동정부, 홍콩·광주의 노동자와 시민, 더우기 철도노동자도 일치하여 파업노동자를 지원하였다.

한편 7월에는 일본자본에 지배받는 한야평공사(漢冶萍公司)의 한양제철소 노동자의 파업, 9월에는 동 공사의 안원로광(安源路礦, 철도와 탄광) 노동자 1만여 명의 파업(모택동·유소기·이립삼 등의 지도), 월한(粤漢)철도 노동자의 파업 등 대규모 파업이 계속되었다. 이들 쟁의가 외국자본과 군벌군대의 압력을 뿌리치고 승리를 쟁취하자, 노동자의 조직화가 한층 더 진전되고 운동은 더욱 더 고양되어갔다. 그 사이 노동조합 서기부가 제창한 노동입법을 요구하는 운동이 지식인과 학생, 일부의 국회의원까지도 함께 끼어 전국적으로 전개되었다.

그러나 10 월의 개란(開灤)탄광파업에서 노동자는 제국주의와 군벌의 두터운 벽에 직면하지 않으면 안되었다. 개란탄광은 영국자본이 지배하는 화북 최대의 탄광이었다. 임금인상과 조합승인을 요구하며 파업에 들어간 노동자에 대하여 영국은 군함으로 인도군(印度軍)을 상륙시키고, 직예파 군벌은 보안대를 보내 무력탄압을 가하였다. 조합측은 지도부가 궤멸당하면서도 20 일간 파업을 계속하였으나, 약간의 개선 약속을 얻어 내었을 뿐 결국 굴복하지 않을 수 없었다.

그리고 1923 년 2 월 7 일에 일어난 대학살사건[2·7慘案]은 노동운동을 일거에 나락으로 떨어뜨렸다. 북경과 한구를 연결하는 경한철도의 노동자가 정주(鄭州)시에서 경한철도총공회 결성대회를 열려고 하였을 때, 직예파군벌 오패부(吳佩孚)[23]가 이를 금지시키고, 총동맹파업으로 대항하는 노동자에 대하여 사망자 44 명, 부상자 3 백여 명, 체포자 60 여 명이라는 피의 탄압을 가하였던 것이다. 이 다음의 노동운동은 각지에서 군벌의 잔혹한 무력에 제압되었고, 겨우 조직을 보존한 것은 국민당정부가 있던 광동과 모택동이 지도하는 호남 뿐이었다.

농민운동과 여대(旅大)회수운동

인구의 8 할을 차지하는 농촌은 오랜동안 무지와 빈곤에 갇힌 채 군벌의 봉건적 지배의 토대가 되어왔다. 오래 계속되는 군벌전쟁과 제국주의의 침투는 중·하층 농민을 한층 빈궁 속에 몰아넣어 농촌의 황폐와 지주의 토지 집중을 초래하였다. 1926 년의 조사에 의하면 농촌인구의 14%인 지주가 경지(耕地)의 62%를 소유하고, 68%를 차지하는·빈·중농의 토지는 겨우 19%에 지나지 않았다.

지주가 거두는 소작료는 대부분의 경우 수확의 5 할을 넘고, 그 외에도 노역을 한다든지 닭과 같은 헌상품을 바치지 않으면 안되었다. 단경기(端境期)에 먹고 살아갈 곡물을 빌리려면 연리로 50~80%의 이자를 뜯기었다. 군벌이 징수하는 토지세는 군사비 조달을 위하여 몇년 앞질

러서 미리 징수되었다. 그럼에도 치산치수(治山治水)가 방치되었기 때문에, 홍수와 가뭄이 거의 매년마다 농민을 괴롭혔다. 1920년 화북 5성의 가뭄은 피해농민 2천 만, 사망자 50만이 넘었다.

이러한 억압 속에서 농민의 저항도 서서히 나타나 주로 화남에서 중공당원이 지도하는 농민협회가 결성되기 시작하였다. 최초의 농민협회는 1921년 9월 절강성 소산현(蕭山縣)의 아전촌(衙前村)에서 심현로(沈玄盧)에 의해 조직되었다. 농민협회는 소작료 인하, 악덕상인의 쌀값 조작 반대를 내걸고 싸웠고, 그 세력은 연말이 되자 소산(蕭山)·소흥(紹興) 일대로 퍼져갔다. 그러나 반격에 나선 지주측은 지방당국에 군대의 출동을 요청하니 갓 태어난 농민협회는 무력에 의해 분쇄되어버렸다.

한편 1922년 7월 광동성 해풍현(海豐縣) 적산(赤山)에서 중공당원 팽배(彭湃)가 지도하는 농민협회가 결성되었다. 팽배는 지주 집안에서 태어났으나 와세다(早稻田)대학 유학중에 아사누마 이네지로오(淺沼稻次郎)와 미야케 쇼오이찌(三宅正一) 등의 건설자동맹에 가담하고, 귀국후 입당하여 고향에서 농민운동을 시작하였던 것이다. 그의 운동은 차츰 인근 현(縣)에도 퍼져나가 1923년 5월에는 6현(縣) 20만의 농민이 농민협회에 조직되어 1924년 군벌 진형명(陳炯明)에 의해 해산될 때까지 지속되었다.

호남성 형산현(衡山縣)의 악북농공회(岳北農工會)는 당으로부터 파견된 노동자의 협력에 의해 1923년 9월에 만들어져 순식간에 10여 만의 농민을 결집시켰다. 농민들은 단경기(端境期)의 식량 가격 인하, 곡물·면화의 반출 저지를 요구하며 싸웠으나, 11월이 되자 군벌 조항척(趙恒惕)이 군대를 파견하여 지도자 67명을 총살하고 농민의 집을 불지르는 등 철저한 탄압을 가하여 농공회를 해산시켰다. 그러나 이 운동은 다음 시기에 오는 대폭발의 불씨가 되었던 것이다.

한편 화북에서는 군벌전쟁의 혼란을 틈타 빈발하는 토적(土賊)과 패잔병의 약탈에 대하여, 농민들은 비밀결사의 홍창회(紅槍會)와 연결하여 향토자위를 위해 일어나, 경우에 따라서는 군벌의 군대를 쫓아낼 정도의 힘을 보여주었다.

도시에서는 노동운동이 침체기에 들어간 이후 민족부르조아지의 주도에 의해 「여대(旅大)회수운동」이 전국적으로 전개되었다. 여순(旅順)·대련(大連)은 21개조조약으로 99년의 조차기한 연장을 인정시킨 것으로, 만약 21개조가 부인 당하게 되면 1923년 3월에 기한이 끝나게 된다. 불황에 허덕이는 민족부르조아지는 영국과 미국을 배경으로 한 「개명적」인 직예파 군벌정부에 외교적 노력을 기대하는 한편, 대중적인 「대일경제절교운동」을 지렛대로 「실업구국(實業救國)」을 시도하고자 하였던 것이다. 일본제품을 사지 않는다, 일본인을 고용하지 않는다, 일본배를 이용하지 않는다, 일본은행에 예금하지 않는다는 운동이 각지의 총상회(總商會)와 상계연합회(商界連合會)를 필두로 소상인·학생·노동자도 참가하여 2월부터 8월까지 계속되었다.

이 무렵 직예파의 총수 조곤(曹錕)은 공공연히 의회정치를 무시하여 대총통 여원홍(黎元洪)을 북경에서 내쫓고 다수의 국회의원을 매수하여 스스로 대총통의 자리에 올랐다[曹錕賄選]. 오패부(吳佩孚)도 또한 「화평통일」의 공약을 파기하고 대군을 동원하여 남방에 대한 대규모의 전쟁을 걸기 시작하였다.

이와 같이 1921~1923년은 겨우 투쟁에 떨쳐일어난 노동자·농민·민족부르조아지가 제국주의와 군벌의 강대한 세력 앞에 굴복을 강요당하였던 시기였다. 그들은 이 굴복으로부터 새로운 출로 —— 민족통일 전선을 찾기 시작하였다.

국민당의 개조(改組)와 국공합작(國共合作)

이 무렵 손문은 제2차 광동정부를 열어(1921년 4월) 북경의 군벌정부와 대항하고 있었다. 신해혁명으로부터 제2혁명, 나아가 광동에 군정부(軍政府)를 소식하여 호법(護法)전쟁(1917~1918년)으로, 「참된 백성의 나라[民國]」를 건설하려고 싸워온 그는 러시아혁명의 성공에 감명을 받고, 또 5·4운동을 상해에서 목격하여 인민이 지닌 거대한 힘을 인식하기 시작하였다. 1914년에 동경에서 결성된 비밀결사적인 중화혁명당을

1919년 10월 중국국민당으로 개칭하고, 넓은 국민적 기반을 지닌 정당으로 변모시키고자 한 것도 그러한 하나의 움직임이었다.

이러한 손문과 공산당과의 민주연합전선 결성을 제기한 것은 코민테른에서 파견되어온 마링이었다. 마링은 상해에서 공산당창립대회에 참석한 다음, 계림(桂林)에서 북방군과의 전투를 지휘하고 있던 손문과 만났고, 나아가 광주에서 광동정부가 홍콩 선원파업의 노동자를 전면적으로 지원하고 있는 것을 직접 목격하고나서, 국민당이 중국민족운동의 중심세력이 될 수 있다는 것을 확신하였다.

1922년 8월, 손문은 광동군벌 진형명(陳炯明)의 반란을 당해, 광동을 탈출하여 상해에 도착하였다. 그는 여기서 공산당원인 이대조(李大釗)·진독수(陳獨秀)등과 접촉하고, 그들의 협력을 얻어 국민당의 개혁을 본격적으로 추진하기 시작하였다. 그리하여 1923년 1월, 소비에트정부 대표 요페와 함께 「중국에게 가장 긴급한 과제는 민국의 통일과 완전한 독립이므로, 소련은 이 대사업에 대하여 열렬한 공감을 갖고 원조한다」는 공동선언을 발표하여, 「연소용공(連蘇容共)」으로의 전환을 선명히 표시하였다. 그 다음 손문은 세번째로 광동으로 향하여, 거기에 대원수부(大元帥府)를 두어 국민혁명을 추진하기 위한 거점을 확보하였다. 소비에트는 정치고문 보로딘, 군사고문 갈렌 등을 보내 이를 원조하였다.

한편 공산당은 이미 제2회대회(1922년 5월)에서 「국민당 등 혁명적 민주파 및 혁명적 사회주의 제단체와의 민주주의적 연합전선」을 제기하고, 나아가 항주(杭州)특별회의(8월), 제3회대회(1923년 6월)에서 코민테른 지령에 기초하여 「당내합작(黨內合作)」 즉 모든 공산당원이 개인자격으로 국민당에 가입한다는 형태로서 국공합작(國共合作)을 한다는 방침이 결정되었다. [24)]

이리하여 1924년 1월, 중국혁명사에 특기되는 중국국민당 제1회 전국대회가 광주에서 열려, 국공합작이 정식으로 성립한 것이다. 대회선언은 동맹회 이래 민국혁명의 지도이념이었던 삼민주의에 새로운 해석을 하여, 제국주의 침략에 반대하여 민족해방과 국내 제민족의 평등을

〔민족주의〕, 봉건군벌의 전제에 반대하여 민중의 자유와 권리를〔민권주의〕, 또 토지집중과 독점자본을 제한하여 민중의 복리〔민생주의〕를 높이 부르짖었다. 이것이 「신삼민주의」로 불리우는 것으로서, 연소(連蘇)·용공(容共)·노농원조(勞農援助)의 3대정책과 함께 통일전선의 강령이 되었다.

새로이 선출된 당 간부 가운데는 중앙위원 24명 가운데 이대조(李大釗)·담평산(譚平山)·우수덕(于樹德)의 3명, 동 후보 17명 가운데 임조함(林祖涵)·모택동(毛澤東)·장국도(張國燾) 등 7명의 공산당원이 들어왔고, 그 가운데 임조함(林祖涵)이 농민부장, 담평산(譚平山)이 조직부장에 취임하고 있다.

신생 국민당은 국민혁명의 골격 형성을 착착 진행시켰다. 먼저 혁명정신으로 단련된 참 혁명군의 핵심을 양성하기 위하여 황포(黃埔)군관학교(교장 장개석, 정치부 부주임 주은래)를 창설하였다. 이 학교에는 5·4운동 이래 중국의 민족운동과 연대를 깊게 하고 있던 조선인 청년 34명도 입학하고 있었다. 또한 농민운동의 지도간부를 교육하는 농민운동강습소를 설립하였다. 후에 모택동도 이곳의 소장이 되었다. 1923년 이래 퇴조했던 노동운동도 1924년말부터 겨우 회복되기 시작하고, 1925년 5월에는 광주에서 제2회 노동대회를 열어 전국총공회의 설립을 결정하였다. 대회에는 농민과 혁명군인도 참가하여, 「군벌과 국제제국주의를 타도하는 혁명, 고생하는 대중을 해방하는 혁명은 노농병(勞農兵)의 일치단결에 의해서만이 성공한다」라는 노농병연합결의안을 채택하였다.

손문의 북상(北上)과 객사(客死)

1924년 9월 제2차 직봉(直奉)전쟁이 발발하였다. 조곤회선(曹錕賄選), 무력통일 등 직예파의 폭주에 대하여 봉천파, 안휘파, 거기에다 손문의 광동정부도 가담한 반직예파가 대규모의 무력항쟁에 나선 것이다. 직봉(直奉) 양군은 산해관(山海關)부근에서 격전을 전개하였으나 직예군의 풍옥상(馮玉祥, 크리스찬 제너럴로 불리웠음)이 돌연 반기를 들어 북경을 점령하고 대총통 조곤(曹錕)을 감금하니, 이를 계기로 하여 직예군은 붕괴하게 되고, 오패부(吳佩孚)도 남방으로 도망가 직예파 세력은 북경으로부터 일소되었다. 풍옥상·장작림·단기서는 북경정부의 공백을 메우기 위하여 단기서를 임시집정(執政)에 앉히는 한편 손문의 북상을 요청하였다.

이보다 먼저 조곤회선(曹錕賄選)에 의해 완전히 국민의 신뢰를 잃은 의회에 대신하여 모든 조직·단체를 망라한 참된 민의를 대표하는 「국민회의」를 열라는 요구가 국민 각계층에 퍼져가고 있었다. 손문은 이 광범한 국민의 소리를 배경으로 하여 민족의 독립과 민중의 평등이라는 혁명의 목적을 실현하기 위해, 북상(北上)하여 국민회의 예비회의를 개최할 것을 결정하였다.

11월 10일 「북상선언(北上宣言)」이 발표되면서부터 12월 4일 손문이 북경에 도착할 때까지의 약 1개월간, 전국에서 국민회의촉성회 등 조직 결성이 활발히 추진되며 국민의 기대는 손문 한몸에 모아졌다. 손문의 북상은 그야말로 통일전선을 전국으로 넓히는 셈이 되었던 것이다.

손문은 북상도중 배의 형편상 일본의 코오베(神戸)에 들려 유명한 「대아시아주의」라는 제목의 강연을 행하였다. 그 가운데 그는 일본은 공리(功利)와 강권(强權)을 마음 내키는 대로 하는 「서양패도(覇道)의 주구(走狗)」가 될 것인가 아니면 공리(公理)에 입각한 「동양왕도(王道)의 아성(牙城)」이 될 것인가고 물으며, 중국만이 아니고 전아시아 피압박민족의 해방에 힘을 빌려주는 일이야말로 아시아에서 처음으로 독립과 부강을 달성한 일본의 진로라고 역설하였다.

북경에 도착한 손문은 열광적인 환영을 받았다. 그러나 참된 민의를 결집한다는 그의 방침은, 기성 군벌과 관료를 모은 「선후(善後)회의」에 의해 우선 중앙정부의 형식을 정비하고자 하는 단기서 등과의 사이에, 도저히 일치점을 찾아낼 수 없었다. 더우기 손문은 북경에 도착하자, 곧 입원하여 간암의 수술을 받았는데 상태는 절망적이었다.

국민회의촉성회 전국대표대회가 북경에서 한창 열리고 있던 1925년

3월 12일, 손문은 다음과 같은 유촉(遺囑)을 남기고 59세의 생애를 마쳤다.

> 나, 국민혁명에 힘을 바치기 무릇 40년, 그 목적은 중국의 자유·평등을 찾는 데 있었다. 40년의 경험을 쌓아 깊이 알게 된 바는, 이 목적에 도달하고자 바란다면 반드시 민중을 일깨우고, 세계에서 평등으로 우리를 대하는 민족과 연합하여 공동으로 분투하여야 한다는 것이다. 현재 혁명은 아직도 성공하지 못하고, 무릇 우리 동지들은 마땅히 …… 계속 노력하여 관철시켜야 한다.

5·30 운동과 성항(省港)파업

손문 사후의 3년간은 중국민중의 반제국주의·반군벌의 투쟁이 거대한 물결을 이루어 세계를 흔들고, 중국을 세계혁명운동의 촛점으로 밀어올린 시기였는데 그 첫번째의 파도가 5·30 운동이었다.

5·30 운동의 발단은 1925년 5월 15일 상해의 일본자본인 내외면방적 공장의 쟁의중에 일본인 감독이 조합지도자의 한사람을 사살하고 10여 명을 부상시킨 사건이었다. 이 공장에서는 2월에도 중국인 노동자에 대한 일본인 감독의 비인간적 학대에 항의하는 파업이 있었고, 쟁의는 상해의 22개 공장으로부터 청도(靑島)의 10개 공장(모두 일본자본)에 까지 확산되었다. 이들 쟁의는 회사측의 양보로 일단 해결되었으나 노동쟁의의 확대를 두려워한 상해의 일본방직동업회는 조합활동의 억압·배제를 결정하여, 내외면방적에서는 활동분자의 해고와 공장 폐쇄를 강행하고 있었던 것이다.

사살사건에 분격한 상해의 학생들은 노동자 지원과 희생자 구제를 외치며 가두선전을 시작하였으나 조계(租界)당국은 「치안을 문란케 했다」는 죄명으로 그들을 체포하여, 5월 30일에 그 재판이 행해지게 되었다. 바로 그 무렵 조계(租界)당국은 상해의 지배 강화를 노리는 시책을 실시하려 하고 있었고, 더우기 청도의 일본자본계 방적공장에서, 봉천 파군벌의 보안대가 투입되어 쟁의중인 노동자 8명을 사살하는 사건이 일어나 시민의 분노는 매우 높아졌다.

5월 30일 약 2천 명의 학생이 노동자의 사살에 항의하여「조계(租界)회수」「체포학생 석방」을 외치고 전단을 뿌리며 연설하였다. 영국 경찰대는 이들 학생 100여 명을 차례로 체포하고, 항의하기 위해 남경로에 모인 1만여 명의 학생·시민에 발포하여 사망자 13명 부상자 수십명이라는 대참사를 일으켰다.

이 사건을 계기로 하여 반제국주의(특히 반일본·반영국)의 운동이 상해전시가에서 솟구쳤다. 막 성립된 상해총공회(위원장은 李立三)는 6월 1일부터 전시(全市)노동자의 총파업을 지령하고 학생의 동맹휴학, 중소상인의 철시가 이에 호응하여 상해조계의 기능을 마비시켰다. 조계 당국은 영·일·미·이의 육전대(陸戰隊)를 상륙시켜 6월 10일까지의 사이에 9회에 걸친 발포로 사망자 32명, 부상자 57명에 달하는 탄압을 가하였으나, 이는 투쟁의 불 속에 기름을 붓는 결과가 되었다. 3파(三罷)투쟁의 통일 지도기관으로 결성된 상해공상학연합회(上海工商學聯合會)(대자본가의 조직인 총상회는 참가를 거부)는 20만 명이 참가하는 시민대회를 열어 영·일(英日)군대의 영구철퇴, 영사재판권의 폐지를 포함한 17항목의 요구를 조계당국 및 북경정부에 들이밀었다.

반제국주의 운동은 즉각 요원의 불길처럼 전국의 주요도시로 퍼져나갔다. 이미 국공합작이 성립되어 국민회의촉성운동으로 통일전선을 형성하고 있던 민중은, 5·4운동의 경험을 토대로 단결하여 각종 형태로 운동을 전개하며, 각지에서 열강의 군대 또는 군벌군대와 충돌하여 많은 유혈사건이 발생하게 되었다.

그 가운데서도 광동성과 홍콩이 제휴한 성항(省港)파업은 실로 15개월간이나 싸움이 지속되어, 영국의 동양지배의 근거지이던 홍콩을「죽음의 항구〔死港〕」으로 만들었다. 6월 19일 25만 명의 노동자가 파업으로 돌입하여 속속 국공합작의 광동정부 소재지인 광주로 들어갔다. 그리고 21일 광주 시내의 조차지 사면(沙面)의 노동자도 이에 호응하였다. 23일 이들 노동자와 농민·학생·청년군인 10여 만 명이 사면(沙面)의 대안인 사기(沙基)를 시위행진하고 있을 때, 영·불 양군이 일제히 기관총을 갈겨 사망자 52 명, 중상자 170 여 명에 달하는 대학살을 강행하고, 타오르는 민족운동을 무력으로 눌러버리고자 하였다. 그러나 노동자들은 광동정부의 전면적인 지원 아래 더욱 단결을 굳게 하여 노동자 규찰대를 조직하여 홍콩·사면(沙面)을 완전히 봉쇄해버렸다. 성항(省港) 파업은 광동정부가 북벌을 개시하는 1926 년 10 월까지 계속되어 영국의 화남(華南)지배에 커다란 타격을 주었던 것이다.

전국에 확산된 민족운동에 눌리고 또 이것이 반군벌로 전환하는 것을 두려워 한 북경의 단기서(段祺瑞)정부는 열강에 대해 불평등조약의 개정과 관세자주권을 요구하였으나, 극비로「이는 즉시 폐기를 노리는 과격한 선전을 완화시키는 것을 목적으로 하고 있다」고 통고한 바에서도 알 수 있듯이 순전히 국내용의 제스츄어에 지나지 않았다.

5·30 운동은 전중국에「제국주의 타도」의 파도를 솟구치게 하고 광범한 민족통일전선을 만들어 주었다. 더우기 이 민족적 저항운동의 선두에 선 것이 5·4 운동 때의 학생에 대신한 노동자계급이었던 점은 중국혁명의 새로운 단계를 나타내 주는 것이었다. 국공(國共) 양당을 정치적 핵심으로 해서 노동자계급이 선두에 서고 중소부르조아지, 농민이 참가하는「참된 국민혁명」이 여기에 첫 발을 내디디게 된 것이다.

국민정부의 성립과 좌우대립

5·30 운동은 또한 광동정부를 하나의 지방정권으로부터 전국혁명운동의 중심으로 밀어올려 주었다. 1925 년 7 월 국민당이 직접 장악하는 「국민정부」(주석汪淸衞)가 성립되어 정치·군사·재정 외교를 통괄하는 기관으로서 다음에 올 전국통일정권의 모델이 되었다.

전국적인 민족운동이 급진화하고 혁명근거지가 강화되어가는 가운데, 제국주의 열강과 군벌세력의 압박도 강해져 갔다. 열강과의 협조를 목적으로 하는 단기서 정권은 선후회의에 참가한 국민당 우파를 이용하여 국공분열을 책동함과 함께 광동성내에 잔존하고 있던 구군벌을 지원하여 성(省)의 내외로부터 광동정부를 파괴시키고자 군사공세를 가하였다.

홍콩 정청(政廳)과 매판부르조아지도 이에 협력하여 자금과 탄약을 공급하였다. 이 공세에 대해서는 황포군관학교의 학생군을 핵심으로 한 국민혁명군이 노동자·농민의 지원을 받아 구 군벌군을 성(省)내로 부터 일소하는 데 성공하였으나, 국민당내 좌우 양파의 대립은 날이 갈수록 격화되어 갔다.

우파의 이론적 지도자인 대계도(戴季陶)는, 계급투쟁은 삼민주의와 상용될 수 없다고 하여 공산당을 국민당으로부터 배제하라고 주장하고, 5·30운동이 한창이던 때 대부르조아지에 협력하여 상해의 노동자 파업을 중지시키고자 획책하기도 하였다. 또한 반공적 간부들과 함께 북경 교외의 서산(西山)에서 회의를 열어(1925년 11월) 공공연히 광동의 당중앙과 대립하였다. 한편 광동에서도 좌파지도자 요중개(廖仲愷)가 영국과 연결되는 우파분자에 의해 암살되는 사건(1925년 8월), 장개석(蔣介石, 1887~1975)이 해군의 공산당원이 반란을 기도한다는 구실로 계엄령을 펴, 공산당원을 체포하고 소련인 고문단의 주거와 성항파공위원회(省港罷工委員會)를 포위하는 사건[中山艦사건, 1926년 3월]이 일어났다. 이 두 사건에 의해 장개석은 급속하게 당(黨)·군(軍)에서의 권력과 세력을 확대시키고, 그를 중심으로 하는 신(新)우파가 형성되어 좌파·중공(中共)블럭과 날카롭게 대항하게 되었다.

이러한 내부 모순을 내포하고 있으면서도 1926년 6월 국민당이 북벌을 결정하고 중공도 이를 지지한 것은[25], 북방의 군벌지배 때문에 노동자·농민을 중심으로 하는 민중운동이 위기에 직면하고 있었던 까닭이었다.

1924년 이래 북경정부는 봉천파·안휘파·국민군(馮玉祥)의 3파연합이 지배하고 있었으나 민중운동의 고양에 따라 국민군은 차츰 혁명측에 기울어, 그 지배지역에서는 노농운동이 비교적 자유롭게 발전하고 있었다. 1925년 11월 봉천파의 곽송령(郭松齡)이 장작림에 반역하여 국민군과 손을 잡은 때문에, 봉천파와의 사이에 전투가 시작되었다. 북경정부가 좌경한 국민군에 장악되는 것을 두려워 한 일본은 장작림을 지원하여 공공연히 이 전투에 간섭함과 동시에, 영국과 협력하여 직예파와 봉천파의 연합을 성립시켰다. 1926년 4월 국민군을 북경으로부터 내쫓은 직·봉 군벌은 즉시 반제국주의 민중운동에 대한 철저한 탄압에 착수하였다. 5월에 열린 제3회 전국노동대회는 국민정부에 대하여 「조속한 북벌」을 요청하고 있었다.

북벌전쟁의 승리

이리하여 1926년 7월 9일 국민혁명군총사령 장개석에 의해 전군(약 10만)에 동원령이 내려져 「제국주의와 매국 군벌을 타도하여 인민의 통일정부를 건설하기」위한 북벌전쟁이 개시되었다.

북벌군은 노도와 같이 진격하였다. 내부가 썩을 대로 썩어있는데다 서로 이해(利害)가 대립되어 있던 군벌군은 혁명의 의기에 불타는 북벌군 앞에 하나씩 각개격파되어 갔다. 먼저 호남으로 진격한 북벌군의 주력은 7월 11일에 장사(長沙)를, 10월 10일에는 무한(武漢)을 점령하여 호남·호북의 오패부군(軍)을 일소하였다. 9월에는 호남으로부터 강서로 향하였던 중로군(中路軍, 장개석 지휘)은 직예파의 손전방(孫傳芳)군의 주력을 분쇄해 나가며, 11월 8일에는 남창을 점령하여 강서성을 수중에 넣었다. 나아가 10월에는 광주를 출발하여 복건으로 진출한 동로군(東路軍, 하응흠 지휘)은 12월 9일 복주를, 다음해 2월 18일에는 항주를 점령하였고, 중로군과 함께 3월 24일 손전방(孫傳芳)의 본거지인 남경을 함락시켰다. 그 직전인 3월 21일에는 동로군의 일부가 제국주의 최대의 아성인 상해 교외에 도착하였다.

북벌군은 이르는 곳마다 민중의 환영을 받았다. 민중은 적정(敵情)보고, 길안내, 물자수송에 적극적으로 협력하여 군벌군의 수송·통신을 방해하였다. 그 가운데는 북벌군이 도착하기 진에 봉기하여 군벌군을 쫓아내버린 경우도 있었다. 군벌이 일소된 지역에서는 어디에서나 노동자·농민을 비롯한 민중운동이 격렬하게 전개되었다.

그 중에서도 농민운동의 발전은 눈부신 바가 있었다. 농민협회 회원

의 수를 북벌전과 비교하면 호남에서는 30만으로 부터 200만으로, 호
북에서는 7만으로부터 100만으로, 강서에서는 6천으로부터 38만으로,
각각 증가하였다. 농민들은 지주·호신(豪紳)으로부터 권력을 뺏고, 지대
(地代) 인하, 잡세 폐지를 요구하며 나아가서는 국민당의 지도를 뛰어넘
어 지주의 토지를 몰수하는 움직임까지 나타났다.

노동자도 또한 각지에서 일어나 무장규찰대를 조직하고, 제국주의·반
혁명자본가와 날카롭게 대결하였다. 그 가운데서도 공산당원 주은래 등
에 지도받은 상해의 노동자들은 과거 두 차례의 실패에도 굴하지 아니

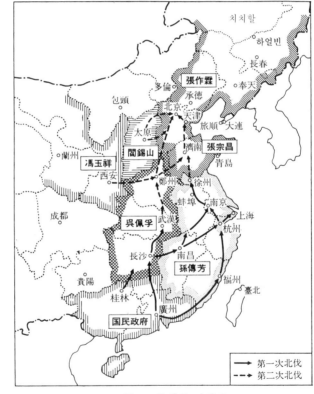

그림 5. 북벌군 진격도

하고, 3월 21일 총파업과 무장봉기로 떨쳐일어나 30시간의 시가전 끝에 군벌군을 일소하여 임시정부를 수립하였다.

이리하여 9개월만에 북벌군은 양자강 일대를 제압하고 원래의 근거지였던 광동·광서에다 호남·호북·강서·복건·절강·안휘·강소의 9성을 혁명의 도가니로 만들었던 것이다. 북경을 쫓겨나 서북으로 철수하여 있던 풍옥상의 국민군도 1926년 9월 국민혁명군에 가담하여 섬서성을 점령하였다.

장개석과 무한(武漢)정부

북벌군이 양자강유역으로 진출하자, 이 지역에 많은 조계와 이권을 가진 제국주의 열강과의 충돌이 피할 수 없게 피었다. 1927년 1월 한구(漢口)와 구강(九江)의 영국조계에서 영국병과 민중과의 유혈사건이 일어나자, 격앙된 민중은 두 조계를 실력으로 회수하였다〔국민정부와 영국과의 외교교섭으로 2월에 공식적으로 중국에 반환되었다〕. 더우기 3월 24일 남경공략전에서 외국영사관·주택·교회가 습격당하여 영·불·미국인 6명이 살해되는 사건〔南京사건〕[26])이 발생하니, 영·미 군함이 양자강으로부터 시내를 포격하여 중국인 군민 2천명을 살상하였다. 봉기한 노동자가 제압하고 있는 데다 북벌군이 교외까지 육박하여온 상해조계에는 영·일·미·불의 군대 3만명과 군함 30척이 완전무장으로 배치되었다.

한편 노동운동의 폭풍과 같은 발전은 혁명진영 속에서도 심각한 계급대립을 야기시켰다. 처음은 조국의 독립과 통일을 열망하고 있던 민족부르조아지도 불타오르는 노동운동에 직면하여 차츰 동요하게 되었다. 무한에서는 많은 자본이 상해 등으로 도피되고 산업·금융이 마비되었다. 농촌에서는 국민당 상층부나 혁명군 장령과 연결되어 있던 지주들이 농민운동의 격화를 크게 두려워하여 속속 도시로 피난하였다. 소부르조아지 급진파마저도 「농민운동의 지나침」을 외치기 시작하였다.

이러한 계급대립은 정치적으로는, 남창(南昌)에 국민혁명군총사령부를 둔 장개석과, 무한(武漢)에 이전한 국민정부·당중앙의 다수를 차지하는 좌파·공산당 블럭과의 대립으로 표면화하였다.

장개석은 공산주의 세력에 대한 적의를 숨기고자 아니 하였다. 2월 감주(贛州)에서 노동조합을 무력으로 파괴한 것을 비롯하여, 그의 직계 군이 점령하는 지역의 10여 개 도시에서 군대와 깡패를 동원하여 민중운동과 노동운동을 진압하였다. 남창에는 제국주의 열강, 상해의 재벌, 봉천파 군벌과 관계를 지닌 정객들이 속속 모여들었다. 상해의 재벌 거두 우흡경(虞洽卿)도 남창을 방문하여 6천만원의 군자금 제공을 제의하였다고 한다. 국민혁명이 절정에 달하려고 하던 이 때, 그들은 장개석이「온건한 삼민주의」로서「과격파」를 눌러줄 것을 기대하였던 것이다. 당시 장개석은 북벌 도중에 투항 또는 귀순한 군벌의 군대를 산하에 넣어 20만의 병력을 거느리고 있었다.

무한정부는 공산당으로부터 지도받는 수천만의 노농대중에 의지하고 있었으나, 직접 장악하는 군대는 장개석에 비해 훨씬 열세였다. 장개석의 민중운동 탄압에 경계심을 높인 좌파·공산당은, 3월에 무한에서 국민당 3중전회(三中全會)를 열고 당·군·정부의 조직을 개편하여 장개석의 군사대권을 억제하고자 하였다. 정부에는 새로이 공산당원 담평산(譚平山)이 농민부장, 소조징(蘇兆徵)이 노동부장으로 가세하였다. 상해노동자에 의한 무장봉기의 승리는 공산당의 저력을 극적인 형태로 세계에 드러내어 주었다. 이러한 국민혁명의 모든 정세가 극도로 긴박해가는 가운데 4월 12일 장개석에 의한 상해노동자의 대학살이 이루어졌던 것이다[4·12 쿠데타].

이날 새벽 상해의 암흑가를 지배하는 청방(靑幇)·홍방(紅幇)의 폭력단이 노동자규찰대를 습격한 것을 계기로, 장개석의 명령을 받은 백숭희군(白崇禧軍)이 시내에 진출하여 규찰대를 무장해제하고 저항하는 자를 사살하였다. 규찰대를 지휘하고 있던 주은래는 간신히 탈출하였다. 그로부터 3일간 상해의 거리는 피바다로 바뀌었다. 20만의 항의시위대에는 용서없이 기관총소사가 가해지고, 시내의 곳곳에서 공산당원, 혁명적 노동자가 체포·총살되었다. 이 상해의 참극은 앙드레 말로의 《인간의 조건》에 생생하게 묘사되어 있다. 이어서 4 월 15 일에는 광주에서도 마찬가지의 대학살이 행하여져서, 이후 장개석의 지배지역에서는 어디에서나 백색테러가 횡행하였다. 같은 해 4 월 6 일 북경에서도 봉천파 군벌 장작림의 군대가 소비에트대사관을 습격하여 기밀문서를 압수함과 동시에, 잠복하고 있던 이대조 등 공산당원을 체포, 처형하였다.

지금까지 장개석과의 결렬을 피해오던 무한정부도 마침내 4 월 17 일 장개석의 당적(黨籍)을 박탈하여 체포령을 내렸다. 장개석은 거꾸로 그 다음날 남경에 자파의 정부를 수립하여 공산분자를 철저하게 숙청할 것을 선언하였다. 이리하여 무한과 남경의 두 국민정부가 대립하면서 각각 세력확대를 위하여 북벌을 계속하게 되었다.

통일전선의 붕괴

중국공산당은 지극히 괴로운 입장에 몰렸다. 어디까지나 노동대중의 투쟁에 의거하여 「모든 제국주의, 모든 군벌을 타도하는」국민혁명을 수행하느냐, 아니면 지주·부르조아지에 양보하여 그들이 용인할 수 있는 범위로 민중운동을 억제함으로써 국민당 좌파와의 합작을 유지할 것인가의 아슬아슬한 선택을 강요당한 것이다. 4 월 27 일부터 무한에서 열린 제 5 회 전국대회에서는 격렬한 논쟁이 이루어졌다. 결국 진독수 등 당중앙은 후자의 길을 택하였다. 「국공합작」「국민혁명에서의 국민당 지도권의 승인」이야말로 북벌 개시 이래 코민테른의 일관된 방침이었던 까닭이었다.

중공의 융화책에도 상관없이 무한정부는 급속하게 변질되어 갔다. 우선 지휘하의 군장령들이 반공(反共)으로 돌아섰다. 5 월 17 일 의창(宜昌)에 있던 독립사단장 하두인(夏斗寅)이 반역하여 무한으로 진격하였다. 얼마 후에는 21 일 당생지(唐生智, 제 8 군 군장으로서 옛 호남의 군벌)의 부하 허극상(許克祥)의 연대가 장사에서 성(省)총공회·농민협회·공산당 제 기관을 습격하여 1 주간에 걸쳐 잔학한 처형을 되풀이 하였다[馬日사변]. 강서성에 주둔하고 있던 좌파계 군인 주배덕(朱培德)도 성내로부터 공산당원의 퇴거를 명령하였다. 왕정위(汪精衛) 등 국민당 좌파도 민중운동의 억압으로 기울어 갔다. 노동자규찰대의 활동은 제한되고 토지혁명은 엄금되었다.

6월 1일 중국주재 코민테른 대표 인도사람 로이 앞으로 스탈린으로부터의 새로운 훈령이 도착하였다.

> 혁명군장교의 토지를 제외하고 토지혁명을 수행하라. 신뢰할 수 없는 장령들을 일소하고 2만명의 공산당원을 무장시키며 5만명의 노농분자를 선발하여 새로운 군대를 조직하라. 국민당 중앙위원회를 개조하여 옛 위원을 노농분자로 바꾸라. 저명한 국민당원을 우두머리로 하는 혁명법정을 조직하여 반동적인 장교를 재판에 회부하라.

공산당이 국민당의 내부에 머무른 채로 이와 같은 정책을 실시하는 것은 도저히 불가능하였다. 로이는 이 훈령을 왕정위(汪精衛)에게 보여 승인을 강요하였으나, 왕정위는 이를 거절하고 일거에 공산당 배제로 치닫기 시작하였다. 7월 13일 공산당은 무한정부로부터 퇴거하고 15일 국민당도 용공정책의 파기를 선언하여 3년 7개월 계속된 제1차 국공합작은 붕괴되었다. [27]

이리하여 국민혁명은 좌절되고, 노농운동의 거대한 파도는 도로 밀려서 제자리로 돌아가고 말았다. 얼마 안가 무한과 남경의 두 정부는 합쳤고〔9월〕, 남경 통일국민정부의 지도권을 쥔 장개석은 제국주의 열강과 타협해가며 전국통일을 지향하게 되었다. 그리고 패배한 공산당은 중국사회의 최저변＝농촌으로부터 혁명의 원점을 다시 찾게 된다.

IV. 「통일」과 내전

1. 국민정부와 군벌전쟁

북벌 완성

　무한과 남경이 타협하기 직전부터 일시적으로 하야(下野)하여 있던 장개석은, 1928년 1월 국민혁명군 총사령에 복직하고 4월부터 북벌이 재개되었다. 그런데 이번의 북벌은 이미 이전의「모든 군벌, 모든 제국주의를 타도하는」혁명전쟁은 아니었다. 민중의 궐기는 전혀 없었다. 북벌군은 제1~4 집단군으로 편성되었으나 그 총사령이 각각 장개석·풍옥상(馮玉祥, 원래 직예파군벌)·염석산(閻錫山, 산서군벌)·이종인(李宗仁, 광서군벌)이라는 이름들이 보여주는 것처럼 그 자체가 대소 군벌의 혼성군이었다.

　북방에는 봉천파의 장작림을 중심으로 오패부·손전방·장종창 등의 잔존부대가 있었으나, 이미 전의를 잃고 있던 그들은 북벌군으로부터 총공격을 당하자 모든 전선에서 패주하였고, 장작림은 6월 3일 북경을 탈출하였다. 6월 8일 북벌군은 싸우지 않고 북경에 입성하여 청천백일기(靑天白日旗)를 내걸었고, 장개석은 북경 교외 서산(西山)의 벽운사(碧雲寺)에 잠들고 있는 손문의 영령 앞에 북벌완성을 보고하였다. 직예성(直隷省)은 하북성(河北省)으로, 북경(北京)은 북평(北平)으로 개칭되었다. 이리하여 민국 창건 이래 북양군벌의 소굴이었던 북경정부는 소멸하였다.

　이 제2차 북벌 중에 후일 일본과 중국의 불행한 역사의 조짐이라고

할 수 있는 두 사건——제남사변과 장작림 폭살사건——이 일어나고
있다.

북벌군이 산동성에 들어서자 일본의 타나까 요시카즈(田中義一)내각은
「거류민의 보호」를 명목으로 제 2 차 산동출병을[28] 선언하고, 4 월 20 일
제 6 사단을 증파하여 성도(省都) 제남으로 향하게 하였다. 이 일본군과
제남에 입성한(5 월 1 일) 북벌군이 5 월 3 일의 조그마한 충돌을 계기로
대규모의 시가전을 전개하여 중국군 2 천 명, 일본군 230 명, 일본인 거
류민 16 명의 사망자를 내었다. 이 산동출병은 명백하게 북벌에 대한 군
사간섭을 노린 것이었다. 18 일, 일본정부는 남북의 두 정부에 대하여
「전란이 경진(북경·천진) 지방에서 진전되어 그 화란(禍亂)이 만주로 파급
될 경우, 제국정부로서는 만주의 치안 유지를 위하여 적절하고 유효한
조치를 취하지 않을 수 없음」을 통고하고 공공연히 간섭의 용의가 있음
을 선언하고 있다.

장개석은 일본과 정면으로 대결하는 것을 피해 「은인자중」하고 제남
을 우회하여 북벌을 속행하였다. 북벌군이 북경 남방 1 백 km 남짓한 보
정(保定)에 도달하였을 때 장작림은 마침내 북경 철수를 선언하였다. 만
약 북벌군에 패하여 동삼성(東三省, 만주)으로 도망쳐 돌아오고 이를 뒤쫓
아 북벌군이 이 지역으로 들어오는 사태가 발생하면, 일본군은 양군 모
두를 무장해제시키겠다는 강한 경고를 받고 있었던 까닭이었다.

그런데 장작림을 태운 특별열차는 6 월 4 일 봉천(奉天, 심양)역에 도착
하기 직전에 폭파되어 장작림은 즉사하였다. 이 폭살사건은 관동군 고
급참모 카와모또 다이사꾸(河本大作) 등의 음모에 의한 것으로서, 만철
(滿鐵) 연장증설문제 등에서 반드시 일본의 뜻대로만 움직이지 않던 장
작림을 배제하여 일거에 동삼성(東三省)을 관동군의 통제하에 두고자 한
것이었다.

그러나 장작림의 뒤를 이어 봉천군벌의 총수가 된 장학량(張學良)은
카와모또 다이사꾸 등의 의도와는 반대로 남경 국민정부 쪽으로 기울어
가, 일본의 노골적인 협박에도 개의치 않고 1928 년 12 월 29 일 마침내

국민정부에 충성을 맹세하여 동삼성(東三省)에 일제히 청천백일기(靑天白日旗)를 내걸었다. 이리하여 중국은 장개석 아래에서 일단 전국통일을 실현하게 된 것이다.

남경 국민정부

1928년 10월, 국민당은 중앙상무위원회를 열어서 「국민정부조직법」 「훈정대강(訓政大綱)」을 정해 입법·행정·사법 외에 고시와 감찰(관리의 임면과 감사)을 더한 5원(院)을 최고기관으로 하는 국민정부를 정식으로 발족시켰다. 「훈정(訓政)」이란 「군정(軍政)」으로 부터 「헌정(憲政)」으로 이행하는 과도기에 해당하며 이 기간은 국민당이 「국민을 지도하여 정권을 행사하는」 일당독재가 실시되는 것으로 되어 있어 민중운동에는 엄격한 굴레가 씌워졌다. 장개석이 이 국민정부의 주석이 되었다.

그러나 외형상으로 통일된 이 정권도 내실에서는 「혁명적 장령」 또는 「국민정부위원·각성 주석」의 직함을 지닌 신군벌의 불안정한 연합에 지나지 않았다. 재정부장 송자문(宋子文)이 「중앙의 재정권은 겨우 강서·절강·안휘·강소에만 미칠 뿐이고 그 가운데서 안휘·강서의 수입은 중앙에 들어오지도 않는다」(1929년 1월)고 보고하고 있는 것처럼, 나머지 각성의 세수(稅收)는 모조리 장학량·염석산·풍옥상·이종인·백숭희·이제심(李濟深) 등 지방군벌이 멋대로 처리하여 사병(私兵)을 양성하고 있는 형편이었다. 거기에다 당내에는 왕정위(汪精衞) 등의 개조파(改組派), 호한민(胡漢民) 등의 원로파(元老派), 추로(鄒魯) 등의 서산파(西山派) 등 장개석에 대립하는 파벌이 뿌리를 뻗치고 있었다.

장개석은 자기의 독재권을 굳혀서 「통일」의 열매를 얻기 위해서 먼저 군대정리회의(1월)를 열고, 북벌 때에는 2백만에 달하던 병력을 약 80만으로 삭감 개편하여 지휘권을 모두 중앙에 집중시키고자 하였다. 그러나 이는 지방군벌의 존립을 위협하는 것이었으므로 그들의 완강한 저항에 마주쳤다. 이어서 장개석은 국민당 제3회 전국대회를 소집하여(3월), 대표의 3/4을 중앙 지명으로 하는 억지 수법으로 일거에 당의 주도권을 장악하고, 반대파의 급선봉이었던 개조파 및 이종인·백숭희 등 광서파(廣西派)를 제명시켜버렸다.

이러한 장개석의 독주에 대해 우선 3월에 광서파 군벌이 반기를 들었다〔蔣桂전쟁〕. 이를 뒤따라 서북군의 풍옥상(5월), 송철원(10월), 제5로군 총지휘 당생지(12월) 등이 잇달아 반장(反蔣)의 깃발을 내걸었다. 더우기 1930년 5월, 평진(平津)위수총사령 염석산과 풍옥산이 연합하여 반장(反蔣)을 선언하자 남경 국민정부는 최대의 위기를 맞이하였다. 염·풍 연합군이 하남·산동까지 진출하자 반장(反蔣)의 정객들도 좌파의 왕정위로부터 우파인 서산파까지 속속 북평에 모여들어 국민당 제3회 전국대회의 무효를 선언하며 신국민정부(염석산 주석)를 수립하기에 이르렀다. 총력을 기울여 진격하여 온 장개석군과의 사이에 전투는 반년간에 걸쳐 계속되었으나(中原대전), 그 동안 거취가 주목되어 온 봉천의 장학량이 9월이 되자 남경정부 옹호를 선언하며 출병하였기 때문에 결국 북방정부는 와해되어 장개석이 승리를 거두었다.

장개석 정권의 성격

거듭되는 군벌의 반란에 대해 장개석이 정권을 지켜나갈 수 있었던 것은 무엇보다도 황포군관학교장 이래 배양해온 강대한 군사력과 절강재벌로 대표되는 대부르조아지의 지지를 받고 있었던 때문이었다.

절강재벌이란 넓게 잡아 말한다면 상해를 본거로 하는 대금융·산업자본가의 총칭으로서 그 중심세력으로 재계·정계에서 활약한 자가 강소·절강 출신자들이었던 것이다(그러므로 강절(江浙)재벌로도 불리운다. 장개석도 절강 출신). 이들 대부르조아지는 양무운동 이래의 관료자본과 외국자본에 종속한 매판자본으로부터 성장한 것으로서, 원래 제국주의와 유착된 성격을 지님과 동시에 지주·고리대자본과도 불가분의 관계로 맺어져 있었다. 군 장교의 대부분이 지주·향신층으로부터 나온 것은 말할 필요도 없다. 따라서 장(蔣)정권은 한편으로는 매판적 대부르조아지를 기반으로 하면서도 다른 한편으로는 반(半)봉건적 지주계급을 무장세력으로 한 군벌적 성격을 그대로 이어받고 있었다. 이 점에서는 다른 여러 군벌과 전혀 다를 바가 없었고, 다만 그 가운데서 최대의 세력으로 남경정부를 장악하고 있었던 데 지나지 않는다.

그러나 장개석을 떠받쳐 준 또 하나의 요소는 국민혁명 이래 「독립과 통일」을 희구해온 거대한 민족주의의 조류였다. 국민혁명의 지도자로서 장개석은 다른 군벌이나 정객이 얻을 수 없는 커다란 자산을 이어받을 수가 있었던 것이다. 그의 「통일」정권은 저 강대한 민중의 혁명운동이 없으면 불가능하였다. 이러한 자산을 배경으로 한 장개석은 「근대국가」의 수립을 향해 나아가기 시작하였다. 본래 근대민족주의는 「피억압인민의 해방」과 「근대국가의 창출」이라는 두가지 측면이 교직(交織)되어 있다. 이 두가지는 대립하는 것은 아니나, 또 직접 연결되는 것도 아니다. 장개석은 차라리 「인민의 해방」을 잘라버림으로서 「근대국가」를 실현시키고자 하였던 것이다. 이는 명치(明治)일본이 걸었던 길이기도 하였다.

대외적으로는 관세자주권의 회수(영・미는 1928년, 일본은 1930년에 승인. 단 관세수입은 대외채무 상환의 담보로서 묶여 있었고, 채무 중에는 니시하라(西原)차관도 포함되어 있었음)와 영사재판권을 포함한 불평등조약의 철폐 교섭이 시작되었고, 대내적으로는 도량형의 통일, 학교교육제도의 정비 등이 추진되었다. 그러나 이들 시도도 앞서 말한 정권의 성격으로 말미암아 부르조아지와 반봉건지주계급과의 공통의 이익범위 내에서, 또 제국주의 열강과 타협・유착하며 행하여진 것으로서, 외형상의 「통일」과는 반대로 내실은 장개석이 통일을 위해 스스로의 정권을 굳히려 하면 할수록 그와 함께 반봉건지주세력을 기반으로 하는 다른 군벌과의 대립이 격화되어 내란이 끊임없이 재생산 되게 되었다.

중원(中原)대전에 승리하여 최대의 위기를 넘긴 장개석은 1931년 5월 독재권을 한층 강화하기 위하여 국민회의를 소집하였으나, 이것이 계기가 되어 반장파(反蔣派)가 이번에는 광주에 모여 광동군벌 진제당(陳濟棠), 광서군벌 이종인, 여기에 왕정위, 호한민까지 가담한 임시국민정부를 조직하였다.

이러한 내란 외에 장개석이 목표로 하는 「근대통일국가」를 위협하는 움직임이 안팎으로부터 나타났다. 하나는 중원(中原)대전이 한창인 1930년 7월에 공산군이 호남의 성도(省都) 장사를 점령한 사건으로서, 공산세력이 장개석이 잘라버린 「인민의 해방」을 내걸고 불사조와 같이 살아 있다는 사실을 충격적인 모습으로 세계에 보여주었다. 그리고 또 하나는 일본에 의한 만주침략이었다.

2. 홍군(紅軍)과 혁명 근거지

극좌모험주의의 패배

1927년 7월 국공합작이 붕괴한 후, 중국공산당은 코민테른의 지령에 따라 「무장봉기」노선으로 급선회하여 갔다.

8월 1일, 하룡(賀龍)과 엽정(葉挺)의 부대, 주덕(朱德)의 장교교육연대의 약 2만이 남창에 집결하여 봉기하였다. 그들은 몇 시간의 전투 끝에 남창을 점령하여 혁명위원회를 설치함과 동시에 하룡(賀龍)을 총지휘로 하는 3군을 편성하였다. 이날이 공산당이 독자적인 군대를 가진 첫날이었다[南昌봉기. 현재 8월 1일은 인민해방군의 건군기념일이 되어 있음]. 그러나 노동자·농민은 전혀 움직이지 않았고 국민당군의 대부대에 압박되어 봉기 부대는 3일 후에는 남창을 버리고서 광동성을 향하여 남하 하였다.

8월 7일, 당중앙은 한구(漢口)에서 긴급회의를 열어 진독수·담평산 등의 타협노선을 신랄하게 비판함과 동시에 남창봉기군에 호응하여 노농무장을 추진하고, 가을의 수확기에 호북·호남·강서·광동의 4성에서 봉기할 방침을 결정하였다. 새로운 당의 총책임자에는 구추백(瞿秋白)이 선출되었다. 그러나 추수봉기는 모조리 실패로 끝났다. 이미 농민조직은 궤멸 당하고 많은 지도간부는 살해당하였다. 그럼에도 불구하고 중앙의 지시는 소부르조아지를 끌어들이기 위해 토지몰수를 대·중지주에

한정시키고, 노농권력(소비에트)의 수립을 금지하고 있었다. [29] 이것으로
는 싸움에 지쳐버린 농민을 투쟁으로 궐기시키기가 불가능하였다. 호남
의 추수봉기를 지휘하고 있던 모택동은 9 월 장사(長沙) 점령계획을 포
기하고 산악지대로 철퇴하였다.

남창을 철수한 하룡·엽정군은 9 월 광동성 제 2 의 도시 산두(汕頭)를
점령하였으나 우세한 국민당군에 포위되어 궤멸당하고 뿔뿔이 흩어졌
다. 이 군대의 일부도 가담하여 11 월에는 팽배(彭湃)가 지도하는 농민
들이 봉기하여 해륙풍(海陸豐)소비에트를 수립하여 5 개월간 지탱하였으
나 역시 같은 운명의 길을 걷게 되었다.

이 무장봉기노선(후에 극좌모험주의로서 비판당하였음)은 광주꼼문에서 가
장 비참한 결말을 맞이하게 되었다. 12 월 11 일 엽검영(葉劍英)이 지휘
하는 부대와 노동자적위대 수천명이 광주에서 무장봉기하여 광주노농민
주정부(광주꼼문)의 수립을 선언하였다. 그러나 그 직후부터 압도적인 국
민당군의 포위를 받고 3 주야에 걸친 처절한 전투 끝에 극소수의 사람들
만이 해륙풍(海陸豐)소비에트로 탈출하였을 뿐, 나머지는 수천명의 희생
자를 내며 전멸하였다. 이 속에는 약 150 명의 조선인 청년들도 포함되
어 있었다.

이리하여 공산주의세력은 도시나 농촌에서 일소되었고, 겨우 산악지
대로 물러난 모택동 등의 소부대가 남아 있을 따름이었다.

정강산(井岡山) 혁명근거지

모택동이 추수봉기의 잔존부대 약 1 천명을 끌고 호남·강서의 경계에
걸친 나소(羅霄)산맥으로 들어간 것은 1927 년 9 월 말의 일이다. 삼만
(三灣)이라는 작은 마을에서 모택동은 이 부대를 다시 편성하여 「노농혁
명군 제 1 군 제 1 사단 제 1 연대」로 이름지었다. 지휘관 외에 당대표를
두어 대대·중대·소대별로 당조직을 만들어 군과 당을 일체화시켰다. 또
한 병사위원회를 두어 재정을 공개하고 군대내의 민주제를 확립하였다.
이것은 유명한 「삼만(三灣)개편」으로서 이후 홍군(紅軍)의 원형이 되

었다.

정강산(井岡山)에 들어가자 모택동은 이전부터 이곳을 본거지로 활동하고 있던 「토비(土匪)」인 원문재(袁文才)•왕좌(王佐)와 손을 잡고 그 부대에 정치적•사상적 훈련을 실시하여 점차 혁명군 병사로 바꾸어 갔다. 다음 해 5월에는 남창봉기 이래 각지를 전전하며 살아남은 주덕(朱德)의 군대와 호남성 남부의 농민군도 합류하여 병력 1만의 노농홍군(紅軍) 제4군이 편성되었다. 군장(軍長)에는 주덕, 당대표에는 모택동, 정치부 주임에 진의(陳毅)가 각각 취임하였다.

정강산의 생활은 가혹하였다. 수수와 호박이 주식으로 겨울에도 홑옷 한벌밖에 없었으며, 추워서 잘 수 없는 계절에는 낮에 자고 밤에는 운동을 하여 몸을 덥히었다. 약품과 신문이 없어 곤란을 받았고 이 두가지 때문에도 전투를 해야 하는 형편이었다. 그래도 홍군(紅軍)의 사기는 지극히 왕성하였다. 군대내의 민주제가 철저하고 민중을 위한 혁명군이라는 자각이 배어 있었던 까닭이었다. 홍군은 「3대 기율(紀律)」「6대 주의(注意)」라는 엄격한 규율을 지키고 있었다. 「3대 기율」이란 ① 모든 행동은 반드시 지휘에 따른다 ② 인민으로부터 바늘 하나, 실 한오라기도 얻지 않는다 ③ 토호(土豪)로부터 몰수한 것은 반드시 모두의 것으로 한다.

「6대 주의」란 ① 매매는 공정하게 ② 말씨는 온화하게 ③ 잠잘 때 사용한 판자는 원위치에 두고 짚은 묶어놓는다 ④ 빌린 물건은 반드시 돌려주고 부순 것은 꼭 변상한다 ⑤ 아무곳에서나 대소변을 하지 않는다 ⑥ 포로의 돈지갑에 손을 대지 않는다 등이었다.[30]

어려운 생활과 끊임없는 전투 속에서 홍군은 대중과 강하게 연결되어 참된 「인민의 군대」가 되는 것 외에 살아남을 길이 없었다. 이들 규율은 그것을 위한 최저한의 조건이었다. 모택동은 나아가 농민출신의 병사들에게 뿌리깊게 존재하는 유적(流賊)적인 경향, 평균주의, 폭동주의를 극복하여 중국혁명의 핵심으로서 「프롤레타리아 의식」에 철저한 군대로 단련해내지 않으면 안되었다. 그 때문에 병사들의 「사상」변혁에 많은 노력이 기울여졌다.

1928년 여름, 홍군은 3차에 걸친 군벌군의 공격을 물리치고 근거지를 확대하여 영강(寧岡)·영신(永新)·연화(蓮花)의 3현에 노농정권을 수립하고 나아가서는 주변의 마을에도 침투하여 갔다.

홍군의 건설과 병행하여 한가지 더 근거지의 기둥이 된 것이 토지혁명이었다. 토지에 대한 타오르는 듯한 갈망이야말로 농민을 투쟁으로 궐기시키는 힘이었다. 1928년 12월의 「정강산 토지법」은 모든 토지를 몰수하여 가족수에 따라 분배할 것을 결정하였다. 마을마다 농민들에 의한 토지혁명위원회가 조직되어 격렬한 형세로 농민의 에너지가 해방되어 갔다.

모택동노선의 형성

1928년 2월 코민테른 집행위원회는 처음으로 중국혁명이 퇴조기에 들어선 것을 인정하고, 이 시기에는 노동자·농민의 획득에 전력을 바치고 소비에트화한 농민지역(적색근거지)에서는 토지혁명과 홍군건설을 주요임무로 하여야 한다고 결의하였다. 같은 해 6~7월 모스크바에서 열린 중공 6전대회도[31]가 2월결의를 그대로 새로운 방침으로서 결정하였다. 모택동이 정강산에서 추진하고 있던 실천과 당중앙의 방침이 어쨌든 일치하게 된 것이다.

농촌 소비에트(적색근거지)와 홍군의 건설이 전당의 방침으로 되고나서 그 확대강화가 급속하게 진전되었다. 국민혁명 패배 후에도 살아남아 각지에서 게릴라전을 계속해 오던 부대가 군벌항쟁의 틈을 타서 각각 혁명근거지를 구축하여 갔던 것이다. 그 주된 것을 들어보면

감남(贛南)·민서(閩西)구 : 주덕·모택동. 주모군(朱毛軍)이 정강산을 내려와 강서성 남부, 복건성 서부에 있던 두 근거지를 강화. 후에 상악감(湘鄂贛)구와 합쳐 중앙근거지가 된다.

상악감(湘鄂贛)구 : 팽덕회(彭德懷)·황공략(黃公略).   호남·호북·강서의 성경(省境)지대.

　민절감(閩浙贛)구 : 방지민(方志敏). 강서성 북부를 중심으로 복건성 북부, 절강성 서부, 안휘성 남부를 포함함.

　악예환(鄂豫皖)구 : 서향전(徐向前). 호북·하남·안휘의 성경(省境)지대.

　상악서(湘鄂西)구 : 하룡(賀龍). 호남성 서북부와 호북성 서남부. 후에 호북성 홍호(洪湖)지구도 포함됨.

　우강(右江)구 : 등소평(鄧小平). 강서성 우강(右江)유역.

등이 있어 제각기 노농민주정부와 홍군(紅軍)을 건설하고 있었다. 이들 근거지가 모두 순조롭게 발전한 것이 아니고 정체와 역류가 때때로 나타났으나 1930년까지 근거지는 대소 합쳐 15개, 정규의 홍군이 6만여명, 적위대(농민자위대)가 10여 만명을 헤아릴 수 있게 되고, 1930년 5월 당중앙은 상해에 전국 소비에트구역 대표자회의를 소집하여 통일을 시도하기 시작하였다.

　이 발전과정은 소위 모택동노선——「혁명농촌으로 도시를 포위하는」전략이 형성되어가는 과정이기도 하였다. 모택동은 일찍부터 반(半)봉건·반(半)식민지 중국에서는 분산적 농업경제와 끊임없는 군벌항쟁으로 말미암아, 주위에 백색정권에 둘러싸이면서도 조그마한 적색정권이 장기에 걸쳐 존재할 수 있다고 주장하고, 이것이야말로 「지금까지 세계 어느 곳에도 없었던」 중국 특유의 것이라고 말해오고 있었으며, 그 「장기적 존재」는 「전국의 혁명정세 발전」에 의존하고 있다고 생각하고 있었다.

　그러나 6전대회의 여러 결의의 성과를 흡수하고 3년여의 고투와 경험을 토대로 모택동은, 홍군과 근거지의 발전이야말로 「전국혁명의 고양을 촉진하는 중요한 요소」라고 하여 농촌무장할거를 중국혁명의 근본으로 삼았던 것이다. 사실 이와 같은 혁명전략은 마르크스주의의 일반이론에서나 러시아혁명의 경험에서도 맞지 않는 중국 특유의 조건 아래 암중모색한 결과 만들어진 것이었다.

도시공격——이립삼(李立三)노선

그러나 이립삼(李立三)을 중심으로 하는 당중앙은 여전히 도시중심론에 집착하여 홍군과 농촌근거지는 어디까지나 도시프롤레타리아트의 투쟁과 연결되지 않으면 안되고, 중국혁명의 성공은 도시노동자의 무장봉기 없이는 있을 수 없다고 하여 「농촌무장할거」를 부정하고 있었다.

1930년 6월 이립삼은 「혁명을 위한 객관적 조건은 성숙되고 광범한 노동자대중의 혁명투쟁은 급속하게 발전하고 있다」고 하며 홍군에 의한 무한·남창으로의 진격과 소비에트권력 수립(먼저 한 성 내지 몇개 성의 승리)을 도화선으로 전국무장봉기로 나아가려고 계획하였다. 사실 전해 가을부터 시작된 세계공황의 파도가 중국에도 밀려오고 있었고, 풍옥상·염석산 등 북방군벌의 반란도 있어 장개석정권은 최대의 위기에 직면하고 있었다. 그러나 홍군 6만, 국민당 지배지역의 혁명적 노동자 4만약(弱)으로 「전국무장봉기」로 나아가려는 것은 완전히 무모한 시도였다. 그래도 이립삼은 무리하게 전 홍군에 진격의 지령을 내려 주덕·모택동의 제1집단군은 남창으로, 하룡 등의 제2집단군, 팽덕회 등의 제3집단군은 무한을 향하여 각각 출발하였다.

결과는 완전한 실패로 나타났다. 근거지를 멀리 떠나와서 토지혁명으로 단련된 농민의 지원을 받을 수 없는 상해의 홍군은 물을 떠난 물고기와 같은 것이었다. 제1집단군은 8월 1일에 남창을 공격하였으나 빈약한 장비로서는 적의 강력한 방비를 깨뜨릴 수가 없어 많은 희생자를 내고 퇴각하였다. 제2집단군은 끝내 무한공격에도 이르지 못하고 도중에 철퇴하였다. 다만 제3집단군만이 7월 27일 방비가 허술한 장사를 점령하여 호남성 노농병 소비에트정부의 성립을 선언하였다. 이것이 세계를 놀라게 한 「장사(長沙)소비에트」이다. 그러나 이것도 일본·미국 등 제국주의 열강의 함포사격에 엄호받는 국민당군의 반격을 만나 겨우 9일만에 철퇴하지 않을 수 없었다. 제1집단군이 가세한 9월의 제2차 공격도 성공의 가망이 없어, 모택동은 독단적으로 공격을 중지하여 홍군의 궤멸을 막지 않으면 안되었다.

이 패배는 당내에 큰 파문을 일으켜 다음해 1월까지 혼란이 계속되었다. 결국 이립삼은 「제2차 극좌모험주의」로서 실각하고 당의 주도권은 왕명(王明, 陳紹禹) 등 소련 유학생그룹이 쥐게 되었다. 이 무렵 모택동은 홍군의 재건과 근거지의 강화에 전념하였다. 그의 「농촌으로 도시를 포위한다」는 무장할거론은 이 무렵에 명확한 형태를 갖추기 시작하였던 것이다.

중화소비에트 공화국

「장사(長沙)소비에트」에 의해 공산세력의 신장을 안 장개석은 풍옥상·염석산 등과의 중원대전을 결말짓자, 즉시 강서성 남부를 중심으로 한 적색근거지에 대하여 본격적인 포위소탕작전(圍剿)을 개시하였다.

제1차 위초(圍剿) 1930년 12월~31년 1월. 동원병력 10만. 총사령 노척평(魯滌平, 강서성 주석).

제2차 위초(圍剿) 1931년 3월~5월. 동원병력 20만. 총사령 하응흠(何應欽, 군정부장).

제3차 위초(圍剿) 1931년 7월~9월. 동원병력 30만. 총사령 장개석(정부주석).

모택동이 지도하는 홍군 약 4만은 이 공세에 대하여 「적을 깊숙히 유인하여 끌어 들이는」 전술로 대응하였다. 우세한 적을 혁명대중의 바다에 끌어들여놓고, 병력을 집중하여 적의 약점을 치는 작전이었다. 그것은 3년 여의 유격전으로 단련되어 나온 원칙 「적이 진격하면 우리는 물러서며, 정지하면 교란하고, 피로해지면 습격하며, 물러가면 추격한다」를 종횡으로 구사한 것으로서, 열세를 우세로 전환시켜 압도적인 국민당군을 격퇴시킨 것이다(단지 제3차 위초전은 장개석의 주력부대와 결전하기 전에 1931년 9월 만주사변의 발발에 의해 중단되었다).

3차에 달하는 이 위초전은 거꾸로 근거지를 더욱 확대강화시켜주는 결과가 되었다. 중앙근거지의 강서남부, 복건서부가 한덩어리의 적색구역이 되어 국민정부의 지배는 완전히 일소되었다. 홍군은 30만에 달하였다.

1931 년 11 월 7 일, 러시아혁명 기념일에 강서성 남부의 서금(瑞金)에서 중화소비에트 제 1 차 전국대표대회가 열려 헌법·노동법·토지법·경제정책을 정한 다음, 중화소비에트공화국 임시중앙정부의 수립이 선언되었다. 정부주석에는 모택동, 부주석에는 항영(項英)과 장국도(張國燾)가 선출되고, 수도는 서금(瑞金)으로 결정되었다.

이 정부는 전국적으로 보면 작은 것이었고(가장 전성기에 인구 약 1 천만), 또 겨우 3 년이 지속되었을 뿐이었으나 이후 역사의 흐름을 상징하는 의미를 지니고 있었다. 그것은 장개석에 의한 위로부터의 「국가권력의 확립」이라는 방향에 대하여 아래로부터의 「인민권력의 창출」을 의미하고 있었다. 또한 중국공산당은 이 때 처음으로 집권당으로서의 경험을 쌓게 된 것이다.

중화소비에트정부는 1932 년 4 월 15 일 「대일전쟁선언」을 선포하였다. [32]

3. 일본의 만주침략과 홍군의 장정(長征)

만주사변(滿洲事變)

1929 년 10 월에 시작된 세계공항은 세계자본주의에 심각한 위기를 초래하였고, 일본경제도 이 파도를 뒤집어 쓰고 1930 년 봄부터 불황의 밑바닥으로 빠졌다. 거리에는 300 만의 실업자가 넘치고 노동쟁의가 빈발하였다. 또한 쌀과 누에고치 가격의 대폭락으로 농민생활은 그지없이 비참해지고 각지에 소작쟁의가 확산되었다. 한편 이에 대항하는 우익운동도 또 활발하였다. 만성적인 농촌의 피폐와 국민혁명에 따라 일본의 대륙지배가 동요하는 데 대한 위기감이 바로 그 토양이었다. 1930 년 4 월 런던군축조약 체결을 계기로 하여, 하마구찌 오사찌(濱口雄幸)수상 저격사건, 전일본애국자공동투쟁협회의 결성 등 민간팟쇼운동이 진전되었다. 동시에 군의 내부에서도 급진파 장교가 「국가개조」＝정당정치타

도를 지향하는 비밀결사 「사꾸라회」를 결성하였다.

이러한 팟쇼화의 움직임과 불가분으로 연결되어, 군부내에서는 만주〔東三省〕•내몽고의 전역을 식민지화하여 국내모순을 밖으로 전가하고, 대소비에트전을 준비하고자 하는 「만몽문제 무력해결」의 요구가 급속하게 대두되어 갔다.

만주 및 내몽고의 지역에 독점적인 지배권을 확립하는 일은 노일전쟁이래 일본의 일관된 국책이었다. 그 때문에 포츠머스조약, 「21 개조」조약, 니시하라(西原)차관 등으로 많은 권익을 획득하여 왔고, 봉천파 군벌을 육성하여 그 울타리로 삼아왔던 것이다. 그러나 일본의 만몽지배는 1928 년말 장학량이 청천백일기를 내걸고 국민정부에 가담함을 표명하고 나서부터 분명히 흔들리기 시작하였다. 장학량은 일본의 남만주철도(滿鐵)[33]에 대항하기 위한 새로운 간선철도를 계획하고, 국민정부도 신광업법(新鑛業法)을 포고하여 외국인의 광업권 취득에 제한을 가하였다. 거기에다 만주지배의 근간이었던 만철(滿鐵)이 중국측의 병행철도의 경쟁과 세계공황의 여파를 받아 1930 년부터 극도의 영업부진에 빠졌다.

1931 년에 들어 나카무라 신타로오(中村震太郎)대위 살해사건, 만보산(萬寶山)사건(장춘근교에 들어와 살던 조선인 농민과 중국인 농민의 충돌사건)이 일어나자, 군부와 우익은 「만몽은 군사상, 경제상 일본의 생명선」이라고 선전하며 무력에 의한 해결을 주장하기 시작하였다. 관동군참모 이시하라 칸지(石原莞爾)중좌는 이미 1929 년부터 「국내의 불안을 제거하기 위해서는 대외진출로 나갈 필요가 있다」「만몽문제의 해결은 일본이 그 지방을 영유함에 의해 비로소 완전히 달성된다」고 주장하고 있었으며, 1931 년 5 월에는 만일 정부가 움직이지 않더라도 「관동군의 주동적 행동에 의해 천하의 형세를 일변시키는 위업을 이룩할 수 있다」고 하여 관동군의 독단적인 음모에 의한 무력해결을 부르짖고 있었다.

1931 년 9 월 18 일밤 봉천의 북부 8 km의 유조호(柳條湖)부근에서 만철선(滿鐵線)이 폭파되었다(상하선 합쳐서 1 m 미만으로 피해는 거의 없었음). 폭

파를 실행한 자는 관동군의 중위 등 3 명이었다고 한다. 관동군은 이를 「무도(無道)한 지나군대」에 의한 짓이라고 하며, 일제히 군사행동을 개시하여 이튿날에는 봉천·장춘·영구(營口)를 점령하고, 21 일에는 길림까지 진출하였다〔滿洲사변. 중국에서는 9.18 사변이라고 부름〕.

당시 북경에서 신병치료중이었던 장학량은 전보로 전군에 무저항·철퇴를 명령하여 전쟁의 확대를 회피하고자 하였다. 장개석은 대공산군작전에 쫓겨 군대를 북상시킬 여유가 없었다. 중국의 제소를 받은 국제연맹도 유효한 조치를 취할 수가 없었다. 소련도 또한 제 1 차 5 개년계획에 바빠 만주사변에 대해서는 불간섭의 태도를 취하였다.

이들 여러 조건에 힘입어 관동군의 군사행동은 확대일로를 걸어, 당초 「불확대」의 방침을 가지고 있던 일본정부를 끌고 들어갔다. 10 월에는 장학량이 본거지를 옮긴 금주(錦州)를 폭격하고 다음 해 1932 년 2 월 하얼빈을 점령하여, 겨우 5 개월만에 만주지역을 군사점령하에 두게 된 것이다. 이때부터 일본과 중국은 15 년에 걸친 긴 전쟁을 계속하게 되었다.

항일구국운동

만주사변이 일어나자 일본의 무력침략과 국민정부의 무저항방침에 대하여 거센 항의의 소리가 높아가, 전에 볼 수 없었던 강렬한 항일운동이 전개되었다. 상해에서는 9 월 24 일 학생 10 만 명, 항만노동자 3 만 5 천 명이 파업에 들어가고, 26 일에는 시민 20 만 명이 참가하여 항일구국대회를 열고 대일 경제 단교(斷交)를 결의하였다. 북평(北平)에서도 28 일 20 여 만 명이 모인 가운데 항일구국대회가 열려, 정부에 대일선전포고를 요구하며 시민에 의한 항일의용군의 편성을 결의하였다.

이 항일구국운농도 순식간에 전국으로 퍼져나가 「정지내쟁, 일치대외(停止內爭, 一致對外)」를 슬로건으로 하여 정부에 철저항전을 요구함과 동시에 배일불매(排日不買)운동을 추진하여 갔다. 9 월 이후 만주를 제외한 전국의 일본상품 수입은 전해의 약 1/3 로 격감하고, 12 월에는 실로

1/5 까지 내려갔다. 그 중에서도 상해에서는 대일무역이 거의 두절되고, 일본상선을 이용하는 중국인의 화물은 전무하게 되었다. 학생들은 전국으로부터 줄지어 남경으로 밀려들어 장개석의 북상과 항일을 요구하였다.

11월에 들어서자 운동은 한층 격화되어 갔다. 일본군의 군사행동은 금주(錦州)무차별폭격과 흑룡강성 진격으로 확대일로를 걸었으나, 장개석이 기대한 국제연맹의 「유효한 제재조치」는 실현되지 않아, 국제적인 「공리(公理)의 재결을 기다린다」는 무저항방침은 설득력을 잃고 말았던 것이다. 이러한 상황 때문에 항일구국운동은 점차 국민당의 독재에 반대하여 민주를 요구하는 반정부운동의 성격을 띠기 시작하였다. 12월 17일 남경에 집결한 학생 3만여 명의 대시위대가 마침내 군경과 충돌하여 사망자 20여 명, 부상자 10여 명을 내게 되기까지 이르렀다.

「일치항일」의 여론에 밀려 장개석은 왕정위 등의 광동임시국민정부와의 통일교섭을 추진하고, 장개석이 하야하는 것을 조건으로 하여 통일정부를 조직하게 되었다. 새 정권은 정부주석 임삼(林森), 행정원장 손과(孫科), 외교부장 진우인(陳友仁) 등 광동파가 요직을 차지하였으나 행정·군사조직은 장개석파가 쥐고 있었으므로, 장개석의 하야는 여론의 지탄을 일시적으로 벗어나고자 하는 것일 따름이었다. 사실 상해사변이 일어나자 손과내각은 1개월 미만으로 붕괴하고, 장개석이 최고군사지도자로 복귀하게 된다.

상해사변

1932년 1월 18일 상해에서 5명의 일본인 승려가 중국인 무뢰배에 습격당하여 1명 사망하고 3명이 중상을 입는 사건이 일어났다. 후에 밝혀진 바에 의하면 이 사건은 관동군 고급참모 이타가끼 세이시로오(板垣征四郎)대좌가 만주로부터 각국의 관심을 돌려 놓기 위해, 국제도시 상해에서 일을 일으키도록 공사관 소속 무관인 타나까 류우키찌(田中隆吉)소좌에게 의뢰하여, 타나까 류우키찌가 중국인 무뢰배들을 고용하여 습격한 것이었다.

　일본측은 상해시정부에 대하여 사과, 범인의 처벌, 배상과 함께 항일단체의 즉시해산을 요구하며 무력을 배경으로 최후통첩을 들이대었다. 상해시정부는 1월 28일 이를 수락하였으나, 그럼에도 불구하고 일본육전대는 야간에 갑북(閘北)일대의 경비구역을 중국측으로까지 제멋대로 넓히며 중국군과 충돌하였다. 이것이 상해사변(중국에서는 1.28 사변이라고 부름)의 발단이다.[34]

　상해 부근에 배치되어 있던 부대는 광동계의 제 19 로군(군장 蔡進鐺)으로서 항전의욕에 불타 있었고, 전국의 항일구국운동을 배경으로 하여 약 1개월간 일본군에 완강하게 저항하였다. 비행기에 의한 폭격도 포함하는 일본육전대의 2차, 3차에 걸친 공격도 맹렬한 시가전 끝에 모조리 격퇴되었다. 일본은 육군부대(1개사단과 혼성여단)를 파견하여 2월 20일부터 모든 전선에 걸쳐 총공격을 가하였으나 그것도 실패로 끝났다. 초조해진 일본은 별도로 2개사단을 증파하여 19로군의 배후를 찔러, 3월 1일 겨우 중국군을 상해로부터 20 km 바깥으로 철퇴시키고 나서 전투를 그만두었다. 이날 제네바에서 열린 국제연맹 임시총회에서, 만일 아직도 전투가 계속되고 있으면 대일경제제재가 결의될 것으로 예상되었던 때문이었다.

　만주국의 성립

　이렇게 세계의 눈이 상해에 집중되어 있는 동안에 3월 1일 「만주국」의 성립이 선언되고, 9일 천진으로부터 일본특무기관이 몰래 데리고 나온 청조 최후의 황제 부의(溥儀)가 집정(執政)에 취임하였다(다음해 「만주국 황제」가 되었다). 10일 관동군사령관 혼죠오 시게루(本庄繁) 중장 앞으로 보낸 부의(溥儀)의 서간은 「만주국」의 본질을 여지없이 드러내어 수고 있다.

　1. 폐국[만주국]은 금후 국방 및 치안유지를 귀국[일본]에 위탁하며 소

요경비는 모두 폐국에서 이를 부담한다.

2. 폐국은 귀국군대가 국방상 필요로 하는 한, 기존의 철도·항만·수도·항공 등의 관리와 더불어 신로(新路)의 부설은 모두 귀국 또는 귀국이 지정하는 기관에 위탁할 것을 수락한다.

3. 폐국은 귀국군대가 필요하다고 인정하는 각종 시설에 관하여 힘껏 이를 원조한다.

4. 귀국인으로서 식견이 높고 명망있는 자를 폐국 참의(參議)에 임명하고, 기타 중앙 및 지방관서에 귀국인을 임명할 것이며, 그 선임은 귀군사령관의 추천에 의하고 해직도 동사령관의 동의를 필요로 한다.

「만주국」은 확실히 일본의, 아니 관동군의 괴뢰국가로서 ① 대소련 전략기지 ② 철강·석탄·농산물의 자원공급지 ③ 불황에 허덕이는 일본 농촌 과잉인구의 배출구가 되었던 것이다. 중앙정부의 각부(일본의 省에 해당함)의 장에는 중국인이 임명되었으나 실제는 장식품에 지나지 않고 내각총무장관과 각부 차장 등 중요한 직무에는 모두 일본인이 충당되었다.

일본은 나아가 다음해 1933년 2월 열하(熱河)성에 침공하여 이를 「만주국」의 영역에 편입시켰다. 그때 마침 개최되고 있던 국제연맹총회가 만주문제에 대하여 대일(對日)권고안을 채택하자 일본은 국제연맹 탈퇴를 표명하고, 5월에는 장성선(長城線)을 넘어 침공을 계속하여 북평(北平)에 육박하였다. 5월, 정전을 위한 당고(塘沽)협정이 맺어졌으나, 이 협정은 일본군이 「만주국」내로 철퇴하는 대신 장성선(長城線) 이남에 광대한 비무장지대를 두어 중국군의 주둔을 인정치 않아, 사실상 「만주국」의 분리를 중국측에 인정시키자는 것이었다. 그렇다고 해도 그 넓은 만주땅의 구석구석마다 일본의 지배가 미칠 리가 없었으므로, 동북항일의용군 등 여러 항일게릴라활동은 일본이 패전할 때까지 끊임없이 계속되었다.

위초전(圍剿戰)과 소비에트구의 궤멸

　상해사변에서 19로군이 완강하게 저항하고 있던 배후에서, 장개석은 대일타협정책에 극력 힘쓰며 일본과의 전면전쟁을 피하려고 하였다. 남방에 퍼져가는 소비에트지구의 발전만이 그에게는 최대의 위협으로 느껴졌던 까닭이었다. 고전하는 19로군에게 증원을 하지 않고 직할의 정예부대를 온존시킨 것도 그 때문이었다. 5월 5일에 상해정전협정이 조인되자마자 장개석은 「먼저 국내의 적을 일소한 다음 외국의 침략을 막는다〔安內攘外〕」고 하는 기본정책 아래, 항일에 우선하여 공산군 박멸을 위한 제4차 위초작전에 착수하였다. 동원병력은 50만이었다.

　이 무렵 소비에트지구의 내부에는 커다란 변화가 생기고 있었다. 왕명(王明) 등 소련유학생그룹은 스탈린의 권위를 배경으로 고문 미프의 지도 아래 당을 마음대로 쥐고 흔들며, 1931년부터 각 근거지에 중앙대표를 파견하여 소비에트지구를 직접 지도하에 두기 시작하였던 것이다. 코민테른의 혁명이론공식을 머리속에 채워놓았을 뿐 중국의 현실을 거의 이해하지 못하고 있던 이 그룹은 부지런하게 근거지를 구축해온 모택동 등과 날카롭게 대립하였다. 그들은 당중앙의 권위만을 높이 쳐든채 모택동의 현실노선을 「좁은 경험론」「부농(富農)노선」으로 몰아세우며 실권을 빼앗고, 군사방침에서도 「적을 깊숙하게 유인하여 끌어들이는」 전술에 반대하여 적극적인 공격을 주장하였다.

　이러한 가운데 1932년 6월부터 시작된 제4차 위초작전을 맞이하여 당중앙의 방침을 강행한 악예환(鄂豫皖)근거지와 상악(湘鄂)근거지가 궤멸되었다. 중앙소비에트구에서도 주력부대를 집중시켜 진격해오는 국민당군에 대해, 당중앙은 적 주력이 주둔하는 도시의 공격을 명령하였다. 그러나 장비가 훨씬 열세인 홍군에게는 이와 같은 전술이 사실상 불가능하였다. 홍군 제1방면군(총사령 주덕, 총정치위원 주은래)은 중도에 도시공격을 중지하고 운동전으로 바꾸어 국민당군의 정예 3개사단을 섬멸하고, 겨우 위초작전을 좌절시킬 수가 있었던 것이다. 그때 마침 일본군의 열하(熱河)진격(1933년 2월)이 시작된 탓도 있어, 결국 장개석은 작전을 중지하지 않을 수 없었다.

이 작전의 실패는 장개석의 위신을 현저하게 저하시켰다. 「내전정지, 일치항일」의 여론에 등을 돌리고 군이 강행한 것이었기 때문이었다. 장개석은 5월, 일본에 크게 양보한 당고(塘沽)협정을 맺어 화북문제에 결말을 짓자, 미국으로부터 5천만 달러(실현된 것은 1,700만 달러)의 차관을 얻고 독일의 저명한 전술가 폰 젝트장군을 고문으로 맞아, 불퇴전의 결의로서 제5차 위초작전에 착수하여, 10월 육군 백만과 공군 2백기의 총동원체제로서 진격을 개시하였다. 장개석은 과거 4회의 실패로부터 「군사 3할 정치 7할」의 방침을 택하여 연대책임제로 농민을 홍군으로부터 떼어 놓으며, 철저한 경제봉쇄를 폄과 함께 수천개의 토치카를 만들어 조금씩 중앙근거지를 압박하여 갔다.

한편 소비에트지구에서는 제4차 위초작전을 격퇴시킨 일로 소련유학생파의 발언권이 한층 강화되어 있었다. 특히 1933년 초 당중앙이 상해로부터 서금(瑞金)으로 이전[35]하여 오자, 진방헌(秦邦憲, 博古) 등이 더욱 더 모택동으로부터 군사·정치의 실권을 뺏어 등소평 등 모택동파 간부에게 심각한 타격을 주게 되었다. 그들은 코민테른의 「중간세력 주요 타격론」에 기초하여, 부농·상공업자들을 철저하게 억압하였다. 또한 상해사변에서 완강히 저항한 19로군을 중심으로 「반장항일(反蔣抗日)」을 내걸고 수립된 「복건인민정부」(1933년 10월)에 대해서도, 「혁명과 반혁명의 사이에 제3의 길은 없다」고 하여 손을 잡고자 하지 않았다.

제5차 위초전을 맞아 진방헌(秦邦憲) 등의 당중앙은 코민테른으로부터 파견된 군사고문 리트로프(오토 브라운, 중국명 李德)의 지도아래 정규군에 의한 정면 대결의 전술을 택하였다. 결과는 대실패였다. 압도적 물량을 자랑하는 국민당군에게 홍군의 거점은 차례로 각개격파되어가서 1934년 3월의 광창(廣昌) 함락 이후는 거의 회복불능의 상태가 되었다. 당중앙은 마침내 강서소비에트구의 포기를 결정하여, 7월 「북상항일선언(北上抗日宣言)」을 발표하고, 10월 홍군 주력(제1방면군)이 포위망을 돌파하여 서금으로부터 서쪽으로 탈출하였다. 후방 기관요원, 수송대원을 포함하여 총병력 8만 6천 명이었다고 한다. 뒤에 남은 약 3만 명의 부대는 진의(陳毅)·항영(項英)의 지휘 아래 산악지대에서 게릴라전을 계속하였다.

2만 5천리의 장정(長征)

1934년 10월에 강서성 남부의 서금을 출발해서부터 다음해 10월 섬서성 북부의 오기진(吳起鎭)에 간신히 도착하기까지 꼭 1년에 걸친 고난의 행군은, 후에 「2만 5천 리의 장정(長征)」으로 불리우며 오늘날에도 홍군의 견인불발(堅忍不拔), 각고분투(刻苦奮鬪), 혁명에의 아낌없는 헌신의 상징으로 전해내려오고 있다. 홍군은 국민당군의 집요한 추격을 뿌리치며 전방에 몇겹으로 쳐진 봉쇄선을 하나씩 돌파하고 지방군벌과 싸우면서, 11개의 성을 통과하고 18개의 산맥(그 가운데 만년설이 쌓인 산이 5개)을 넘어 17개의 큰 강을 건너고 62개의 마을을 공략하며 1만 2천 km를 답파한 것이다. 희생도 컸다. 무수한 이름없는 병사들이 이 행군중에 감동적인 영웅담을 남기고 죽어갔다. 주력의 제1방면군으로 말한다면 8만 6천 명 가운데 섬서(陝西)북부에 도착한 자가 겨우 8천 명뿐이었다.

그러나 이 장정이 중국혁명사에서 차지하는 최대의 의의는 모택동의 지도권 확립, 바꾸어 말하면 중국의 땅에 뿌리내린 노선이, 절대적인 권위를 휘둘러 온 코민테른의 지도를 능가한 점에 있다. 그 전기가 된 것이 1935년 1월 15일부터 귀주성 준의(遵義)에서 열린 중공정치국 확대회의였다[遵義회의]. 출석자는 진방헌(秦邦憲)·장문천(張聞天)·왕가상(王稼祥)·주은래·진운(陳雲)·주덕·유소기(劉少奇)·개풍(凱豊)·등발(鄧發)·모택동·이부춘(李富春)·유백승(劉伯承)·임표(林彪)·섭영진(聶榮臻)·팽덕회(彭德懷)·양상곤(楊尙昆)·이탁연(李卓然)·등수평(鄧小平)에다 리트로프와 그의 통역 오수권(伍修權)이었다.

회의석상에서 모택동은 제5차 위초전 이래 당중앙의 「극좌모험주의」적 군사지도를 신랄하게 비판하며 그 책임을 추궁하였다. 진방헌과 리트로프는 완강하게 잘못을 인정하려 하지 않았으나, 당중앙의 노선을 일관되게 지켜왔던 주은래가 자기비판하여 패배의 책임을 인정하니, 회의의 대세는 모택동 지지로 기울었다. 그 결과 총책임자에는 진방헌에 대신하여 같은 소련유학생파의 장문천이 선출되었으나, 모택동도 정치국 상무위원으로 복귀하여 군사를 담당하며, 장정의 과정을 통하여 군사면 뿐아니라 정치면에서도 점차 당의 지도권을 확립하여 갔다.[36]

섬북(陝北)에는 머지않아 하룡(賀龍)·임필시(任弼時)가 거느리는 제2방면군, 장국도(張國燾)가 거느리는 제4방면군(장국도는 「북상항일」에 반대하여 일시적으로 이탈하여 있었음)도 합류하여, 홍군은 약 3만 명으로 되었

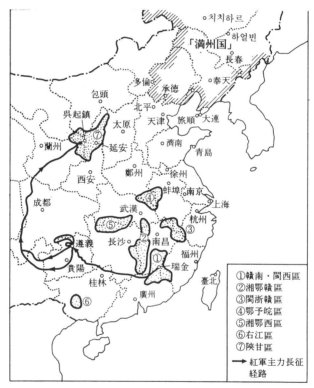

그림 6. 각 지역의 소비에트구와 長征의 진로

다. 수적으로는 강서소비에트시대의 1/10 에 지나지 않게 되었으나, 장정(長征)에 의해 단련된 최정예의 부대로서 항일의 의욕에 타오르고 있었다. 1935 년 말의 〈일본제국주의에 반대하는 전술에 대하여〉 속에서 모택동은, 「장정은 선언서이고 선전대이며, 파종기(播種機)였다. ……그것은 11 개 성에 많은 씨를 뿌렸다. 머지않아 싹이 나와 잎이 자라며 꽃을 피우고 열매를 맺어서, 앞으로 틀림없이 수확하게 될 것이다」라고 말하였다.

4. 항일민족통일전선

장개석의 파시즘 지배

소비에트지구에 대한 위초전을 추진하는 가운데 장개석은 대외적으로는 일본의 무력침략에 대하여 「무저항주의」로 오직 전면대결만을 피하는 한편, 대내적으로는 「국내의 통일」을 기치로 하여, 공산세력을 비롯한 반대세력 일소를 위해 파시즘지배를 강화시켜 갔다.

장개석권력의 최대의 기반은 군사력이었다. 군사위원장으로서 전국의 군권을 장악함과 동시에 근대장비를 갖춘 중앙군 백만은 더이상 다른 군벌의 대항을 불허하는 것이었다.

반대세력 탄압을 위하여, 「잠행반혁명치죄법(暫行反革命治罪法)」「위해민국긴급치죄법(危害民國緊急治罪法)」「출판법」 등이 제정되었다. 이들에 의해 「국민당 및 국민정부의 전복 또는 삼민주의의 파괴를 기도하는」 활동이 엄격하게 단속되었으며 진과부(陳果夫)·진립부(陳立夫) 형제의 「C·C 단」, 대립(戴笠) 등 황포군관학교 졸업생으로 조직된 「남의사(藍衣社)」가 장개석 직계의 특무조직으로서 백색테러를 닥치는대로 자행하였다. 1933 년부터 1934 년의 1 년간에 C·C 단에 체포학살된 자가 4,500 명에 달하였다고 한다. 장개석의 파시즘 지배에 반대하여 조직된 민권보장동맹〔회장은 손문의 미망인 宋慶齡〕의 중심 회원이었던 양행불(楊杏佛)은 1933 년 남의사의 손에 암살되었다.

농촌에서는 홍군을 원조하는 자가 있으면 인근의 10호가 연대책임을 짊어졌다. 지주의 무장세력인 민단(民團)이 보안대로 개편되어 국민당의 관할 아래 두어지고, 농민의 반항은 철저하게 억압되었다.

힘에 의한 탄압과 병행하여 사상통제를 위한 「신생활운동」이 추진되었다. 국민의 모든 생활을 「민족 고유의 도덕」——예의염치(禮義廉恥)에 합치시키자는 이 운동은 장개석 스스로 회장이 된 「신생활운동촉진회」에 의하여 추진되고, 국민당·군·경찰의 강제로 각지에 지부가 두어져서 「충효인애신의화평(忠孝仁愛信義和平)」이라는 유교윤리가 제창되었다. 공자묘(廟)도 수축되어 공자탄생제가 대대적으로 거행되었다.

이러한 독재권력 아래 장개석은 「경제건설」을 밀고 나아갔다. 군사목적과 함께 철도망과 자동차도로망이 급속하게 정비되고 각종의 기업이 국가자본에 의해 신설되었다. 표면적으로는 중국이 본격적으로 자본주의화의 길을 걷는 것처럼 보였다. 그러나 중국경제의 기간이 되는 농촌은 여전히 반(半)봉건지배의 상태에 있어, 농업에 대한 투자는 이루어지지 않고 농민의 구매력이 저하하는 가운데 건전한 자본주의화가 실현될 리가 없었다. 「경제건설」에 필요한 자금은 거의 모두 제국주의 열강으로부터의 차관과 공채의 발행[37]으로 메꾸어졌다. 그 때문에 중국경제의 열강〔특히 미국·영국〕에의 종속화가 한 단계 더 진전됨과 함께 공채인수를 통하여 권력을 배경으로 하는 관료금융자본이 형성되어, 소위 「4대가족」〔蔣介石·宋子文·孔祥熙·陳果夫〕이 이를 지배하며 각종의 국영기업과 독점적 유통조직을 가지고 전국의 부(富)를 수탈하였다.

열강에의 종속과 금융독점을 결정적으로 만든 것은 1935년 11월에 이루어진 화폐개혁이었다. 그때까지 중국 통화의 기본은 은(銀)으로서, 지폐는 여러 은행이 발행하고 있었으므로 은행의 신용도에 따라 액면과 유통가치가 변동하는 것이 보통이었다. 통화의 통일은 전국적인 경제정책을 추진하기 위해서, 또 근대국가의 체제를 바로잡기 위해서도 필요한 일이었다. 개혁은 영국의 경제사절 리이스 로스의 권고에 의하여 추진되어, 현은〔現銀, 은화·은괴〕은 화폐로서의 유통을 금지하고 모두 사들여 국유화하며, 대신에 4 대은행(중앙·중국·교통·농민)이 발행하는 은행권만을 법정통화(法幣)로 정하였다. 법폐(法幣)는 영국 파운드에 연계되고 (1元은 1 실링 2 펜스 반), 동시에 현은(現銀)은 미국에 매도되어 법폐(法幣) 가치의 안정기금으로서 적립되게 되었다. 그 결과 원(元)은 파운드와 달러의 지배하에 들어가 4 대가족을 중심으로 하는 관료자본이 전국금융을 독점함과 함께, 인민은 인플레로부터 자신을 지킬 수단(現銀)을 빼앗기고 말았다.

확대하는 일본의 화북침략

1933 년 9 월 외상에 취임한 히로다 코오끼(廣田弘毅)는 「일화(日華) 친선」을 제창하며 중·일 상호의 공사관을 대사관으로 승격시키는 등, 친선 무드를 높였으나, 그 뒷편에서는 군부의 화북분리공작이 착착 진행되고 있었다. 1935 년 5 월 당고(塘沽)정전협정으로 정해진 비무장지대에서 배일(排日)테러사건이 발생하자, 지나(支那)주둔군은 이를 국민당의 배일책동에 의한 것이라고 하여, 국민당기관과 중앙군의 하북성으로부터의 철퇴, 하북성 주석 우학충(于學忠)의 파면을 요구하며, 6 월 「우메즈(梅津美治郎, 지나주둔군사령관)·하응흠(何應欽 북평군사분회 주임)협정」에서 이를 승인시켰다. 나아가 같은 달 말에 관동군은 「도이하라(土肥原賢二, 봉천특무기관장)·진덕순(秦德純 ; 察哈爾省 대리주석)협정」으로, 차하르성내로부터 국민당기관과 송철원(宋哲元)부대의 철퇴를 결정하였다. 이후 군부의 화북정책은 화북 5 성(察哈爾·綏遠·河北·山東·山西)의 「자치」와 화북경제권의 독립, 즉 「제 2 의 만주국」화를 향하여 추진되어 갔다. 11 월에는 하북성 동북부의 비무장지대에 은여경(殷汝耕)을 수반으로 하는 기동정권(冀東防共자치위원회, 다음 달에 자치정부로 개조)이 만들어지고, 12 월에는 중앙정부로부터 절반은 독립하여 하북·차하르 두 성을 관할하는 기찰(冀察)정무위원회[38](위원장 宋哲元)가 성립하였다. 이 외에 일본군특무기관으로부터 돈과 무기를 지급받은 「자치」운동이 속출하였다.

기동지구로부터 일체의 국민정부기관이 없어졌기 때문에 관세를 내지 않는 밀무역의 일본상품이 군의 보호를 받으며 공공연히 흘러들어와 중국의 민족산업에 큰 타격을 주었다. 밀수품 속에는 「만주국」에서 정제된 아편이 대량으로 포함되어 있었고, 일본군은 이에 의해 막대한 이익을 올렸다. 만철(滿鐵)은 1935년 8월 「화북경제의 개발」을 위해 흥중공사(興中公司)를 설립하고, 10월부터는 대대적인 화북경제조사를 실시하였으나, 그 목적은 「황국 국방상 긴급 개발을 요하는 필요자원 및 경제세력을 확충 강화하는 데 필요한 주요 경제부문의 개발계획에 중점을 두어, 각국에 우선하여 중요이권을 획득할 수 있도록 조속히 구체안」을 작성하는 데 있었다.

화북 분리공작과 함께 내몽고 「독립」 공작도 관동군의 손에 의해 추진되어 1936년 5월 덕왕(德王)을 주석으로 하는 「내몽군정부(內蒙軍政府)」가 만들어졌다.

그러나 이러한 일본의 화북침략은 중국 민중의 격렬한 반발을 초래하여 항일에너지를 만들어냄과 동시에 민족적 단결을 촉진시켜주게 되었던 것이다.

중공의 8.1 선언

「만주국」의 건국으로부터 열하침공, 당고협정으로 일본의 침략이 계속되는 가운데 국민당의 탄압에도 불구하고 민중의 항일의 움직임이 차츰 활발하게 되었다. 채원배·노신 등과 함께 민권보장동맹을 결성하여 장개석의 백색테러와 싸우고 있던 송경령 등은 1933년 3월, 40여 개의 항일단체를 결집시켜 「국민어모자구회(國民禦侮自救會)」를 만들어, 정부가 항전하지 않으면 민중 스스로가 구국을 위하여 일어나자고 부르짖었다. 더우기 다음해 5월에는 송경령을 위시한 2천 명의 저명인사가 「중국인민 대일작전기본강령」을 발표하여, 「중국인민이 스스로를 구하고 나라를 구하는 유일한 방법은 모든 사람이 궐기하고 무장하여 일본 제국주의를 몰아낼 것. 즉 중화민족의 무장 자위이다」라고 부르짖었는데, 이에 호응하여 전국각지에 「중국민족무장자위회」가 조직되기 시작하였다. 6월 11일 우메즈·하응흠 협정의 다음날, 국민정부가 「방교돈목령(邦交敦睦令)」을 발하여 일체의 배일(排日)행위를 금지한 것도 민중의 격분을 샀다.

이러한 정세 속에서 1935년 8월 1일에 발표된 것이 중국공산당 중앙과 중국 소비에트정부의 〈항일구국을 위해 전동포에 고하는 글〉, 이른바 「8·1 선언」이었다.

선언은 지난날의 경위나 의견·이해(利害)의 상위를 모두 털어버리고 「모든 사람이 내전을 정지하고, 모든 국력을 집중하여 항일구국의 신성한 사업에 분투하여야 한다」고 하여, 「전중국을 통일한 국방정부와 항일연군(抗日連軍)」을 조직할 것을 제안하고, 「돈이 있는 자는 돈을 내고, 총이 있는 자는 총을 내고, 식량이 있는 자는 식량을 내고, 힘이 있는 자는 힘을 바치며, 전문기능이 있는 자는 전문기능을 바쳐서, 우리 전동포를 총동원하고 또 모든 신구(新舊)의 무기를 써서 수백만 수천만의 민중을 무장시키자」고 호소하였다.[39]

이는 중국공산당의 정책의 일대전환이었다. 이전의 「프롤레타리아적인 핵심」에 의한 「밑으로부터의 통일전선」에 대신하여, 국민당까지 포함하는(단 장개석은 매국노로서 제외됨) 광범한 정치세력을 결집하는 항일민족통일전선이 제창된 것이다. 항일구국이야말로 모든 것에 우선하는 최대의 과제라고 한 이 선언은, 솟구쳐오르고 있던 항일운동에 거대한 영향을 주어 머지않아 실현되는 제2차 국공합작의 계기가 되었다.

12·9 운동

기동(冀東)정권에 이어 기찰(冀察)정무위원회 설립의 움직임이 구체화하자, 화북 분리의 위기감이 확산되어갔다. 먼저 일어난 것은 북평의 학생들이었다. 12월 9일 혹한 속에 5천명의 학생이 「일본제국주의 타도」「화북자치 반대」「전국이 무장하여 화북을 지키자」 등의 슬로건을 외치며 시위행진을 하였다. 시위대의 중심은 봉천을 쫓겨나 북평으로 옮겨와 있던 동북대학의 학생들이었다. 사전에 학생의 행동을 눈치 챈

송철원은 경찰과 군대를 대량으로 동원하여, 물·곤봉·칼·총검으로 저지하니 많은 부상자와 체포자를 내게 되었다. 그러나 학생들은 굴하지 않았다. 다시 12월 16일 기찰(冀察)정무위원회 성립예정일에 또다시 1만여 명의 학생들이 시위행진을 하며 군대·경찰과 격렬한 충돌을 되풀이하면서 시민 수만명이 참가하는 민중대회를 열어, 「기찰정무위원회를 인정하지 않는다」「화북의 어떠한 괴뢰조직에도 반대한다」「동북의 실지(失地)를 회복하자」 등의 결의안을 채택하였다. 정무위원회의 성립대회는 18일로 연기되어 은밀하게 치루어질 수밖에 없게 되었다.

당국의 엄격한 단속 속에서 감행된 이 학생들의 운동은 전국에 파문을 일으켜 장개석의 「학생운동금지령」(1936년 1월)을 무시하고 전국 주요도시에서 학생집회와 시위가 거행되었다. 학생들은 구국선언단을 조직하여 농촌에 들어가 농민들에게 망국의 위기와 항일의 길을 역설하였다. 이러한 운동을 기반으로 하여 5월에는 전국학생구국연합회가 상해에서 결성되어, 마침 그 무렵 일본의 지나주둔군 대증강(1,800명으로부터 5,800명으로)에 반대하는 운동을 전국으로 확대시켜 갔다.

학생들의 운동은 더욱 광범한 계층으로 퍼져 나갔다. 12·9 직후 상해에서 심균유(沈鈞儒)·추도분(鄒韜奮) 등의 「상해문화계구국회」가, 또 「상해부녀계구국연합회」가 만들어졌고, 1936년 5월에는 전국의 비슷한 조직 60여 개를 결집한 「전국각계구국연합회」가 탄생되어 「내전정지, 일치항일」을 요구하였다.

이에 대하여 국민당 정부는 1936년 2월 「치안유지긴급치죄법」을 발포하여 항일운동을 가혹하게 억압하며, 11월에는 전국각계연합회의 지도자 심균유(沈鈞儒)·추도분(鄒韜奮)·장내기(章乃器) 등 7명을 「민국에 위해를 가하였다」라는 죄명으로 체포하였다. 이른바 「항일 7군자(君子)사건」이다. 그러나 이와 같은 탄압은 운동에 한층 박차를 가해주는 결과가 되어 항일구국의 소리가 전국에 넘쳐흘렀다.

반장항일(反蔣抗日)에서　핍장항일(逼蔣抗日)로

1933년 이래 민중의 항일운동의 물결은 국·공 양당에 영향을 주기 시작하였다. 1935년 11월에 열린 국민당 제5회 전국대회는 당내(黨內)뿐만이기는 하였지만 처음으로 「내쟁(內爭)을 정지」하고 거당일치체제를 만들어, 대외적으로는 일본의 침략에 대해 「아직 화평이 완전히 절망적인 시기는 아니다」라고 하면서도, 「만일 그 때가 이르면 최후의 결단을 내리겠다」고 표명하였다. 또한 국내적으로는 조건부이기는 하지만 인민의 권리와 자유를 인정하는 헌정(憲政)으로의 이행을 수락하였다.

한편 와요보(瓦窯堡)회의에서 항일민족통일전선의 정책을 굳힌 공산당은 1936년 2월 중국인민홍군 항일선봉군을 조직하여 동정항일(東征抗日)을 출발하여 황하를 건너 산서성 서부를 점령하였다. 그러나 5월 장개석이 중앙군 10개 사단을 동원하여 반격에 나서자, 공산당은 「항일전쟁을 위해 국방의 실력을 보존하기 위하여」 또 「장개석씨 및 그 부하 애국군인의 마지막 각오를 재촉하기 위하여」 산서성으로부터의 철퇴를 선언하였다. 이는 「8·1선언」에 이은 제2의 커다란 전환이었다. 지금까지 장개석을 매국노라고 하여 「반장항일」의 통일전선을 외쳐오다가, 장개석에게도 항일에의 참가를 호소하였던 것이다. 그것은 전국 항일운동의 여론탓도 있지만 화북 5성의 분리가 목전에 다다른 정세 속에서 가장 현실적인 방책이었다.

8월 공산당중앙은 국민당에 서간을 보내 전중국의 통일된 민주공화국이 수립된다면 소비에트지구는 그 하나의 구성요소가 될 용의가 있고, 또 1925년 손문의 「연소(連蘇)·용공(容共)·노농원조(勞農援助)」의 혁명적 삼민주의를 회복하여 「굳센 혁명적 통일전선을 결성하는 일이야말로 오늘날 멸망하지 않고 살아남는 유일한 길」임을 지적하며, 나아가 9월 모든 공산당원을 향하여 「핍장항일(逼蔣抗日)」(장개석을 항일의 길로 밀어넣어 줌)이 당의 기본방침인 것을 지시하였다.

이 전환과 함께 국민당군에 대한 공작도 활발하여졌다. 당시 섬북(陝北)근거지를 포위하고 있던 부대는 장학량의 동북군과 양호성(楊虎城)의

17로군이었으나 어느쪽도 장개석 직계가 아니며 홍군과 싸우게 된 것에 불만을 품고 있었다. 특히 동북군은 만주사변에서 고향을 쫓겨나 화북으로 이동하여 있던 부대로서, 일본군과 싸워 고향인 만주땅을 수복하고 싶다는 희망이 전군의 장병들 사이에서 팽배해지고 있었다. 공산당은 몰래 그들과 연락을 취하며 1936년 전반에는 이미 사실상의 정전상태를 실현시키고 있었다. 장학량도 장개석을 포함한 통일전선을 공산당에게 강하게 권고하고 있었다.

그러나 장개석은 10월 홍군 근거지에 대하여 총공격을 명령하며 어디까지나 「안내양외(安內攘外)」의 태도를 바꾸려 하지 않고, 12월 4일 홍군과의 전투에 소극적인 장학량·양호성을 독전하기 위해 서안으로 날아갔다.

서안사변(西安事變)과 통일전선의 결성

중국현대사의 커다란 전환점이 된 「서안사변」은 1936년 12월 12일 새벽에 일어났다. 장개석에게 내전 정지를 설득하다가 거절당한 장학량이 부대를 움직여 장개석을 감금하고, 양호성과 연명(連名)으로 8항목의 요구를 전국에 통전(通電)한 것이다.

① 남경정부의 개조, 여러 당파 공동의 구국.
② 내전의 정지.
③ 항일 7군자의 석방.
④ 정치범의 석방.
⑤ 민중애국운동의 해금.
⑥ 인민의 정치적 자유보장.
⑦ 손문 유촉의 준수.
⑧ 구국회의의 즉시 개최.

이 사건은 「내전정지, 일치항일」의 여론을 극적으로 표현한 것이었다. 그렇지만 중국의 최고지도자를 감금한 이 괴이한 사건은 전세계에 강렬한 충격을 주었다. 소련의 신문은 「친일분자의 음모」이며 「반일세력의 단결을 파괴하는 것」이라고 비난하였다. [40] 일본의 신문은 장학량 독립정부와 소련이 협정을 맺었다고 보도하였다(민중운동의 동향으로부터 「항일민족통일전선」의 결성을 예견한 것은 《아사히신문(朝日新聞)》 기자 오자끼 호쯔미(尾崎秀實) 오직 한 사람 뿐이었음) 일본정부는 장개석 후의 남경정부를 친일파가 장악할 수 있도록 획책하기 시작하였다. 남경의 국민정부에서는 장개석의 생명의 안전을 무시해서라도 장학량을 토벌해야 한다는 친일파의 하응흠 등 강경파와, 평화적 해결을 바라는 풍옥상·송미령(宋美齡, 장개석 부인) 등이 대립하였다. 「핍장항일」을 부르짖던 공산당 내에서도 뜻밖의 사태반전에 허둥대며 장개석의 공개재판·처형을 요구하는 소리마저 있었다.

장개석은 이 「병간(兵諫)」을 완강하게 거절하였다. 장학량 토벌을 위한 중앙군은 섬서성 동쪽 끝의 동관(潼關)으로 진입하고 서안 근교를 폭격하였다. 동북군의 청년장교들 사이에는 장개석 처형의 목소리가 높아지기 시작하였다. 이 일촉즉발의 위기를 구해준 것이 공산당이었다. 장학량의 의뢰를 받고 17일 서안으로 날아온 주은래·진방헌·엽검영은 「단결항일이라는 토대에 입각한 평화적 해결」을 모색하여 장개석을 설득하는 한편, 남경 대표의 송자문·송미령 등과 절충을 거듭하여 거의 8항목 요구 내용을 인정하는 형태로 합의에 이르렀던 것이다. 장개석은 이 합의를 문서로 하여 서명하는 것을 거부하였으나, 12월 25일 서안을 떠날 때 「약속은 반드시 지킨다」고 언명하였다. 이리하여 내전은 사실상 정지되었다. 장학량은 「병간(兵諫)」의 책임을 짊어지고 스스로 군법회의에 회부될 것을 바라며 장개석과 동행하였다. 역주⑥

다음해 1937년 2월, 공산당은 국민당 5기 3중전회를 향하여, 공농구국이 실현되면 ① 반(反)국민정부의 무장폭동을 정지한다 ② 노농민주정부를 중화민국 특구(特區)정부로, 홍군을 국민혁명군으로 개칭하여 남경정부의 지도를 받는다 ③ 특구정부의 구역내에서는 보통선거에 의한 민주제도를 실시한다 ④ 지주의 토지몰수를 중지한다는 4 항목을 제안하고, 국민당은 이를 받아들였다. 이리하여 중국은 간신히 「일치항일」을 실현하고, 일본군의 전면적인 공격이 시작된 9 월에 정식으로 제 2 차 국·공합작 즉 항일민족통일전선을 결성하게 되는 것이다.

V. 항일전쟁과 해방전쟁

1. 일본의 전면 침공

노구교(蘆溝橋)사건

마르코 폴로가 일찌기 「세계에서 가장 아름다운 다리」라고 말한 노구교(蘆溝橋)는, 북경에서 서쪽으로 10여 km 떨어진 영정하(永定河)에 걸려 있다. 1937년 7월 이 부근에서 야간연습을 하고 있던 일본군 1개 중대의 머리 위로 10여 발의 총탄이 날아왔다. 누가 발포하였는지는 지금도 여전히 알 수가 없다.[41] 중대장은 즉각 연습을 중지하고 점호하여 보니 병사 1명이 행방불명이어서 풍대(豐臺)의 대대본부로 연락하였다 (행방불명된 병사는 곧 원대에 복귀). 대대는 즉각 주력을 현장에 파견하여 8일 아침부터 완평현성(宛平縣城, 蘆溝橋鎭)과 그 주변의 중국군에 공격을 가하였다. 이것이 이후 8년에 걸치는 중·일 전면전쟁의 도화선이 되었다.

일본정부는 「현지해결·불확대」의 방침을 내세워 현지에서 정전교섭을 진행시키면서 아직 충분한 조사도 진척되지 않았는데 ① 중국군 대표의 사죄, 책임자의 처벌 ② 노구교 부근으로부터의 중국군 철퇴 ③ 항일단체의 철저한 단속을 요구하였다. 이것은 당고(塘沽) 협정, 우메즈(梅津)·하응흠(何應欽)협정, 노이하라(土肥原)·신녁순(秦德純)협정으로 이어신 일련의 것과 마찬가지로, 군사적 압력을 가하여 현지의 중국군을 철퇴시켜 국민정부의 세력을 배제하고 일본의 실질적 지배지역을 확장하고자 하는 것이었다. 그러나 상황은 앞의 세 협정 때와는 결정적으로 달라져 있었다. 서안사변 이후 전국에 높아진 「일치항일」의 기운——더 이상 일본의 침략을 불허한다는 중국민중의 저항의 의지는 이미 움직일 수 없는 것으로 되었던 것이다. 이러한 상황 속에서 지배지역 확장을 요구하는 일은 「불확대」를 외치면서도 사태를 한층 「확대」시키지 않을 수 없는 것이었다.

7월 11일 일본의 코노에(近衛)내각은 「위력을 보임으로써, ① 지나군의 사죄 ② 장래의 보장을 받아내기 위해서」, 일본 본토로부터 3개 사단, 만주로부터 2개 여단, 조선으로부터 1개 사단을 화북에 증파할 것을 결정하였다.

「배일, 모일(排日, 侮日)」을 계속하는 「무도(無道)한 지나를 응징」하기 위하여 일격을 가하라는 소리는 일본의 군부나 민간에서 높아갔다. 참모본부는 벌써 전 해의 9월 「만일 북지(北支)에서 제국군(帝國軍)의 위신에 관한 사건이 발생하는 경우에는 지나주둔군이 단호하게 일어나 응징할 것」이라는 방침을 세우고 있었던 것이다.

이에 대하여 장개석은 7월 17일, 역사적인 「여산(廬山) 담화」를 발표하여 「만일 정말로 피할 수 없는 최후의 갈림길에 이르렀다면, 우리들에게는 당연히 오직 희생이 있을 뿐이며, 항전이 있을 뿐이다」라고 하며, 노구교사건에 대해서는, 「① 어떠한 해결도 중국의 주권과 영토의 완전성을 침해해서는 안된다 ② 기찰(冀察)의 행정조직은 법에 의하지 않는 어떠한 변경도 인정치 않는다 ③ 중앙정부가 파견한 관리를 다른 곳의 요구로 경질해서는 안된다 ④ 제29군의 현 주둔지는 어떠한 구속도 받지 않는다」라는 4원칙을 제시하여 일본의 요구를 거부하였다.

28일 아침부터 일본군은 북평·천진지구의 중국군에 총공격을 개시하여 이튿날에는 영정하(永定河) 이북을 거의 점령하였다. 일본정부는 이를 「북지사변(北支事變)」으로 불렀다.

마침내 전면전쟁으로

화북에서의 일본군의 「일격」은 중국의 「항전의지를 좌절시키기」는커녕 더 한층 불타오르게 만드는 결과가 되었다. 일본정부는 양자강 유역 일본인 거류민의 철수를 명하니, 중국 민중의 적의가 그득한 가운데 거류민을 가득 태운 군함이 상해를 향하였다. 항일운동의 중심이었던 상해에서는 7월 31일 「항일 7군자」가 석방되어 시민의 열광적인 환영을 받았다. 한편 일본군은 거류민 보호를 위해 해군 육전대를 증강시킴으로써 쌍방의 대립은 일촉즉발의 상태가 되고, 마침내 8월 13일 중·일 양군이 충돌하여 전화(戰火)는 상해로 넓혀졌다. 다음날부터는 양국 공군의 폭격도 시작되고, 나가사끼현(長崎縣) 오오무라(大村)를 떠난 일본기는 바다를 건너 수도 남경을 폭격하였다. 무방비 상태의 도시에 대한 무차별 폭격은 전황을 일거에 확대시켜 주게 되었다. 격심한 시가전과 공습 때문에 상해시민의 인적·물적 피해는 막대한 숫자가 되었다.

일본정부는 2개 사단의 상해파견을 결정하고 「지나군의 무도(無道)함을 응징함으로써 남경정부의 반성을 재촉하기 위하여 지금은 단호한 조치를 취하지 않을 수 없게 되었다」는 성명을 발표하여, 전면전쟁으로의 전환을 분명히 하였다. 「북지사변」의 명칭은 「지나사변」으로 고쳐졌다.

장개석도 또한 14일 「일본의 그칠줄 모르는 침략」에 대하여 「자위항전(自衛抗戰)」을 성명하고, 스스로 육해공군 총사령에 취임하여 전군의 지휘를 맡게 되었다.

일본의 증원군은 8월 말부터 전투에 가세하였으나, 중국측은 그물눈과 같은 수로와 토치카들을 잇점으로 하여, 군·민이 일체가 되어 완강한 저항을 계속함으로써 일본군에 막대한 손해를 입혔다. 그 때문에 일본은 잇달아 증원부대를 보내지 않을 수 없어, 결국에는 상해파견군이 9개 사단에 이르고 본토에 남은 것은 겨우 2개 사단에 지나지 않게 되었다. 11월 5일 야나가와(柳川) 군단이 항주만에 상륙하여 중국군의 측면과 배후를 찌르자 비로소 중국군이 모든 전선에서 붕괴하였으나, 2개월 여에 걸친 상해전투에서 일본군의 손해는 전사 약 1만, 전상 약 3만에 달하였다.

한편 화북에서는 8월부터 차하르(察哈爾)작전이 개시되어 9월에는 하북남부작전, 10월에는 산서작전, 나아가 12월에 산동작전이 전개되고, 국민당군의 전력(戰力)보존——후퇴전술에 힘입어 1937년 말까지에 하북·차하르·수원(綏遠)·산동·산서북부의 광대한 지역의 철도연선을 점령하였다.

다만 산서작전은 숙원이던 항일전에 참가한 8로군 115사단[林彪] 120사단[賀龍]이 평형관(平型關)에서 이타가끼(板垣)사단에 대타격을 주었고, 또한 근구진(忻口鎭)에서도 게릴라전으로 격렬하게 저항하여 약 1개월간 일본군의 진격을 저지시켰다.

이 산서작전에 참가하여 전사한 스기모또 고로오(杉本五郎)중좌는 유고(遺稿) 〈대의(大義)〉에서 일본군의 행동을 이렇게 쓰고 있다.

> 한차례 적지를 점령하면 적국의 민족이라는 이유로 마구 살상하며 약탈을 그칠줄 모른다. 슬프도다. 모든 일이 하나같이 황군의 모습을 찾아볼 길이 없도다(宮武剛《장군의 유언》).

항일민족통일전선

서안사변과 국민당 5기 3중전회 이후 제2차 국공합작을 향하여 양당의 회담이 정력적으로 추진되었다. 회담은 당초 홍군의 개편과 지휘권, 소비에트지구의 행정권을 에워싸고 난항을 거듭하였다. 국민당이 어디까지나 국민정부로의 흡수를 노린 데 대하여 공산당은 독립자주를 기본으로 한 연합을 주장하였던 때문이었다. 그러나 노구교사건, 상해 침공으로 급속하게 사태가 전개되는 가운데, 대립은 양보로 바뀌었다.

중공은 8월 하순 섬서성 낙천(洛川)에서 중앙정치국 확대회의를 열어 전국 군사력의 총동원, 전국 인민의 총동원, 정치기구의 개혁을 골격으로 한 「항일구국 10대강령」을 발표하여 「국민당, 전국인민, 전국각당 각파 각계 각군」을 향해 「우리는 이 강령을 완전하고 성실하며 단호하게 실행하는 것이야말로, 조국을 지키고 일본침략자에 승리하는 목적을 달성시킬 수 있다고 굳게 믿고 있다」고 선언하였다. 주은래·임백거(林伯渠)등은 국공회담을 계속하면서 상해 등지에서 각종 민중단체와의 통일전선의 결성에 진력하였다.

8월 22일, 국공 양당이 합의하여 개편이 이루어졌다. 공산당이 지도하는 홍군 3만여 명은 국민혁명군 제8로군(제18집단군) 3개 사단으로 편성되어 총사령에 주덕, 부사령에 팽덕회가 임명되었다. 이어 10월에는 화중·화남에 머물러 게릴라전을 계속하고 있던 홍군 1만여 명도 신4군(군장 葉挺, 부군장 項英)으로 개편되게 되었다. 국민정부의 국방최고회의에도 공산당에서 주은래·주덕 등이 참가하였다.

섬서성 북부의 소비에트정부는 「섬(서)감(숙)녕(하)변구정부(陝西甘肅寧夏邊區政府)」로 개칭되었다.

9월 22일 중국공산당의 「국공합작선언」이 공표되고, 다음날 장개석이 이를 받아들이는 형태로 제2차 국공합작이 정식으로 성립하였다. 이리하여 국공 양당을 중심으로 노동자·농민·지주·부르조아지를 포함하는 광범한 항일민족통일전선이 결성되었던 것이다.

남경대학살

상해전선에서 와해되어 패주하는 중국군을 추격하여 일본군은 수도 남경에 급속도로 육박하였다. 그동안 보급은 거의 없고 물자는 오로지 현지조달=약탈에 의지하며, 저항하는 중국인에 대한 폭행·살인이 되풀이되고 있었다. 2개월에 걸친 상해에서의 악전고투로 많은 전우를 잃은 데다가 여기서 이기기만 하면 고향으로 돌아갈 수 있다는 기대마저 꺾여져버린 (남경공략은 군의 당초의 방침에는 없었다) 병사들의 마음은 거칠대로 거칠어져 있었다. 그리고 무엇보다도 병사들 마음에 자리잡고 있던 것은, 상상하지 못했던 중국 군민(軍民)의 저항에 대한 격렬한 공포심과 투항병을 포로로 하지 않는다는 군의 방침이었다.

이리하여 12월 13일의 남경제입으로부터 16일(입성식의 앞날)까지의 며칠간에 투항병, 「편의병(便衣兵)」(무기를 버리고 사복으로 민중 속에 섞여 있으나 군인으로 지목된자), 무고한 시민을 포함하여 대단히 많은 중국인이 학살되었다.[42] 소위 「남경대학살」인 것이다. 당시 제16사단장이었던 나카지마 케사고(中島今朝吾)중장은 12 월 13 일의 일기에 다음과 같이 기록하고 있다.

> 도대체 포로로 하지 않는다는 방침이기 때문에 모조리 이를 처치해버리기로 정하기는 하였지만, 1천, 5천, 1만의 무리가 되다보면 이를 무장해제시키는 일조차 할수가 없다.…… 후에 알게 된 바에 의하면 사사끼(佐佐木)부대에서만 처리한 자가 약 1만 5천 명, 대평문(大平門)에서 수비하는 일개 중대장이 처리한 자가 약 1천 3백 명, 선학문(仙鶴門) 부근에 집결한 자가 약 7,8천 명 이었는데도 아직 속속 투항하여 온다. 이 7,8천 명을 처리하는 데는 상당히 큰 구덩이를 필요로 하는데 좀처럼 눈에 뜨이지 않는다. 한 방안으로는 1백 2백씩 나눈 후 적당한 장소로 유인하여 처리할 예정이다.

확대되는 전선

수도 남경의 점령으로 일본국내는 연일 제등행렬과 깃발행진으로 들끓었다. 국민의 대다수는 이로써 중국은 굴복하게 될 것이라고 생각하여 전승 기분에 젖어 있었다. 개전 당초에 이미 국민들 사이에는 「지나를 응징하고 나서는 화북이든지 화중의 좋은 지역을 차지하는 것이 당연」하다는 분위기가 있었으므로(《宇垣日記》), 이 빛나는 승리에 의하여 전과(戰果)에 대한 기대가 더욱 부풀어 갔다. 상해전선이 교착되어 있던 지난달부터 주중(駐中) 독일대사 트라우트만을 통하여 화평교섭이 개시되어 있었으나, 「국민이 납득하지 않는다」는 이유로 화평조건에 새로운 요구(비무장지대의 확대, 내몽 자치정부와 화북 특수정권의 승인, 군대 주둔권 보장, 전쟁비용배상 등)를 가중시켰다.

그러나 중국은 굴복하지 않았다. 첫 조건으로는 수락으로 기울어졌던 장개석조차도 이를 인정할 수가 없어, 무한에서 〈전국 군민(軍民)에게 고하는 글〉을 발표하고, 전 인민에게 철저히 항전하도록 호소하였다. 장개석은 트라우트만에게 「만일 이와 같은 일본의 요구에 동의하게 되면, 중국정부는 여론의 파도를 뒤집어쓰고 쓰러질 것이고 중국에는 혁명이 일어날 것이다」라고 말하였다고 한다. 이리하여 일본의 「속전즉결(速戰卽決)」의 계획은 무너지고 전쟁은 차츰 수렁에 빠지는 양상을 보이기 시작하였다. 이미 일본의 16개 사단 60만의 대군이 대륙에 묶여버렸다.

1938년에 들어 전선은 더욱 확대되었다. 3월 일본군이 퇴각을 강요당한 태아장(台兒莊)의 전투(항전 초기에 국민당군이 올린 유일한 승리)를 계기로 하여 진포선(津浦線)의 요충 서주(徐州)를 남북으로부터 포위하는 서주작전이 행하여져 5월 19일 서주를 점령하였고, 하나의 작전으로서는 최대규모의 병력을 동원한 한구(漢口)작전(이때 독가스가 사용되었다)이 전개되어 10월 26일 전시(戰時) 수도인 무한(武漢)이 함락되고 국민정부는 오지(奧地)인 중경(重慶)으로 옮겼다. 같은 무렵 외국으로부터의 보급로 차단을 위한 광동상륙작전도 행하여져 10월 21일 광주를 점령하였다. 1939년 2월에는 해남도(海南島)도 공략되었다.

이리하여 일본군은 북으로는 수원(綏遠)·차하르(察哈爾)성으로부터 남으로 광동성에 이르기까지 중국 주요부의 대부분을 점령하였다. 그러나 일본군이 제압하고 있던 것은 대도시를 연결하는 주요 철도연선의 「점과 선」뿐이었으며, 광대한 농촌에서는 게릴라부대가 끈질긴 저항을 계속하고 있었다.

일본군의 대규모적인 작전은 1938년 말에는 거의 끝나고 전선은 교착상태에 들어갔다. 이 이후부터 일본의 패전에 이르기까지 중국에는 세가지의 이질적인 지역이 병존하게 된다. 이른바 「윤함구(淪陷區)」(일본군의 점령지구), 「해방구(解放區)」(공산당이 지배하는 변두리지구), 「대후방(大後方) (국민당의 지배지구)」이다.

2. 윤함구(淪陷區), 해방구(解放區), 대후방(大後方)

모택동의 지구전론(持久戰論)

서주가 점령된 직후인 1938년 5월 모택동은 연안(延安)에서 「지구전(持久戰)에 관하여」라는 제목의 강연을 행하여, 이 전쟁의 전망을 말하였다.

그는 「이 이상 싸우면 반드시 멸망당한다」고 하며 대일타협으로 기울어지는 「망국론(亡國論)」과, 「3개월만 싸우면 국제정세가 바뀌고 소련이 틀림없이 출병하여 결말이 날 것」이라는 외세의존과, 평형관(平型關)·태아장(台兒莊)의 승리에 도취한 「속승론(速勝論)」을 신랄하게 비판하며, 이 전쟁은 지구전이고 최후의 승리는 중국의 것이라고 주장하였다.

일본은 세계 유수의 강력한 제국주의국으로 군사력·경제력·정치조직에서 반식민지·반봉건의 중국을 능가하고 있다. 그러나 오늘날 중국의 해방전쟁은 역사의 방향을 따른 정의의 전쟁이기 때문에, 전국의 난결을 불러일으켜 국제적인 지원을 받을 수가 있다. 또한 중국에는 장기전에 버티어나갈 광대한 국토와 인구가 있다. 이들 조건은 모두 일본과는 정반대이다.

따라서 전쟁은 3단계를 거치게 될 것이다.

제1단계 : 적의 전략적 공격, 우리 편의 전략적 방어. 적은 강력한 군사력에 의해 난주(蘭州)·무한·광주까지 공략할지도 모르나, 그 이상은 전진하지 못하고 재정·경제·군사의 각 부문이 막히게 될 것이다.

제2단계 : 전략적 대치의 단계. 적은 점령지에 괴뢰정권을 조직하게 될 것이며 동요분자도 나오게 될 것이다. 그러나 전인민을 동원한 게릴라전이 적을 소모시킬 것이다. 국제적으로도 적은 더욱 더 고립된다. 이 시기는 가장 어려운 때일 것이나 항전을 견지하고 통일전선을 지키며 지구전을 계속할 수 있다면, 약(弱)으로부터 강(强)으로 전환시킬 수 있을 것이다.

제3단계 : 실지회복의 반공(反攻)단계. 적은 전력을 거의 소모시켰으므로 충분하게 힘을 축적한 우리측은 적을 압록강 건너편으로 쫓아내어 이 전쟁은 끝낼 수 있게 될 것이다.

이후 전쟁의 경과는 거의 이 모택동의 전망대로 진전되었다. 〈지구전론〉을 관통하고 있는 것은 「전쟁의 위력의 가장 깊은 근원은 민중 속에 있다」는 「인민전쟁」의 사상이다. 1939년으로부터 1944년에 이르는 「대치단계」는 일본군〔윤함구〕, 국민당〔대후방〕, 공산당〔해방구〕의 어느 쪽이 이 민중을 장악해 나가느냐의 싸움이기도 하였다.

괴뢰정권공작

1938년 1월 코노에(近衛)수상은 「제국정부는 이후 국민정부를 상대하지 않고 제국과 진실로 제휴할 수 있을 만한 신흥 지나정권의 성립·발전을 기대하며, 그와 양국 국교를 조정하여 갱생(更生) 신지나의 건설에 협력하고자 한다」고 성명하였다. 여기서 말하는 「신흥 지나정권」이란 일본군 점령지역의 행정기관으로 만들어진 것으로서 북평의 「중화민국임시정부」(王克敏 행정위원장), 몽고의 「몽강(蒙疆)연합위원회」와 곧 이어 발족한 남경의 「중화민국유신정부」(梁鴻志 행정원장)를 가리키는 것이다.

이들 「정부」는 어느 것이나 모두 현지 군(軍)의 손으로 만들어진 것으로서 「만주국」과 마찬가지로 일본인 고문이 전권을 쥐고 있어, 자주적 권한은 어느 한가지도 주어지지 않은, 문자 그대로의 괴뢰(꼭둑각시)정권이었다. 따라서 민중의 지지를 얻기는커녕 정권에 참가한 중국인마저도 일본군에 반감을 품는 자가 많았다. 도대체 당시의 일본군에게는 중국 민중의 의지 따위는 거의 염두에 없었다. [43] 북양군벌시대의 경험으로부터 중국의 정치는 군벌·정객을 끌어들이기만 하면 어떻게든지 움직여 갈 수가 있다는 것이 일반적 인식으로서, 이들 정권이 전혀 무력하다는 것이 분명해진 때에도 오패부(吳佩孚)·당소의(唐紹儀)같은 과거의 유물인 늙은 정치가를 떠메고 나오려는 시대착오적인 시도를 거듭할 따름이었다.

일본은 이들 정권을 육성시킴으로써 장개석정권을 하나의 지방정권으로 전락시켜서, 앞으로 만들어질 친일적인 중앙정권에 흡수시키려고 구상하고 있었다. 그러나 그것은 완전한 환상일 뿐이었다. 당시의 민중에 대하여 나시모또 유우헤이(梨本祐平)씨는 상징적인 일화를 전하고 있다.

　1939년 9월경 북평에서 일본군의 선전영화가 상영되었다.
　남경성에 일장기(日章旗)가 펄럭이고 총검을 높이 들고 만세를 외치는 병사들의 얼굴이 나타났다가 사라지자, 패전의 시름에 잠긴 장개석의 모습이 나타났다.

152

…… 그 순간이었다. 지금까지 숨을 죽이며 보고 있던 중국의 관객이 일제히 일어났고,「장개석 만세!」「중국은 지지 않는다!」라는 고함이 노도와 같이 솟구쳐 올랐다.

시끄러운 장내에 누가 먼저라고 할 것 없이 삼민주의의 노래가 시작되어 곧 대합창으로 되었다. 이 영화는 다음날부터 상영금지가 되었다(《중국속의 일본인》).

또한 당시 피점령지구에서 폭발적인 인기가 있었던 유행가 〈그대 언제 다시 돌아오나(何日君再來)〉는, 사람들이「군(君)」을 장개석으로 바꾸어 흥얼거렸다고 한다.

괴뢰정권공작의 최후이자 최대의 것은 1940년 3월에 성립한 왕정위 (汪精衛)의「국민정부」(南京)였다. 장개석의 최대 경쟁자로서 국민당내에서 비중이 있었던 왕정위는 일찍부터「초토항전(焦土抗戰)」에 반대하여 전국토가 파괴되기 전에 화평을 이룩해야 한다고 주장하고 있었다(모택동이 말하는「망국론」). 몰래 일본측과 연락을 취하여 1938년 말에 중경 (重慶)을 탈출한 그는 처음 비점령지구(사천이나 운남)에 지지세력을 결집시켜 반장(反蔣)정권을 수립하고 일본과의 화평교섭을 마무리지으려고 하였다. 그러나 호응하는 세력이 전혀 나타나지 않자, 지지기반을 지니지 못한 왕정위는 결국 일본측이 하라는 대로 각지의「정권」을 통합한 괴뢰「중앙정부」를 만드는 수밖에 다른 도리가 없었다.

일본은 점령지구에서「북지나개발(北支那開發)」「중지나진흥(中支那振興)」이라는 국책회사를 통하여 약탈적인「경제개발」을 하였을 뿐만 아니고, 본토의 부족한 노동력을 보충하기 위하여「토끼사냥」이라고 칭하며 4만명 이상의 노동자를 강제 연행하였다.

국공합작의 붕괴

일본군의 점령구역이 확대되자 이와 정비례하여 공산당의 세력이 커지기 시작하였다. 원래 장개석정권을 지탱하고 있는 것은 강대한 군대였는데, 군대가 철퇴하여버리자 정부의 관리들도 도망하게 되니 농촌에는 권력의 공백상태가 생겨났다. 뒤에 남겨진 민중은 자력으로 항일자위를 위한 조직을 만들지 않으면 안되었다. 화북·화중의 전장(戰場)에 등장한 8로군과 신4군은 이들 자연발생적인 민중운동을 원조하여 항일근거지를 만들고 해방구를 키워나갔다. 1938년까지에 이미 있었던 섬감녕(陝甘寧)변구 외에 진찰기(晋察冀)변구(산서·차하르·하북), 진수(晋綏)변구(산서·수원), 진기예(晋冀豫)변구 (산서·하북·하남)등 외에 산동·화중에도 해방구가 생겨나서, 오랜 투쟁으로 단련된 공산당 게릴라부대의 지도를 받으며 일본군의 배후를 위협하였다. 전쟁이 대치상태에 들어가자 주요한 전장은 이들 근거지가 많은 화북지방으로 옮겨지고, 일본군은 공산게릴라의 소탕작전에 대부분의 정력을 소모하지 않으면 안되었다. 공산군의 완강한 항전은 민중의 강한 지지를 받았고, 1940년경에는 8로군이 개전 당시의 3만 명으로부터 40만 명으로, 신4군은 1만여 명으로부터 10만 명으로 각각 성장하였다.

공산세력의 급속한 성장에 국민당은 커다란 불안과 위협을 느꼈다. 1939년 초부터 국민당군이 8로군과 신4군의 부대를 습격하는 사건이 빈발하기 시작하여, 연말에는 장개석 직계의 중앙군과 산서성의 염석산 부대가 공산당의 본거지인 섬감녕(陝甘寧)변구를 포위 봉쇄하여 공격하는 사태까지 일어나게 되었다. 이 때는 통일전선을 유지하기 위하여 쌍방의 활동구역을 나누는 방법으로 해결하려고 하였으나, 양당의 균열은 이미 돌이킬 수 없을 정도가 되어 있었다.

1940년 8월부터 3개월 여에 걸쳐 8로군이 전개한 「백단대전(百團大戰)」은 전국을 놀라게 하였고, 공산세력의 위력에 대한 깊은 인상을 내외에 심어 주었다. 하북과 산서를 잇는 정태(正太)철로를 중심으로 전 화북의 교통망과 주둔일본군에 대하여, 115개 연대〔團〕 40만 병력으로 총공격을 가해 커다란 타격을 주었던 것이다.

이 대공세는 국민당의 경계심을 한층 강화시켰다. 국민당은 10월 황하 이남의 전 공산군에 대하여 황하 이북으로 이동하라고 명령하는 동시에, 섬감녕(陝甘寧)변구의 포위군을 강화시켰다. 공산군은 이 명령에 반대하였으나 결렬을 피하기 위하여 북방으로의 이동을 지령하니, 안휘성 남부에 있던 신 4 군 9 천여 명은 1941 년 1 월 초에 이동을 개시하였다. 이 때 8 만여 명의 국민당군이 돌연 습격하여 7 주야의 격전 끝에 신 4 군부대는 궤멸당하였다[皖南사변]. 장개석은 신 4 군을 반란군이라고 하여 사로잡힌 군장 엽정 (葉挺)을 군법회의에 회부하였다.

환남 (皖南) 사변에 의하여 국공합작은 사실상 붕괴하였다. 그러나 그것은 통일전선의 붕괴를 의미하는 것은 아니었다. 사변에 대하여 홍콩에 있던 송경령 (宋慶齡)・유아자 (柳亞子)・하향응 (何香凝) 등이 국민당에 항의한 것을 비롯하여, 중간적인 입장에 있던 많은 개인과 단체가 「내전반대」를 외치며 공산당에 동정과 지지를 보내었다. 이 사변을 전기로 하여 통일전선은 국공합작을 중심으로 하는 것으로부터 공산당을 중심으로 하는 것으로 차츰 전환되어 갔던 것이다.

해방구의 정권

섬감녕 (陝甘寧) 변구에서는 국민당과의 약속에 따라 보통선거(18 세 이상의 남녀)에 의한 향 (鄕)・현 (縣)・변구 (邊區)의 각급정부가 조직되었다. 정부위원이나 인민대표대회에 해당하는 참의회의 의원도 공산당원은 1/3 을 넘지 못한다는 「3・3 제」가 지켜져서, 각계층의 참가를 바라는 통일전선의 실질을 보여주었다.

「변구항전시기 시정강령 (邊區抗戰時期施政綱領)」에는 인민의 언론・출판・집회・결사 등의 자유가 규정되어 인민의 항전에 대한 적극성을 높이고, 총공회・농민회・부녀연합회・청년구국회 등의 민중단체가 조직되었다.

토지정책에서도 국민당과의 약속에 따라 지주의 토지몰수는 중지되었으나 「감조감식」(減租減息, 소작료와 이자의 인하)이 행하여져, 지주에 대해서는 농민의 소작료와 이자 납부를 보증해 주고 그 권리를 보호하였다. 생산의 증대에 특히 힘을 기울여 호조반 (互助班)을 만들어 공동작업을 한다든지 황무지의 개간을 장려하였다.

연안 (延安)에는 섬북공학 (陝北工學, 후의 인민대학), 마르크스・레닌학원, 항일군정대학, 노신예술학원 등의 학교가 설립되어 해방구의 문화수준을 높이며 대량의 간부를 양성하였다. 이러한 모든 정책은 다른 해방구에도 전하여져서 모범이 되었다.

그렇지만 해방구는 1941~1942년에 중대한 위기를 맞이하였다. 백단대전(百團大戰)에서 대타격을 받은 일본군은 이제까지의 소탕작전이 아니고, 「적 주력의 격멸과 그 근거지 및 시설의 박멸과 치안숙청공작을 철저하게 감행」하는 대작전을 전개하였다. 「모조리 불태우고, 모조리 죽이며, 모조리 빼앗아 버린다」는 잔인한 작전[三光作戰]이 해방구를 향하여 실시되고, 제압한 지역에는 철저한 연좌제를 펴서 공산게릴라에 협력하는 농민을 죽였다. 그 때문에 해방구는 축소되고 인구는 반감하여 8로군은 40만으로부터 30만으로 감소되었다. 거기에다 같은 시기에 화북은 가뭄과 메뚜기피해[蝗害], 전염병에 시달리며 「기근 때문에 군인도 백성도 초근목피(草根木皮)를 먹는」 상태가 되었다. 국민당군의 봉쇄도 계속되고 있었다.

이 위기를 넘기기 위하여 전개된 것이 생산운동과 정풍운동이었다. 「자력갱생(自力更生)」의 슬로건 아래 병사나 간부, 학생, 모든 사람이 생에 매달려 어떤 물건이든지 스스로의 손으로 만들었다. 「정병간정(精兵簡政)」(군의 소수정예화와 행정기관의 간소화)가 진행되어 많은 인원이 생산활동으로 돌려졌다. 각종의 협동조합이 조직되어 생산의 에너지가 결집되었다. 이들 시도는 생산증강운동임과 동시에 「공산당원은 늘 대중에 봉사하고 대중과 함께 있지 않으면 안된다」는 일종의 정신운동이기도 하였다.

정풍(整風)운동과 모택동지도권의 확립

정풍운동도 또한 이 위기를 극복하기 위해, 전 공산당원의 사상을 개조하여 당내의 사상적 일치를 기하려는 운동이었다. 당시 당원의 수는 비약적으로 증가하여 약 80만 명에 달하여 있었으나, 소부르조아지 출신자가 많고 마르크스주의의 이론을 휘둘러댈 뿐, 중국의 현실을 모르고 또 힘든 투쟁을 견디어낼 수 없는 동요분자도 많았다.

1942년 2월 모택동은 「당의 작풍을 바로잡자」「당팔고(黨八股)에 반대하자」라는 연설에서, 당내의 해로운 작풍(활동의 스타일)을 고치는 「삼풍정돈(三風整頓)」을 주창하였다. 그것은 「학풍」속에 있는 현실유리의 주관주의, 「당풍」속에 있는 관료주의와 분파주의, 「문풍」속에 있는 구시대 과거의 팔고문(八股文)과 같은 공허한 형식주의를 일소하여, 참으로 중국의 현실에 뿌리내린 작풍을 만들어 당원들의 질적 향상을 기하자고 하는 것이었다. 그 방법은 모든 당원이 지정된 문헌을 읽고 자기의 3풍을 엄숙하게 반성하여 자기비판하는 형태로 진행되었는데, 이 스타일은 생산운동에서의 「대중운동」 방식과 함께 후일 중공의 전통이 되었다.

정풍운동은 일면에서는 중국공산당이 코민테른의 지도로부터 벗어나 이론적으로나 정책적으로나 「중국민족의 당」으로 걷기 시작하였다는 것을 보여주는 것이었다. 1937년 11월에 모스크바로부터 귀국한 왕명(王明)은 당내에서 여전히 큰 권위를 지니고 있었는 바, 예를 들면 통일전선정책에서 국민당과의 협조를 가장 중요한 과제로 삼아 「모든 것을 통일전선을 통하여」라고 주장하며[44], 모택동의 「독립자주에 기초한 통일」의 방침과 날카롭게 대립하고 있었다.

정풍운동은 왕명 등을 주로 한 소련유학생파의 영향력을 억눌러 중국민족해방을 위한 당(黨) 이데올로기의 일원화를 기하는 것, 바꾸어 말하면 모택동의 권위를 절대적인 것으로 만드는 의미를 지니고 있었던 것이다. 이 운동을 거치면서 당내에 대립하는 파벌은 거의 없어졌다. 1943년 5월에는 코민테른도 해산하였다.

모택동이 선두에 서서 추진한, 대중노선을 기본으로 하는 생산운동과 정풍운동에 의해 1942년 말에는 「미증유의 중대국면」은 극복되어 근거지는 서서히 회복되어 갔다. 1943년 말에 해방구의 인구는 8천만, 8로군과 신4군은 47만이 되었다. 모택동의 권위는 당내뿐만 아니라 해방구의 민중 사이에서도 확립되어, 그의 이름은 항일전쟁의 지도자로서 장개석에 뒤떨어지지 않는 무게를 지니게 되었다.

동시에 섬북(陝北)의 한 농민이 작사하였다고 알려진 「동방홍(東方紅)」

의 가사에 있는, 「모택동은 인민의 구원의 별」이라고 하는 모택동숭배의 싹도 또한 이 때에 돋아난 것이다.

태평양전쟁의 개시

중국의 완강한 저항이 계속되고 전쟁이 장기화됨에 따라, 미국 영국 등 중국에 권익을 가진 열강과 일본과의 모순도 깊어갔다. 일본은 군사적 필요를 이유로 제 3 국의 무역·여행의 자유를 제한하고 있었고, 국책회사를 통하여 화북·화중에서 독점적인 경제지배를 하고 있었던 때문이었다. 군표(軍票)나 괴뢰정권이 발행하는 지폐를 강제하고 있었던 일도 다른 나라의 통상을 방해하였다.

1939 년 7 월 미국은, 일본이 중국에서의 미국의 통상권익을 방해하고 있다고 하여 미일통상조약의 파기(6 개월 후 자동적으로 소멸)를 통고하였다. 전략물자의 대부분을 미국에 의존하고 있던 일본은 자원을 찾아 남방＝타이, 프랑스령 인도차이나(지금의 베트남), 네델란드령 인도네시아까지 손을 뻗치는 「동아신질서(東亞新秩序)」, (후의 「대동아공영권(大東亞共榮圈)」)구상을 하기 시작하였다. 1940 년 여름 유럽전선에서 나치스 독일의 전격작전에 의해 네델란드와 프랑스가 잇달아 패하자 이 구상은 일거에 구체화되었다. 일본군은 9 월 북부 프랑스령 인도차이나로, 다음해 7 월 남부 프랑스령 인도차이나로 진주하였다. 이에 대하여 미국은 고철(古鐵)과 석유의 대일수출금지, 일본의 재미(在美)자산 동결로 대응하여 미일관계는 최악의 상태가 되었다.

그동안 노무라 키치사부로오(野村吉三郎) 주미대사와 헐 국무장관과의 사이에 미·일교섭이 진행되고 있었으나, 최대의 쟁점은 일본군이 중국으로부터 전면철수할 것인가 아닌가에 있었고, 일본은 내몽고·화북·해남도에 필요한 기간(대개 25 년간) 주둔할 것을 고집하였다. 사실 토오조오 히데끼(東條英機) 육군상이 각의에서 발언한 바와 같이, 일본에게는 「주병(駐兵)은 심장(心臟)」이라 양보할 수 없는 선이었다. 일이 여기에 이르러 철군하게 되는 것은 사변 이전의 상태로 돌아가는 것일 뿐 아니라, 만주·조선의 지배마저 위험하게 만드는 것이었다. 중국의 저항은 그러한 지경까지 일본을 몰아대고 있었던 것이다. 코노에(近衛)내각은 1941년 10월 총사직하여 토오조오(東條) 내각이 등장하고 2개월 후인 12월 8일 일본은 태평양전쟁에 돌입하였다.

노구교사건으로부터 상해작전, 나아가 남경공략, 무한공략으로, 언제나 일본은 중국의 즉시굴복을 목표로 「불확대」 방침을 천명하면서도, 그때마다 거꾸로 중국 민중의 항일의식을 불타오르게 만들며 차츰차츰 대영미전쟁으로까지 끌려들어갔던 것이다.

중경(重慶)정권의 암흑지배

미일개전에 따라 국민정부는 연합국의 일원이 되고 중일전쟁은 세계대전의 일환으로 얽혀들어갔다. 그러나 장개석은 오히려 대일전쟁에 소극적이고, 불가피한 공산당과의 결전에 대비하여 군사력을 온존시키며, 오로지 영미의 승리를 기다리는 태도를 취하였다.

「곡선구국(曲線救國)」이란 말이 당시의 국민당지배지구에서 곧잘 쓰였다. 구국을 위하여 일시적으로 적과 타협을 이루어 싸우지 않는다는 의미이다. 1943년 7월 모택동은 〈국민당에 묻는다〉라는 글을 써서, 「서북에 배치되어 있는 국민당 3개 집단군 가운데 2개 집단군이 4년동안 변구의 포위를 맡고 있었으나, 최근 일본군 방어를 맡고 있던 나머지 1개 집단군의 대부분도 변구로 진격해오기 시작하였다. 일본군이 바로 목전에 있는데도 마음놓고 이와 같은 행동을 할 수 있었던 것은 도대체 무슨 까닭인가」하고 격렬하게 국민당의 반공정책과 일본군과의 공모를 비난하고 있다. 이 무렵 중경에서는 항일을 부르짖는 것이 금기로 되어, 무겁고 어두운 분위기 속에 사람들은 침체의 늪에 빠져 있었다.

항전 당초는 중경에도 활발한 움직임이 보였다. 통일전선의 민의(民意)자문기관으로서 설치된 「국민참정회」에는 공산당을 필두로 각계 각파의 사람들이 참가하여 항일을 위한 의견을 교환하였다. 북평·천진·남경·무한·광주 등 일본군에 점령된 지역으로부터는 학생과 교수단이 자

유를 찾아 대학을 「대후방」으로 이전하고, 서남연합대학[昆明], 서북연
합대학[西安 후에 漢中]을 만들어 학문을 계속하였다. 항일민주의 신문
《구망일보(救亡日報)》(郭沫若 사장)도 발행되고 있었다.

그러나 장개석의 반공정책이 본격화 된 1940년경부터 국민당의 일당
독재가 노골적으로 나타났다. 「전국을 당화(黨化)하자」는 슬로건 아래
반국민당적인 움직임은 비밀경찰에 의해 억압되고, 많은 민주파와 항일
청년들이 「집중영(集中營)」(강제수용소)으로 끌려갔다. 1942년 「국가총동
원법」이 시행되어 검열제도가 강화되고 《구망일보》가 정간된 것을 비
롯하여 발매금지가 된 서적·잡지는 1,400종에 달하였다. 항일·민주를
외치는 신문은 폭력단의 습격을 받든지, 조판을 바꾸지 않을 수 없게
되든지 하였다. 중학 이상의 학교에는 「지도교관제도」가 행해져 학생의
사상과 행동이 감시되었다.

이러한 암흑지배와 더불어 국민당의 부패가 진행되었다. 관리와 장교
도 전쟁을 이용하여 횡령과 회뢰(賄賂)로써 돈벌이하는 일에 열중하였
다. 전선의 장령 가운데는 전략물자를 일본군에 「밀수」하는 자마저 있
었다. 미국의 무기대여법에 의해 대량으로 흘러들어온 물자는 전투에는
쓰이지 않고 오직 고급간부의 사복을 채워 주었다. 여기에서도 금융기
관을 독점하는 「4대가족」이 최대의 이익을 독차지하였다. 그들은 무제
한으로 지폐를 발행하고(항전 전야의 7,300배), 환(換)투기와 공채인수를
통하여 막대한 이윤을 올렸다. 또한 자원(資源)위원회와 병공서(兵工署;
군수부)를 장악하고 공업을 독점적으로 지배하였으나, 그들은 생산보다
도 부족한 물자의 투기에 열심이었다. 상업에서는 소금·술·차·성냥·담
배 등 생활필수품의 전매가 확대되었으나, 이것도 4대가족의 「사유재
산」이 되었다. 「국난(國難)」은 이들 특권지배층이 「발재(發財)」(돈벌이)하
는 절호의 기회기 되었고, 중경(重慶)은 그들이 사치와 퇴폐를 누리는
거리가 되었다.

굉장한 인플레와 관료자본의 독점에 의해 민족상공업은 어려운 지경
에 빠지고 생산은 정체되었다. 농민은 매년 가중되는 토지세와 강제공

출에 시달리며 유민(流民)이 되는 자가 증가하였다.

1943년 장개석은 《중국의 명운(命運)》을 발표하여, 그가 구상하는 중국의 바람직한 모습을 제시하였다. 그것에 의하면 자유주의와 공산주의의 대립은 「영미사상과 소련사상의 대립」에 지나지 않고 어느 것이나 중국고유문화의 정신에 위배되는 까닭에 배제되지 않으면 안된다. 중국에 정말 필요한 것은, 세계에 자랑할 만한 공맹지도(孔孟之道)에 따라 가족과 향당(鄕黨)이 인연으로 맺어진 사회이고, 국민당만이 그 건설을 담당할 수가 있다는 것이었다. 거기에는 고색창연한 전통질서가 그려져 있었다.

그러나 전쟁 말기가 되자 국민당 지배지구에도 민주와 자유를 요구하는 움직임이 생겨났다. 1944년 계림(桂林)에서 유아자(柳亞子)등이 「계림문화계 항전공작협회」를 결성하자, 성도(成都)에서는 「민주헌정촉진회」가 활동을 시작하고, 곤명(昆明)에서는 이공박(李公樸)·문일다(聞一多)등이 잡지 《자유논단》을 창간하였다. 중경에 있던 곽말약(郭沫若)·심균유(深鈞儒)·도행지(陶行知) 등도 이러한 움직임에 호응하여 활동하기 시작하였다. 이 해의 9월, 항일·민주·단결을 바라는 소 당파들이 결집하여 있던 「민주정단동맹(民主政團同盟)」(1941년 성립)이 개편되어 「중국민주동맹」으로 되고, 많은 지식인이 가담하여 「국민당의 일당독재를 즉시 종결하여 각당 각파의 연합정권을 수립하고 민주정치를 실행하라」고 요구하였다. 중경도 또한 전후(戰後)를 향하여 걸어나가기 시작하고 있었다.

전쟁의 종반과 미국의 개입

1944년 4월부터 일본군 최후의 대작전 「대륙타통작전(大陸打通作戰)」이 시작되어, 약 반년 걸려 북평으로부터 광주까지 대륙을 종단하고 있던 경한선(京漢線)·월한선(粤漢線)의 전선(全線)점령에 성공하고, 나아가 서남의 계림(桂林)·유주(柳州)·남닝(南寧)에까지 도달하였다. 이 작전의 최대목적은 중국 서남지구에 설치된 미국 공군기지들을 점령하는 데 있었다. 일본은 중국전선의 제공권을 완전히 빼앗기고 있었을 뿐 아니고, 이 작전 중간에 중국의 기지로부터 발진한 B29 장거리 폭격기에 의해 큐우슈우(九州)·상잉(山陰)·조선(朝鮮)이 공습을 당하고 있었던 것이다.

이미 전투력을 있는대로 소모시켜버리고 만족할 만한 장비마저도 갖추지 못한 일본군(물통은 대나무, 소총은 여러명이 1정)이 어쨌든 이 작전에 성공한 것은, 국민당군이 전의가 없었으며 후퇴의 방침을 택하였기 때문이었다. 국민당군은 형양(衡陽)에서는 맹렬하게 저항하였으나, 계림(桂林)·유주(柳州)에서는 쉽사리 최대의 재중 미공군기지를 넘겨주고 말았다. 견딜 수 없게 된 미국은 중국전선의 전반적인 재점검에 나섰다. 중국전선의 붕괴는 태평양에서의 미군의 대일작전에 큰 영향을 미치는 것이었기 때문이었다. 이때 처음으로 연안을 찾아온 미군 고급장교는 전투의욕에 불타며 항일전에 온 힘을 바치고 있는 공산당과 접촉하여 보고 중경과의 너무 큰 차이에 눈을 크게 뜨고 놀라워 하였다. 7월 루즈벨트 대통령은 장개석에게 서간을 보내어 재중미군, 국민당군, 공산군을 통합한 최고지휘관에 스틸웰장군을 임명하도록 제안하였으나, 장개석은 이를 거절하고 스틸웰의 소환을 요구하였다. 스틸웰은 일기에 「장개석은 자기에게 보급되는 군수품을 모아두었다가 일본군이 퇴각하게 되면 공산주의자의 지역을 점거하고 그들을 분쇄할 작정이다. 진정으로 싸우려는 노력은 기울이지 않을 것이다」라고 분노한 마음으로 쓰고 있다.

이 관찰은 그 나름대로 옳은 것이나 장개석의 또 하나의 측면——외국인에게 자국군대의 지휘를 맡기는 것을 최대의 굴욕으로 생각하는 민족의식을 간과하고 있다. 그리하여 미국의 이 「간과」는 다음해 1945년 2월의 얄타회담에서의 대국주의에도 고스란히 나타났다. 루즈벨트 미국대통령, 처어칠 영국수상, 스탈린 소련수상의 3거두 회담에서 루즈벨트는 대일전의 장기화를 회피하기 위해 소련의 대일참전을 요청하고, 그 댓가로서 스탈린이 요구하는 「대련(大連)항에서의 소련의 우선적 이익, 여순(旅順)해군기지의 조차권, 동청·남만주철도의 중소(中蘇)합작경

영(소련이 우선적 이익을 가짐), 외몽고의 현상유지」라는, 중국에 관한 그
야말로 「제국주의적」인 권익을 장개석에게 아무런 양해도 없이 승인하
였던 것이다. [45]

반공(反攻)과 전쟁의 종결

1945년이 되자 세계대전은 최종단계에 들어섰다. 5월 소련군이 베를
린을 공략하고, 6월에는 미군이 오키나와(冲繩)를 제압하였다. 중국의
전장에서도 전해부터 8로군과 신4군의 반격이 개시되어 해방구를 확
대시키고 1945년 봄에는 북은 내몽고로부터 남은 해남도에 이르기까지
전국에 19개의 해방구가 성립되었다. 인구는 약 1억, 정규군은 91만,
민병은 220만에 달하였다. 서남의 국민당군 전방(前方)에서도 일본군은
호남서부의 지강작전(芷江作戰)에 패배하여(5월), 전선(戰線)축소──서남
으로부터 철퇴할 수밖에 없었다.

이 해 봄 공산당과 국민당은 각각 전국대회를 열어 전후(戰後)의 구상
을 밝혔다. 4월부터 6월에 걸쳐 연안에서 열린 중공 7전대회는 전회의
모스크바대회로부터 실로 17년만으로서 창당 이래 처음으로 모스크바
의 지시를 받지 않은 중공 독자의 대회였으며, 모택동의 권위가 명실공
히 확립된 것을 내외에 과시하는 것이었다. 개정된 당규약에 처음으로
「모택동사상」을 모든 공작의 지침으로 삼을 것이 결정되었다.

이 대회에서 모택동이 행한 정치보고가 〈연합정부에 관하여〉였다. 그
것은 장개석의 《중국의 명운(命運)》에 대하여, 「또 하나의 명운」 즉
「독립·자유·민주·통일·부강」의 신중국을 창조하기 위한 중국공산당의
방책을 상세하게 제시하는 것이었다.

모택동은 이 속에서 인민전쟁에 의거하여 항일전쟁을 싸워나가야 한
다는 점을 주장함과 동시에, 민주와 자유를 허용하지 않고 대중의 항일
을 억압하고 있는 국민당의 일당독재와 반공정책을 종식시키고, 모든
민주적 계급을 결집시킨 「전국의 압도적 다수의 인민을 기초로한, 통일
전선의, 민주적 동맹의」, 즉 「신민주주의의 국가제도」를 제창하였다.

이 대회에서 일본인해방연맹[46)]을 대표하여 오카노 스스무〔岡野進, 즉 野坂參三〕가 「민주일본의 건설」이란 제목의 보고를 하여 일본 군국주의의 철저한 타도를 부르짖었다.

같은 무렵의 5월 중경에서는 국민당 6 전대회가 열렸는데, 민주를 요구하는 소리에 눌려, 결국 11월에 국민대회를 열어 「헌정」으로 이행할 것이 결정되었다. 그 국민대회가 어떻게 구성될 것인가는 확실치 않았으나 적어도 공산당을 배제하고자 하는 것만은 분명하였다. 모택동은 이를 「광범한 인민과 모든 민주정당의 요구를 고려하지 않은 국민당 반인민집단의 당리당략」으로서 개최되는 것이라고 비판하였다. 두 전국대회는 완전히 상반되는 노선을 택하여, 오고야 말 전후(戰後)를 맞으려 하고 있었던 것이다.

8월 히로시마(廣島)와 나가사끼(長崎)에 원자폭탄이 투하되고 소련군이 만주로 진격하였다. 8월 10일 일본은 마침내 천황제(天皇制) 유지를 조건으로 하여 포츠담선언을 수락할 뜻을 연합국에 통고하였다. 중국 각지는 홍분의 도가니가 되었다. 거리에는 항전승리의 환호성이 넘치고 폭죽이 사방에 울려 퍼졌다. 「8월 10일은 중국에게는 고귀하고 황홀한 순간이었다」고, 국민당 중앙선전부 차장이었던 동현광(董顯光)은 쓰고 있다.

1937년부터 1945년까지 8년간의 항전기간에 중국군 전사자는 103만 명, 일반시민 희생자는 1천만 명 이상, 물적 손해는 1945년 당시의 가격으로 500억 달러 이상, 일본군 전사자는 40만 5천 명이었다.

3. 「참승(慘勝)」과 해방전쟁

내전의 전조(前兆)

전후(戰後)를 둘러싼 국공(國共)의 무력대결은 일본이 포츠담선언을 수락한 다음날부터 시작되었다. 8월 10일 심야, 연안(延安)의 8 로군(제 18 집단군)총사령 주덕은 모든 무장부대를 향하여, 일본군 점령지로 진격하

164

여 무장을 해제하라, 만약 반항하는 자가 있으면 섬멸하라고 명령하였다. 이에 대하여 장개석은 다음날 주덕에게 「모든 해당 집단군 소속의 부대는 현지에 주둔하여 명령을 기다리고」 「함부로 행동해서는 안된다」고 엄명함과 동시에 직계부대에 긴급진격을 명하였다. 주덕은 「이 명령은 공정하지 않을 뿐 아니라 중화민족의 이익에 반하며, 일본 침략자와 조국을 배반한 한간(漢奸)에게 유리할 뿐이다」라고 하며 거부하였다.

8월 15일 장개석은 「우리는 결코 보복을 기도해서는 안된다. 하물며 적국의 무고한 인민에게 모욕을 가할 수 없다」라는, 유명한 「원한으로서 원한을 갚아서는 안된다」는 연설을 함과 동시에, 지나파견군 총사령관 오카무라 네이지(岡村寧次)대장에게 국민당군에 투항할 것과 「현 장비를 유지하며 소재지의 질서유지」를 담당하도록 명하였다. 또한 괴뢰군에 대해서도 「책임을 지고 지방의 치안유지와 인민보호를 맡도록」 명령하였다. 그것은 확실히 공산군의 활동을 억압하라는 것을 의미하고 있었다. 주덕도 같은날 오카무라 네이지 앞으로 8로군·신4군·화남항일종대(華南抗日縱隊)에게만 투항하라고 명령하였다. 두가지 명령을 받은 일본군은 8월 18일 만일 공산군이 항일·모일(抗日·侮日)의 행동을 취하면, 「단고응징(斷固膺懲)」해야 할 것이라고 각부대에 통달하였다. 남경에서 이루어진 오카무라(岡村)·냉흔(冷欣, 부참모장)회담에서도 공산군의 공격에 대하여 일본군이 점령지역을 확보하는 일이 논의되었다. 산서성에서는 염석산과 일본군이 합동하여 실제로 공산군과 싸웠으며, 국민당군의 도착이 늦어진 산동성·강소성 등에서는 공산군과 일본군의 격전이 계속되었다.

대후방에 물러나 있던 국민당군과 달리 일본군의 바로 배후에서 게릴라전을 계속하고 있던 공산군은, 점령되어 있던 중소 도시와 교통 요로를 일찌감치 접수하였다. 화북에서는 8월 말까지 현성(縣城)의 거의 7할을 수중에 넣고 있었다. 8월 9일 진격을 개시한 소련군은 순식간에 전 만주를 석권하고 나아가 장성선(長城線)의 장가구(張家口)와 고북구(古北口)로 진격하여 북평과 천진을 노리는 태세를 보이고 있었다.[47] 국민당군의 탕은백(湯恩伯)장군이 미군 수송기로 군대와 함께 간신히 상해비행장에 도착한 것은 9월 7일이 되어서였다.

쌍십협정(雙十協定)과 정치협상회의

전쟁종결 직후부터 장개석은 모택동에게 세차례 전보를 보내 「국가대계(國家大計)」에 대하여 중경에서 의논하고 싶다고 하니 모택동도 이에 동의하였다. 8월 28일 중공대표 모택동·주은래·왕약비(王若飛) 등이 미국대사 헐리와 함께 중경에 도착하여 국공회담이 시작되었다. 회담에 앞서 중공은 국민당의 내전음모를 깨어버리고 국제여론과 중간파의 공감을 쟁취하기 위해, 「인민의 근본이익을 손상시키지 않을 것을 원칙으로 하여」 필요한 양보를 할 용의가 있음을 당내에 알렸다.

그러나 회담은 난항하였다. 특히 국군의 통일(공산군의 해체), 지방자치(해방구정권의 해소), 헌법제정의 문제는 쉽게 의견일치가 이루어지지 않고, 40여 일 걸린 교섭은 결국 「장기적으로 합작하고 단호하게 내전을 피하며, 독립·자유·부강의 신중국을 건설하여 철저하게 삼민주의를 실행할 것」 「정치협상회의를 열어 평화건국방안과 국민대회소집 문제를 토의할 것」에 합의하였을 뿐, 나머지는 양론을 병기한 〈정부와 중공 대표의 회담기요〉〔雙十協定〕가 발표되었다. 중공은 공산군 48개 사단을 20개 사단으로 감축하고 화중·화남의 군대를 화북으로 철수시킨다는 양보를 하여, 내외에 내전 회피를 위한 의욕이 강하다는 인상을 심어주었다.

1946년 1월 10일 국공간에 정전협정이 성립하고 같은 날에 정치협상회의(政協)가 개최되어(국민당 8명 공산당 7명 민주동맹 9명 중국청년당 5명 무당파 9명), 31일에 「화평건국강령」 등 새로운 통일정부를 위한 「5항결의」를 채택하였다. 평화와 통일로의 낙관적인 무드는 이 시기에 절정에 이르렀다.

그러나 국민당측은 이들 협정이나 결의를 지킬 생각은 애당초부터 없었다. 2월 10일 정협(政協)성공 축하회의 회장에 국민당 정보원과 폭도가 난입하여 곽말약·이공박·마인초(馬寅初) 등 60 여 명을 부상시킨 것을 필두로, 공산당과 민주동맹의 신문사나 기관을 폭도들이 습격하는 사건이 각지에서 빈발하였다. 3 월에 열린 국민당 6 기 2 중전회는 정협(政協)이 결정한 헌법원칙을 부인하는 결의안을 통과시켰다. 7 월 곤명에서 민주동맹의 지도자 이공박(李公樸)이 정보원의 손에 의해 암살되고, 그 4 일후에 열린 항의집회에서 격렬하게 국민당독재를 규탄한 서남연합대학 교수이며 시인인 문일다(聞一多)도 그날 암살되었다. 국민당이 힘에 의해 반대세력을 압살하려는 것은 누구의 눈에도 분명하게 되고 내전의 위기는 깊어갔다.

한편 공산당은 1945 년 말부터 전후 새로 생겨난 해방구에서 「감조감식(減租減息)」정책을 실시하는 한편, 「청산(淸算)투쟁」을 추진하고 있었다. 전쟁중에 일본군에 협력하여 민중을 죽였든지 억압하였던 한간(漢奸)·악질지주에 대하여, 궐기한 민중 자신이 그 나쁜 짓을 규탄하고 재판한 다음, 재산몰수와 처형을 실행하여 갔던 것이다. 이 투쟁에서 해방된 민중의 에너지는 머지않아 곧바로 토지혁명을 지향하였다. 1946 년 5 월 4 일 중공중앙은 「청산(淸算)·감조(減租) 및 토지문제에 관한 지시」(5·4 지시)를 발하여, 지주의 토지몰수와 농민에 대한 분배를 지시하였다. 이 토지혁명의 진행은 농민의 혁명에 대한 의욕을 불타오르게 하였음과 동시에, 반(半)봉건 지주세력을 기반으로 하는 국민당과의 대립을 결정적으로 만들었다.

깊어만 가는 내전의 위기에 대해 미국은 대통령특사 마샬 원수를 보내 국공(國共)의 조정에 나섰다. 공산군의 강한 전투력을 누구보다도 잘 알고 있던 미국은 부패한 국민당군의 붕괴를 두려워하여 장개석에게 대량의 군사원조를 주어가며, 국민당군이 강화될 때까지 충돌을 연기시키고자 하였던 것이다. 가장 먼저 불꽃을 튀기기 시작한 동북에서의 전투는 그의 중개로서 일시적인 정전이 실현되었으나, 장개석의 「무력초공(武力剿共)」의 결의는 바뀌지 않았다. 1946 년 6 월 26 일 장개석은 중원(中原)해방구로의 진격을 명하였고, 다음 7 월부터 전면적인 내전이 시작되었던 것이다.

국민당 치하의 혼란

농촌에서 토지혁명이 진행되고 있던 무렵, 도시에서는 격심한 혼란이 시작되고 있었다. 1945년 9월부터 국민당의 군대와 관료들이 잇달아 대도시──북평·천진·상해·남경·무한·광주로 돌아왔다. 민중은 개선군을 열광적으로 환영하였다. 그렇지만 사람들은 순식간에 실망하지 않으면 안되었다. 중경에서 부패할대로 부패하였던 그들은 마치 굶주린 대머리독수리와 같이 지금까지 일본군이나 한간(漢奸)이 장악하고 있던 공장·창고·선박·차량·물자를 닥치는대로 접수하여 자기들의 호주머니 속에 집어넣었다. 유망한 기업은 국영으로 되어 4대가족의 지배 아래 두어졌다.

내전이 시작되자 방대한 재정적자를 보충하기 위하여 국민정부가 무제한으로 법정화폐를 남발하게 됨에 따라 가공할만한 인플레가 진행되었다. 1947년말에는 물가가 개전전에 비하여 14만 5천 배가 되고, 예전같으면 소 3마리를 살 수 있었던 돈이 성냥 1갑의 가치밖에 없어졌다. 원료와 운용자금에 궁한 민족상공업은 대량의 미국잉여물자 방출에 경쟁이 되지 않아 차례로 도산하고, 실업자가 거리에 흘러넘쳤다. 해방구 이외의 농촌은 더욱 비참하였다. 생산은 급격하게 저하되고 굶어죽는 사람은 1946년 한해에만도 1천만을 헤아렸다.

당시 상해에 있던 문학자 정진탁(鄭振鐸)은 이 상황을 「참승(慘勝)」이라고 표현하였다. 승리라고 하지만 그것은 너무나도 비참한 승리였으며, 오히려 일본과 괴뢰가 지배하고 있던 시대보다도 난잡하고 무질서하게 되었던 것이다. 1946년 11월 상해에서 대폭동이 발생하였다. 북평에서는 12월에 미군병사가 여학생을 강간한 사건을 계기로 학생의 반미시위가 일어나, 이어 1947년 5월에는 반기아·반내전·반박해의 「5·20학생운동」으로 발전하였다. 도시빈민의 쌀소동은 전국 38개의 도시로 확산되었다. 이에 대하여 국민정부는 「사회질서유지판법」(1947년 5월)을 제정하는 탄압정책으로 응답하였다. 전승 후 2 년도 지나지 않아 국민당에 대한 신뢰는 완전히 땅에 떨어졌던 것이다. 가장 상징적인 사건이 1947 년 대만에서 일어난 「2·28 사건」이었다.

대만——2·28 사건

「포모사(Formosa, 아름다운 섬)」로 불리던 대만은 하관(下關)조약으로 할양된 이래 50 년간이나 일본의 지배하에 놓여져 민중은 긴 고난의 길을 걸어왔다. 할양 당초의 무장저항이 일본군의 매서운 진압으로 1902 년에 대략 종식된 다음, 미쯔이(三井)·미쯔비시(三菱) 및 대만은행(반관반민)을 중심으로 하는 독점자본에 의한 식민지수탈이 진행되었다. 이에 대한 민족운동은 신해혁명에 자극된 무장항일봉기, 5·4 운동의 영향을 받은 신민회, 대만문화협회에 의한 의회설치운동 등이 있었고, 나아가 국민혁명의 시기에는 운동의 주체가 노동자·농민에까지 넓혀져 대만공산당, 대만농민조합이 결성되었다. 또한 1930 년 10 월에는 일본인 관헌의 압제에 항의하는 산지(山地)주민의 대규모 폭동[霧社사건]도 일어났다. 그러나 만주사변 전후부터 이들 항일민족운동은 엄격하게 탄압되고, 일본어 보급을 중심으로 한 황민화(皇民化)정책이 추진되었다. 중일전쟁, 태평양전쟁에 돌입하자 약 21 만의 대만인이 일본군의 군부(軍夫)·병사로서 동남아시아나 화남의 전선으로 징용당하여 2 만 7,8 천 명이 전사하였다.

그러했던만큼 대만 민중의 「광복」(이민족 지배로부터 해방)의 기쁨과 기대는 컸었다. 1945 년 10 월 25 일 대만주둔 일본군은 진주하여온 중국군에게 정식으로 항복하니, 이날부터 대만은 국민정부의 지배하에 들어갔다. 그렇지만 기대는 금방 뒤집어졌다. 「신임장관(陳儀)은 오만한 수행원들을 대동하고 그 섬에 도착하였는데, 수행원들은 교묘하게 대만을 착취하기에 바빴다. ……군대는 정복자처럼 행동하였다. 비밀경찰은 노골적으로 민중을 협박하며, 본토에서 온 중앙정부의 관리가 착취하는 것을 용이하게 하였다」(미국무성 《중국백서》).

1947년 2월 27일 밤, 담배를 밀매하고 있던 노파를 단속반이 구타하여 쓰러뜨리고, 항의하기 위하여 모여든 대만인에게 발포하여 1명을 사살하였다. 다음 28일 장관 집무처에 밀려들어 항의하는 시위대에 군대가 기관총소사를 퍼부어 많은 사상자를 내었다. 격분한 대만민중은 대북시내의 도처에서 폭동을 일으켜 방송국을 점거하고 전도민의 궐기를 외쳤다. 1년반 동안 쌓이고 쌓인 민중의 분노가 폭발하여 봉기는 순식간에 전도(全島)에 퍼지고, 각지에 「2·28 처리위원회」가 설치되었다. 3월 4일에는 「전성(全省)처리위원회」가 조직되어, 대만의 고도의 자치와 기본적 인권을 요구하는 「32개조요구」가 제출되었다.

낭패한 진의(陳儀)는 타협적인 제스추어를 보이며 시간을 벌다가, 3월 8일 밤 증원군 2개 사단이 도착하자마자 미친듯이 살육을 시작하여 민중운동의 지도자를 체포·처형하였다. [48] 이 사건으로 살해된 사람은 1만명 이상 수만명에 달한다고 한다. 이 이후 대만민중은 국민당의 군사지배하에 놓여졌고, 1949년 전도에 발포된 계엄령은 지금까지도 해제되고 있지 않다. 역주⑦

내전의 확대

1946년 7월에 전면적인 내전이 시작되고 나서 약 1년간은 국민당군이 압도적인 형세로 진격하였다. 총병력 430만 명, 그 가운데 미군의 최신장비를 지닌 정규군이 200만 명, 이에 대하여 공산군은 120여 만명에 일본군으로부터 빼앗은 구식장비가 중심이었다. 미국은 국민정부에 20억달러의 원조를 제공한 외에도 군사고문단을 파견하며 잉여군사물자를 방출하였다. 공·해군은 내전을 위하여 이동하는 국민당군을 수송하였다.

이리하여 국민당군은 10월에 장가구(張家口)를 공략하고, 장개석은 남경의 군사회의에서 「5개월 이내에 중공군을 전멸시킨다」고 발언한대로 1947년 3월에는 공산당이 10년간 「수도」로 삼아왔던 연안마저 점령하니, 장개석의 의도는 실현되는 것처럼 보였다.

　그러나 이 빛나는 전과는 공산군이 「예정」하였던 것이었다. 1946 년 7 월 모택동은 전당을 향하여 ① 지구전을 준비하라 ② 운동전을 중심으로 하고 지역을 고수하지 말라 ③ 광범한 인민대중의 지지를 획득하라고 지시하여, 일시적으로 도시나 해방구를 포기하며 적을 깊이 유인해 들이는 방침을 취하였던 것이다. 많은 도시와 교통요로를 점령한 국민당군은 일본군과 꼭 마찬가지로 「점(點)과 선(線)」을 장악하고 있을 뿐, 병참선이 길어지고 병력은 분산되지 않을 수 없었다. 공산군은 적군이 약화되었다고 보이면 즉각 반격을 가하며 서서히 국민당군의 전투력을 빼앗아 대도시로 가두어 몰아넣어 갔다.

　그러는 동안 국·공 양당은 정치적으로도 대조적인 움직임을 보였다. 국민당은 1946 년 11 월 공산당과 민주동맹의 반대를 누르고 「제멋대로」 국민대회를 개최하고 국민당의 영구집권을 사실상 보장하는 「중화민국 헌법」을 통과시켰다. 다음해 4 월 이 헌법에 따라 국민정부가 개편되었으나 국민당 외에 참가한 정당은 청년당·민사당 등 극소수뿐으로서 중간적 정치세력의 거의 모두가 떨어져나갔다.

　한편 공산당은 「5·4 지시」에 이어 1947 년 10 월 「중국토지법대강」을 발표하여, 모든 지주의 토지소유를 폐지시키고 「경자유기전(耕者有其田)」이라는 손문의 정책을 실행하며 철저한 토지균분을 추진하였다. 마을마다 농민대회와 빈농단 대회가 열리고, 스스로 선출한 위원회가 토지혁명의 집행기관이 되었다. 토지혁명은 농민들의 열광적인 환영을 받았으며, 많은 지구에서 혼란과 과열이 생기기도 하였으나 공산당에 대한 농민의 지지는 절대적인 것으로 되었다. 한번 손에 넣은 토지를 잃지 않으려는 농민들이 줄지어 인민해방군(1947 년에 개칭)에 가담하니, 내전기를 통해 화북에서는 100 만 명 동북에서는 160 만 명에 달하였다.

　국민당의 군사적 우세를 배경으로 하여 미국은 국민정부와 「미중우호통상항해조약」을 맺었다. 이 조약은 겉으로 보면 호혜평등으로 쌍방이 시장을 개방하는 것으로 되어 있었으나, 양국의 경제력에 절대적인 격차가 있고 거기에다 다른 열강들이 약체화된 정세 속에서는, 전중국을 실질적으로 미국의 독점시장으로 바꾸어 놓는 것이었다. 공산당은 이 조약의 불인정을 성명하였다. 소련은 전면내전이 시작되기 직전의 1946 년 5 월에 철수하였으나, 그 때 총액 20 억 달러 상당의 공업시설을 「전시몰수품」으로 뜯어가지고 갔다.

전면 반공(反攻)과 전국 해방

1947 년 6 월 말부터 인민해방군의 반격이 개시되었다. 6 월 30 일 유백승·등소평이 거느리는 진기노예(晉冀魯豫)야전군은 산동 서부에서 황하의 도하를 강행하여, 무한과 남경을 노릴 수 있는 대별(大別)산맥으로 진출하여, 거기에 근거지를 마련하였다. 이어서 8 월 그 좌익에 진의(陳毅) 등이 거느리는 화동(華東)야전군이 하남·안휘·강소로 진격하고, 우익에 사부치(謝富治) 등의 부대가 산서 남부로부터 황하를 건너 하남 서부로 진출하였다. 동북에서는 임표가 거느리는 동북야전군이 장춘과 길림을 고립시키고 국민당군을 심양(奉天)·영구(營口)·금주(錦州)의 좁은 지역으로 몰아넣었다. 12 월 모택동은 「중국인민의 혁명전쟁은 이제 하나의 전환점에 이르렀다」고 선언하였다. 「이는 역사의 전환점이다. 이는 20 년에 걸친 장개석의 반혁명지배가 발전으로부터 소멸로 향하는 전환점이며 100 여 년에 걸친 중국에서의 제국주의 지배가 발전으로부터 소멸로 향하는 전환점인 것이다.」

1948 년에 들어 형세는 확실히 역전되었다. 동북·화북·중원·산동·서북의 각 전장에서 인민해방군은 승리를 거듭하고 해방구는 더욱 더 확대되었다. 병력도 국민당군 365 만(그 가운데 정규군 198 만)에 대하여, 280 만(정규군 149 만)이나 되어 거의 차가 없어지고 말았다. 거기에다 국민당군은 점재(點在)하는 대도시의 방어 때문에 발이 묶여서 전투의 주도권을 완전히 잃고 있었다.

해방전쟁의 승리를 결정지은 「3 대전역(戰役)」은 이 해의 가을부터 겨울에 걸쳐 전개되었다. 먼저 임표의 동북야전군에 의한 「요심전역(遼瀋戰役)」이 9 월부터 개시되어 10 월 금주와 장춘을 공략하고 11 월에 처음으로 전 동북을 해방시켰다. 이 전투에서 국민당은 일거에 47만의 병력을 잃고 숫자상으로도 열세에 처하게 되었다. 이어 11월 유백승·등소평·진의 등의 중원·화동야전군이 「회해전역(淮海戰役)」을 전개하여 대략 1개월만에 중원의 요충인 서주를 점령하였다. 이와 병행하여 동북·화북야전군의 「평진전역(平津戰役)」도 개시되어 1949년 1월에 천진과 북평을 해방시켰다.

1월 1일 장개석은 마침내 총통을 사임하고 이종인(李宗仁)을 총통대리로서 화평교섭을 벌이도록 하였다. 국공화평교섭은 4월 1일부터 열렸으나 공산당은 「모든 반동파를 일소한다」는 방침에 기초하여 국민당의 사실상 무조건 항복을 강요하는 「국내화평협정초안」을 제출하고, 국민당이 이를 거부한 4월 20일 전 해방군에게 총진격을 명령하였다. 다음날 해방군은 일제히 양자강 도하작전을 감행하여, 24일에는 수도 남경을, 5월 27일에는 중국 최대의 도시인 상해를 점령하였으며, 나아가 무너져 도망치는 국민당군을 쫓아 남하를 계속하여 12월까지에는 대만을 제외한 거의 전토를 해방시켰다. 장개석은 12월 10일 50만 군과 함께 대만으로 도망하였다.

1949년 1월 31일, 해방된 북평에 인민해방군이 입성하였을 때의 정경을 야마모또 이치로오(山本市郎)씨는 다음과 같이 묘사하고 있다.

　　길 양편에서 구경하고 있던 사람들 사이로부터 젊은 여학생들이 삼삼오오 짝을 지어 멋대로 큰길 한가운데로 뛰쳐나와 북경해방을 축하하는 노래를 부르며 춤을 추기 시작하였다. 처음에는 각각 친구들끼리의 작은 그룹만으로 원을 만들어 춤추고 있었으나 그것들이 차차 서로 합류하여 춤추는 원이 커지게 되고, 거기에 또 구경하던 사람들 속에서 노동자 풍의 중년의 남녀도 끼어들어가 드디어 큰길 가득히 두텁고 커다란 원을 만들어서 춤추며 돌았다. 그 여자들은 정말로 내심으로부터 흘러넘치는 해방의 기쁨을 제각기 생각나는대로 노래와 춤을 빌려 힘껏 표현하였다. ……그래서 춤이 최고조에 달하자 흥분은 흥분을 낳고, 감격은 감격을 낳아 몇 사람의 아가씨들은 전차길 바닥에 울며 쓰러졌다. (《북경 35년》 상, 岩波新書)

VI. 부흥과 건설

1. 중화인민공화국의 성립

신정권의 성격과 구성

1949년 10월 1일 북경의 천안문(天安門)광장에 모인 30만의 군중 앞에서, 모택동은 중화인민공화국의 성립을 선언하며 이렇게 말했다.

> 우리민족은 지금부터 평화와 자유를 사랑하는 세계 여러 민족의 대가정의 일원이 되어, 용감하고 근면하게 스스로의 문명과 행복을 창조함과 동시에, 세계의 평화와 자유를 촉진하기 위하여 일할 것이다. 우리민족은 더 이상 모욕당하는 민족은 아니다. 우리는 이미 일어선 것이다.

신국가 성립의 모태가 된 것은 중국공산당과 8개의 당파, 즉 민주동맹·국민당혁명위원회·민주건국회·민주촉진회·농공민주당·치공(致公)당·구삼학사(九三學社)·대만민주자치동맹 및 각 대중단체, 소수민족, 해외화교의 대표에 의해 구성된 중국인민정치협상회의였다. 9월 21일부터 30일까지 북평에서 열린 이 회의에서, 「중화인민공화국은 신민주주의, 즉 인민민주주의의 국가로서 노동자계급을 지도자로 하고 노농동맹을 기초로 하여 각 민주계급(도시의 소부르조아지와 민족부르조아지를 가리킴)과 국내 각 민족을 단결시키는 인민민주주의 독재를 실행하고, 제국주의·봉건주의 및 관료자본주의에 반대하여 중국의 독립·민주·평화·통일을 위하여 분투한다」고 하는 임시헌법적 성격을 지닌 공동강령을 채택하였다. 아울러 북평을 북경으로 개칭하여 수도로 삼고, 오성홍기(五星紅旗)

를 국기로 하며, 항일전 때에 널리 불렸던 「의용군행진곡」을 국가로 할
것을 결정하였다. 또한 모택동을 주석, 주덕·유소기·고강(高崗, 이상 중
공)·송경령(무당파)·이제심(李濟深, 국민당혁명위원회)·장란(張瀾, 민주동맹)을
부주석으로 하는 중앙인민정부위원회를 선출하였다. 이 위원회는 주은
래를 정무원총리 겸 외교부장에 임명하는 등의 인사를 결정하였다.

신정부는 각 당파·각계 대표에 의한 연합정부의 형태를 취하고 있었
다. 그러나 진정한 권력은 중국공산당이 장악하고 있었다. 중공은 주로
농촌에서의 오랜 대중운동과 군사투쟁을 통해 입당한 농민출신자로 구
성된 450만의 당원을 지니고 있었고, 일본군 그리고 국민당군과 피투
성이의 전쟁을 통하여 강대해진 인민해방군을 거느리고 있었다.

다른 8개의 당파는 국·공 양당의 중간에 서서, 독립과 부강 그리고
민주주의와 자유를 갈망하여, 항일전 말기 이래 국민당에 대한 비판과
반발을 강화하여온 지식인·전문가·상공업자 등에 의해 구성되어 있었
다. 그들은 사회적 명성과 전문적 능력, 저널리즘에서의 언론활동 등에
의하여 대도시에서는 꽤 영향력을 지녔고, 또 금후의 건설에서는 커다
란 공헌을 기대할 수 있는 계층이었다. 그렇지만 중국에서의 근대라는
시대는 아직 성숙하지 못했기 때문에 그들의 정치적 역량은 미약했다.

중소우호동맹 상호원조조약

신정부는 성립과 동시에 각국정부에 대하여 중국의 전국인민을 대표
하는 유일한 합법정부로서, 호혜·평등과 상호의 영토주권을 존중하는
원칙을 지키는 모든 외국정부와 외교관계를 수립할 것을 바란다고 통고
하였다. 이보다 앞서 같은 해 8월 미국정부는 《중국백서》를 발표하여
국민당은 부패에 의하여 자멸하였다는 견해를 공표하였다. 그것은 중국
사태의 직접 개입을 단념한다는 것을 의미하고 있었다. 그렇지만 다른
한편 미국은 이 새로운 사태에 대응하여 중국 주변의 베트남·말레이지
아·한국에서 반공세력을 강화하고, 반소·반공을 기축으로 하는 대아시
아정책의 동맹자로서 일본을 재건하는 방향으로 전환하기 시작하였다.

이러한 냉전구조 속에 1949년 12월 모택동은 처음으로 외국 여행을 떠나 다음해 2월까지 모스크바에 체재하였다. 그는 스탈린 등과 회담을 거듭하여 중소우호동맹상호원조조약에 조인하였고, 이 조약은 한국전쟁 중인 9월말에 비준이 이루어졌다. 스탈린은 신정부의 성립 전야까지 중공이 승리할 가능성에 대해 회의적이었다. 말하자면 자기의 지도에 항거하며 자력으로 혁명을 성공시킨 모택동에게, 그는 유고슬라비아의 티토에 대한 것과 마찬가지의 불신감을 가져, 두 사람의 관계에는 미묘한 점이 있었다. 그렇지만 중화인민공화국의 성립은 미국의 대소봉쇄정책을 돌파하는 획기적인 사태이고, 중국과의 우호관계 강화는 소련의 국제적 입장을 비약적으로 강화시켜주는 것이었다. 한편 중국에게도, 미국을 주로 한 서방자본주의국과의 우호관계나 경제원조를 기대할 수 없는 당시의 상황 아래에서는 소련과의 우호나 경제적·기술적 원조의 획득이 불가결하였다. 이리하여 조인된 이 조약은 미국의 아시아정책에 대한 저항, 특히 일본으로부터의 공격에 대비하는 30년간의 공동방위, 그리고 3억 달러의 차관협정 등, 중국에 대한 경제원조를 규정하고 있었다. 한편 동시에 조인된 협정에 따라 소련은 1945년 국민정부와의 우호동맹조약에 의해 획득한 장춘·여순항·대련에 관한 권익을 신정부로부터 보장받았다. 이어서 1950년말까지 동유럽제국·조선민주주의인민공화국·몽고 등의 사회주의국, 인도네시아·인도·버마·파키스탄·아프카니스탄 등 아시아의 신흥제국, 또 영국·네델란드·스위스·북구 3국 등 서구자본주의 여러나라, 모두 합쳐 25개국이 신중국을 승인하였다.

이리하여 국제적으로는, 당시 동서냉전에서의 동측, 즉 사회주의진영의 일원으로서, 신정부는 다년간의 전란과 국민당이 남겨놓은 엄청난 인플레로 황폐해진 국토의 부흥과 건설을 개시하였다.

경제부흥을 목표로

1949년 당시의 생산고는 혁명전의 최고생산고와 비교하여, 농업은 25%, 경공업은 30%, 중공업은 70%나 감소되어 국고는 텅비었다. 그 때문에 인플레는 계속 진행되어 1949년 6월부터 연말에 걸쳐 상해의 도매물가는 12배나 뛰어올랐다. 신정부는 그 깨끗함에 대한 인민의 신뢰와 협력의 정신에 지탱되어, 현실적인 개혁을 통해 경제부흥의 조건을 만들어내는 일에 전력을 기울였다.

인구의 80% 이상이 종사하여 나라의 경제를 좌우하는 위치를 차지하고 있던 농업에 대하여, 신해방구에서는 처음으로 지대(地代)를 반으로 내리고 전시(戰時)의 과세를 모두 폐지하여 단일의 농업세로 바꾸었다. 이어서 1950년 6월 「지주계급이 봉건적으로 착취하는 토지소유제를 폐지하여 농민적 토지소유제를 실행하고, 그에 따라 농촌의 생산력을 해방하여 농업생산을 발전시킴으로써 신중국의 공업화를 위한 길을 열어줄」것을 목적으로 하는 토지개혁법을 공포하였다. 이에 기초하여, 대중을 궐기시켜 동원하는 중공의 전통적인 방법에 의해, 1952년까지 2년간에 약 2억 6천 4백만명의 농업인구를 가진 신해방구에서 여성과 어린이에 대한 평등한 토지분배를 포함하는 토지개혁이 완성되었다. 그것은 중국의 정치·사회·문화의 존재양태를 규정하여오고 있던 봉건적인 지주제의 마지막 숨통을 죄는 것이었다. 인구에 비하여 경작지의 절대량이 적기 때문에(약 15억~16억畝. 1畝는 약 6.6아르), 구해방구를 포함하여 약 3억 2천만의 농민이 새로이 7억 4천만 무, 1인당 2.3무의 토지를 분배받은 데 지나지 않아, 먼저의 소유지를 포함하여 농업인구 1인당의 평균 5무약(弱)의 영세한 토지소유로 가축과 농구도 극히 빈약한 것이었다. 그렇지만 봉건적 착취의 철폐에 의하여 농민의 생산의욕이 높아져서, 1952년에는 1949년에 비하여 식량 42.8%, 면화 193.4%가 증산되어 전쟁 전의 최고수준을 훨씬 넘어섰다.

공업은 1949년에 외국자본 및 국민정부의 관료자본계 기업 2,858개를 접수하여 국영으로 만들고 동시에 근대적 교통기관, 은행과 대외무역을 국가의 손에 집중시키며, 또한 국내 상업에 대한 국가통제를 강화하였다. 국영부분은 접수당시 생산고에서 전력·석탄·철강·시멘트 등의 기간산업과 면사 생산고의 50~97%를 비롯하여 전공업생산액의 34.

7%, 또 교통운수의 88%를 차지하고 있어, 국영기업의 생산회복과 발전은 전국경제에 중요한 비중을 차지하고 있었다. 1950년 6월의 노동조합법 제정과 식량의 현물지급 등에 의해 노동자의 생활이 안정됨에 따라, 1952년까지 전국의 주된 공업생산고는 모두 전쟁전의 최고수준을 넘어섰다. 예를 들면 철강은 1943년의 92만 3천 톤, 1949년의 15만 8천 톤으로부터 134만 9천 톤으로, 발전량은 1941년의 59억 6천만 와트, 1949년의 43억 1천만 와트로부터 72억 8천만 와트로 증가하였다. 그 가운데 공업총생산에서 국영공업이 차지하는 비중이 56%로 증가하였다.

한편 민간의 자본주의기업의 압도적 다수는 5명 이하, 평균 13명 정도의 노동자·직원에 의해 경영되고 있던 영세기업이었다. 그렇다고 해도 그것은 1949년 당시 소비재를 중심으로 공업총생산고의 63.3%를 차지하고 있었다. 이에 대해서도 자본주의 경제와의 장기적인 공존 구상에 기초하여, 한편으로는 투기적 활동을 억제하면서 국영부문으로부터의 발주, 원료의 확실한 공급과 제품의 매입 등을 통하여 생산회복을 촉진시켰다. 중요한 원료 및 식량, 현금을 국가의 관리 아래 둠으로써 1950년에는 인플레도 극복되었다.

1950년 5월에는 혼인법이 시행되어 농촌에서 널리 행해져온 「동양식(童養媳)」(어린 여자아이를 싸게 사서 집안일을 돕게 하다가 며느리로 삼는 제도)이나 축첩(蓄妾)이 금지되고, 남녀평등을 원칙으로 하는 일부일처제의 가족제도 확립을 향해 대규모적인 운동이 전개되었다. 이와 병행하여 매춘을 금지시키기 위하여 창녀들을 조직시켰고, 그녀들의 생애를 극화하여 상연시키며 치료도 시킨 다음, 각자에 알맞는 일을 배우게 하는 운동이 전개되었다.

이리하여 중국은 크게 변화하기 시작하여 사회는 가난하지만 청결한 기풍이 가득하고 대다수의 사람들은 압제로부터 해방된 기쁨과, 보다 좋은 미래를 기대하며 신정권을 적극적으로 받아들였다.

2. 한국전쟁과 중국

한국전쟁의 발발

신중국이 성립한지 1년도 지나지 않은 1950년 6월 25일, 냉전의 최전선이었던 한반도에서 전쟁이 발발하였다. 북의 「조선민주주의인민공화국」(이하 북한 : 역자)과 남의 대한민국(이하 한국)은 각각 한반도에서의 유일한 정통정부임을 주장하며, 통일을 이룩하는 문제를 둘러싸고 격렬하게 대립하고 있었다. 38도선에서의 충돌을 계기로 북한의 인민군이 대거 남진하여 일거에 자기 주도 아래 통일을 실현시키고자 하였다. 이는 남조선노동당을 중심으로 하는 남부의 반이승만 무력투쟁과 통일운동을 과대평가하고, 미국의 무력개입 가능성을 과소평가하였기 때문이라고 생각된다. 미국이 압도적인 영향력을 지니고 있던 유엔총회는 1948년 한국정부를 유일의 합법정부로 하는 결의를 채택하였었다. 이에 기초하여 미국정부는 즉각 안보이사회의 개최를 요구하여, 소련이 부재(중국대표권 문제에 항의하여 결석중)인 채로 열린 이사회에서 북한을 침략자라고 하는 결의가 가결되었으며, 6월 27일 미국군은 유엔군의 주력으로서 전쟁에 무력개입하였다.

동시에 대만해협에 제7함대를 출동시켜서 대만의 중립화, 즉 중화인민공화국에 의한 대만의 통합을 무력으로 저지할 것임을 분명히 하고, 아울러 일본의 재군비에 착수하였다.

중국인민지원군의 참전

처음 북한인민군은 압도적인 우세로 남부 깊숙이 낙동강 동남쪽의 삼각지대까지 진격하였다. 그렇지만 9월 15일 미군이 인천에 상륙하는 것을 계기로 형세는 역전되고, 10월 1일 한미연합군은 38도선을 넘어 북한영내에 진격하여 10월 중순에는 중국과의 국경인 압록강 부근까지 도달하였다.

6 월 28 일의 주은래 성명에서 중국정부는 미국의 새로운 한국·대만정책을 「미국제국주의의 중국침략과 아시아독점」의 기도라고 격렬하게 비난하였다. 그렇지만 중국주재 인도대사에 대한 언명 등을 통하여, 한국군만이 38 도선을 넘어 북진하는 경우에는 개입하지 않으나 유엔군(미군)이 북상하여 올 때에는 개입하지 않을 수 없다는 의향을 미국정부에 전하였다. 10 월 중순 한국군과 미군이 중국국경까지 육박하여 왔을 때, 중국은 소련의 강력한 개입권고도 있어 팽덕회를 총사령관으로 하는 중국인민지원군을 압록강 건너 북한 영내로 진격시켰다. 중국군은 야간의 매복공격에 의해 미군에 대타격을 주고, 연말까지 북한인민군과 함께 38 도선까지 다시 밀고 내려왔다.

중국의 이 반격에 대하여 맥아더 유엔군사령관은 대만의 국부군 50 만명의 화남공격, 동북에의 원자폭탄투하를 제안하였다. 11 월 20 일 트루만 대통령은 「원자폭탄의 사용도 고려하고 있다」고 성명하니, 세계는 심상치 않은 긴장감에 휩싸였다. 그렇지만 1951 년 4 월 트루만은 맥아더를 파면하고 7 월 소련의 제안을 받아들여 휴전회담을 개시함으로써 세계대전의 위기는 회피되었다. 이는 중국과의 전면전쟁이 소련을 끌어들인 대전쟁으로 발전할 것을 두려워한 영·불 양국정부의 반대와 국제여론의 비등, 또 중국·북한 연합군의 장비의 한계 때문에 38 도선 부근에서 전선이 교착된 것 등에의 한 것이었다. 그 후 1953 년 7 월 휴전협정 조인까지 38 도선 일대에서 여전히 격렬한 진지전이 되풀이 되었다.

신중국 성립 후 얼마 되지 않아 일어난 한국전쟁에 개입한 것은, 중국에게는 말하자면 부득이한 것으로서, 개입에 의해 미·소의 직접 대결 즉 제 3 차 세계대전을 회피하는 일에는 기여하였다. 그러나 갓 발족한 신중국은 인적·물적으로 많은 희생을 강요당하였고 또한 대외정책 선택외 폭이 현저하게 좁아져버렸다. 미국과의 관계 수복이 장기적으로 불가능하게 되어버리고, 싫든 좋든 간에 소련과의 결합을 강화시키지 않으면 안되었던 것이다. 또한 한반도에서는 극심한 국토의 황폐뿐만 아니라 남북의 균열이 한층 깊어져 통일의 달성은 더욱 곤란하게 되었다.

한국전쟁하의 중국

그 사이 중국 내부에서는 전국에서 「미국에 대항하여 조선을 원조하는(抗美援朝)운동」이 전개되었다. 이를 통하여 민족적 통합이 강화되고 앞서 말한 여러 개혁에 박차를 가할 수 있었다. 반면에 신해방구에 많이 남아 있던 구지배세력과 종교적 비밀결사, 국민당에 연결되는 비적(匪賊) 등이 한국전쟁을 기회로 미군과 국민당군의 진격에 의한 구체제의 부활을 기대하며 활성화되고, 간부를 암살하여 토지개혁을 방해하는 등의 움직임이 나타났다. 이에 대처하여 국내의 통제가 강화되고 사회적 긴장이 높아갔다. 1950년 12월부터 1952년에 걸쳐 대중운동으로서 전개된 반혁명진압운동이 그것으로서, 이와 병행하여 진행되고 있던 토지개혁이 때때로 유혈사태를 수반하며 추진될 수밖에 없는 요인이 되었다. 또한 1951년 말부터 1952년 봄에 걸쳐 대규모로 전개된 관료의 오직(汚職)과 자본가의 불법행위를 적발하는 삼반오반(三反五反)운동과 지식인의 사상개조운동은 자본주의적인 것과 근대민주주의, 개인주의를 비판하는 성격을 강하게 지녔다. 그것은 일정한 절도를 지니고 전개되어 일반적으로 잘 받아들여졌으며 이들 운동을 통하여 연합정부내에서의 중공의 지배권이 한결 강화되고, 민주적인 여러 당파와 무당파 지식인의 발언권은 더욱 저하되었다. [49]

3. 사회주의적 공업화의 시작

「과도기의 총노선(總路線)」

1952년 말까지에는 농공업이 모두 혁명 전의 최고수준을 넘어서고, 한국 전쟁하의 여러 운동을 통하여 중국공산당의 주도권이 한층 강화되었다. 이러한 조건 아래 1953년 이래 사회주의적 공업화의 실현과 농업집단화, 상공업의 사회주의 개조로의 움직임이 시작되었다. 그것은 1952년 말에 모택동이 제기하고 1954년 초에 당 전체가 정식으로 채택한 「과도기의 총노선(總路線)」에 기초한 것이었다. 그 기본내용은 1953

년부터 3 차례의 5 개년계획을 통하여 한걸음씩 농업과 수공업을 사회주의적인 집단소유제로, 또한 자본주의 상공업을 점차 사회주의 전인민소유제(국유·국영)로 개조하고 사회주의 공업화를 실현하여, 「독립된 공업체계」와 국방력을 갖춘 부강한 사회주의 중국을 건설한다는 것이었다. 1953 년 2 월부터 1 년 이상의 세월을 거쳐 전국에서 행하여진 사상초유의 보통선거[50]를 통하여 선출된 약 1,200 명으로 구성된 전국인민대표대회[의회]가, 1954 년 9 월에 채택한 신중국 최초의 헌법 제 1 조에 앞의 기본방침이 삽입되었다.

제 1 차 5 개년계획과 초보적 공업화

「과도기의 총노선」의 실현을 목표로 1953 년 제 1 차 5 개년계획이 시작되었다. 그렇지만 중국은 중공업이 거의·없고 농민이 80 % 이상을 차지하며, 인구의 압도적 다수가 문맹인 뒤떨어진 농업국이었다. 그러한 가운데 사회주의적 공업화라는 난제를 해결하려 하는데 참조할 수 있는 경험은 당장 소련밖에 없었다.

제 1 차 5 개년계획은 전면적으로 소련의 경험과 더불어 그 기술·경제원조에 의존하며 추진되었다. 특히 극단적인 중공업 우선과 집권적 계획·관리라는 점에서 그러하였다. 기본건설자금의 45.4 %는 공업에, 공업의 85 %가 중공업에 돌려져서, 농업에는 겨우 7 %강 (소련의 제 1 차 5 개년계획에서는 19 %强)만이 투입되었다. 농업은 재정수입의 54~58 %, 경공업원료의 80 %를 부담하고 있었던 것이다. 국방과 후진지역의 경제발전이라는 견지로부터, 내륙부의 무한(武漢)·포두(包頭)·안산(鞍山)에 건설된 철강콤비나아트를 비롯하여 156 개의 대형 프로젝트가 소련의 유상원조로 건설되고, 7 천명의 유학생이 소련에 보내졌다. 이들 소련원조의 투자는 공업건설 투자총액의 44 %에 해당된다. 소련의 공업화를 모델로 하여 그 원조에 의거한 제 1 차 5 개년계획은 공업과 농업의 불균형, 중앙이나 각기관의 당지도부로의 과도한 권력집중과 관료주의의 강화를 비롯한 허다한 문제를 만들어내었다. 그러나 중국이 자력으로 건설한 약 600 개의 프로젝트와 함께 중국의 초보적인 공업화에 기여하였다. 그동안 공업의 연평균성장율은 18 %에 달하고 1956 년에는 공업과 농업이 총생산액에서 차지하는 비율이 처음으로 역전하여, 1958 년에는 농업 28. 5 %대 공업 50. 7 %로 되었다.

농업집단화의 가속

공업화의 이러한 급속한 발전에 대하여 농업의 후진성 극복이 긴급한 과제가 되었다. 그 때문에 공업이 농업에 필요한 기계나 비료를 제공할 수 없는 단계에, 중공은 노동 능률을 높이고 또 농업이 만들어내는 자금·원료·식량을 보다 효율적으로 국가에 집중시킬 필요에서 농업집단화의 속도를 빨리하여 갔다.

농업집단화는 처음에는 농민의 자발적 의사의 존중을 원칙으로 하여 느슨한 속도로 진행시키게 되어 있었다. 이웃한 농민 사이에 전통적으로 행해져 온 계절적인 노동교환을 환공대(換工隊)라는 그룹으로 조직화하고, 나아가 항상적인 상호원조의 조직〔互助組〕으로 발전시켜서, 서서히 자연촌락을 기초로 하는 초급합작사로 조직하여 1967 년경까지는 고급합작사로 발전시켜 나간다는 방침이었다. [51] 동족촌락이 많고 이웃끼리 상호부조의 오랜 전통이 있었기 때문에 자연촌락을 기초로 한 초급합작사는 비교적 수월하게 받아들여져서, 1954 년 228 만 5 천 호(전 농가의 2 %), 1955 년에는 1,688 만 1 천 호(14 % 강)가 비교적 자발적인 의사에 기초하여 이를 조직하였다. 그렇지만 호조조(互助組)나 개인경영에 머무른 것이 여전히 각각 50. 7 %, 35. 1 %를 차지하였고, 조직된 고급합작사 가운데 소수는 해산하여 버리는 것도 더러 있었다.

그런데 1955 년 여름부터 1956 년에 걸쳐서 맹렬한 속도로 집단화, 그 것도 초급을 뛰어넘은 고급합작사화가 추진되어 1956 년 말까지 87. 8 %의 농민이 여기에 조직되어, 초급과 합치면 실로 농민의 96. 3 %나 합작사에 가입하였다. 이는 1955 년 7 월말 모택동이 「농업협동화 문제에 관하여」라는 제목의 연설에서, 농촌 속에서 부농과 빈농의 계급분화가 진행되어 후자 가운데는 사회주의를 목표로 새로운 대중운동이 높아가고 있는데도, 당원 가운데는 「전족(纏足)을 한 여자처럼 뒤뚱뒤뚱 걸으며」 이를 두려워하고 눌러버리려고 하는 자가 있다고 질타한 것이 계기가 되었다.

그렇지만 실제로는 모택동이 지적한 것만큼 농민간에 계급분화가 진행되고 있었던 것은 아니었고, 또한 오랜 혁명의 전통을 지닌 구해방구의 일부를 제외하고 농민 전체 속에서 초급단계를 뛰어넘어서 고급합작사를 조직하려고 할 정도로 사회주의에 대한 적극성이 높았다고도 생각되지 않는다. 토지개혁을 실현한 모택동과 당에 대한 농민의 신뢰와, 그 지도에 대한 피동성에 힘입어, 상당히 무리하게 위로부터 추진되었던 것이라고 생각된다. 이는 나중에 많은 문제를 남기게 되었다. 그렇지만 어쨌든 당초의 계획보다 10년이나 일찍 농업집단화가 실현되었다. 그 결과 공업발전의 속도에는 도저히 따를 수 없었다고는 하지만 1956년부터 1958년까지 농업총생산고도 조금씩 착실하게 증가하여 갔다.[52]

사영(私營)기업의 사회주의 개조

농업집단화와 병행하여 1956년에는 수백만 명의 수공업자를 수공업 생산합작사로 조직하여, 사기업을 공사합영기업으로 바꾸었다. 후자는 그 생산수단을 적정한 가격으로 평가하여 원 자본가에게 10년간 5%의 고정된 배당을 보장하였다. 또한 스스로 희망하는 자본가에게는 관리자, 부문책임자, 기사, 상담역 등의 지위를 주어 급여를 지불하는, 즉 매입하는 방식으로 이루어졌다. 공사(公私)합영이라고 하지만 관리권은 국가가 장악하여 실질적으로는 국유국영이었다. 일부의 자본가 홍콩 등지로 탈출하였으나, 부상몰수정책을 취한 소련의 경우와 비교하면 원활하게 실현되어, 1956년 상반기까지는 대부분의 사기업(약 7만)이 자본가로부터의 신청이라는 형식으로 공사합영이 되고 111만의 구자본가가 배당을 받았다(그 가운데 약 80만 명은 원래 기업의 기사로서 또는 경영·관리부문에서 계속 일하였다). 대부분의 사영상인도 공사합영 내지 상업합작사로 조직되었다.

냉전의 완화와 중국외교

중국에서 공업화와 사회주의개조로의 움직임이 진행하고 있던 시기에 국제관계에는 냉전의 「해빙(解氷)」을 기대케 하는 움직임이 시작되고 있었다.

덜레스 미국무장관의 도미노이론——동남아시아 여러 나라 가운데 1국이라도 공산주의화하게 되면 이 지역 모두가 공산주의에 꺼이게 되리라는 것——에 기초한 인도차이나에의 공동간섭계획은, 많은 아시아 여러 나라뿐 아니라 영·불의 반대에 의하여 좌절되고 베트민군에 의한 디엔비엔푸의 프랑스군 포위가 강화되었다. 이러한 가운데 1954 년 4 월 제네바에서 한반도문제, 인도차이나문제를 토의하는 국제회의가 열렸다. 신중국은 처음으로 이 국제회의에 참가하였는데, 주은래수상이 뛰어난 외교적 수완을 발휘하여 인도차이나 정전을 실현시키는 데 기여하였다. 또한 회의 기간에 인도를 방문하여 네루수상과 티베트문제에 대하여 회담하고, ① 영토·주권의 상호존중 ② 상호불가침 ③ 내정불간섭 ④ 호혜평등 ⑤ 평화공존의 「평화 5 원칙」을 결정하였다. 이어서 1955 년 4 월 인도네시아의 반둥에서 사상 최초의 아시아·아프리카 여러 나라만의 회의가 열렸다〔반둥회의〕. 주은래 수상은 네루나 인도네시아의 수카르노 대통령 등과 함께 평화 5 원칙을 확대시킨 반둥 10 원칙을 정하였다. 이들은 아시아·아프리카 여러 나라 가운데서 중국의 지위를 높여주고 미국의 중국봉쇄정책에 바람구멍을 뚫어, 건설에 필요한 평화적인 국제환경의 형성을 향하여 한걸음 나아가게 한 것이었다.

동(東)의 진영에서는 스탈린 사후 공산당 제 1 서기가 된 후르시쵸프가 1956 년 2 월 20 회 당대회에서 극적인 스탈린비판의 비밀보고를 행하였다. 스탈린의 강력한 통제 아래 놓였던 동유럽 여러 나라에서는 이를 계기로 지도부에게 불만을 분출시켰다. 6 월 폴란드의 뽀즈나니에서 노동자의 폭동이, 이어 9 월 헝가리에서 대규모의 내란이 일어났다.

중공 8 전대회

이러한 내외정세의 변화 속에 1956 년 9 월 중공은 11 년만에 제 8 회 전국대회(당시의 당원수는 1,073 만 명)를 개최하였다. 대회는 유소기의 정치보고를 받아들여 「사회주의개조는 이미 결정적인 승리를 거두고 프롤레타리아트와 부르조아지의 모순은 벌써 기본적으로 해결되어 수천년래의 계급착취제도의 역사는 근본적으로 끝났으며」, 「국내의 주요한 모순은 선진적인 공업국을 수립하고 싶다는 인민의 요구와 뒤떨어진 농업국이라는 현실 사이의 모순이고, 경제와 문화를 급속하게 발전시키고 싶다는 인민의 요구와 당장은 경제와 문화가 인민의 요구를 채워줄 수 없다는 것과의 모순이다」라고 하였다. 그리고. 「사회주의혁명은 이미 기본적으로 완성되어 국가의 주요한 임무는 생산력을 해방시키는 일로부터 생산력을 보호하고 발전시키는 일로 바뀌었다」는 결의를 채택하였다. 또한 등소평은 당규약 개정에 관한 보고 속에서 개인숭배에 반대하는 일의 중요성과 그것을 위한 구체적인 조치에 대해 말하기를, 「노동자계급정당의 영수는 대중의 위에 있는 것이 아니라 대중 속에 있으며, 당의 위에 있는 것이 아니라 당의 안에 있다」고 하며 개인의 신격화(神格化)에 강하게 반대하였고, 이는 채택되었다. 이는 스탈린비판을 받아들여, 중국에서도 강화되기 시작하고 있던 모택동에 대한 개인숭배와 그 절대화 움직임을 저지시키고자 하는 것이었다.

VII. 사회주의의 시행착오

1. 백가쟁명(百家爭鳴)에서 반우파(反右派)투쟁으로

백화제방(百花齊放)·백가쟁명(百家爭鳴)

1957년, 제1차 5개년계획이 끝난 해, 중국민중의 생활은 상당히 개선되어 있었다. 노동자는 1952년의 1,603만 명으로 부터 3,101만 명까지 증가하고 평균임금은 그 사이에 42.8% 늘었으며, 농민의 평균수입도 30% 증가하였다.

이렇게 비교적 양호하다고 생각되는 분위기 속에서 모택동은 1956년 4월 「백화제방(百花齊放) 백가쟁명(百家爭鳴)」을 제창하고 나서, 이어 1957년 2월 「인민 내부의 모순을 올바르게 처리하는 문제에 관하여」라는 제목의 연설을 행하였다. 오늘날 우리가 읽을 수 있는 것은 반우파투쟁을 지난 후 이를 대폭 수정한 것이나, 원형은 현재의 것보다 훨씬 대담하고 낙관적인 것이었다고 알려져 있다. 확실한 것은 사회주의 사회도 모순이 가득 차 있으며 모순을 폭로하고 해결하는 가운데 전진할 수 있다. 모순에는 적과 우리의 모순과 인민 내부의 모순이라는 2종류의 모순이 있는데 각각 다른 방침과 방법으로 해결해야 한다. 만일 처리가 적절하였다면 적대모순도 비대항적인 모순이 되고 적대계급의 대부분도 스스로 일하며 생활히는 새로운 인간이 될 수 있으나, 부적절하게 되면 인민 내부의 모순도 격화되어 적대모순이 될 수 있다. 혁명기의 폭풍우와 같은 대중적 계급투쟁은 기본적으로는 끝났으나 아직 완전히 종결된 것은 아니므로, 이제부터의 주요한 임무는 인민 내부의 모순을 올바르게 처리하는 것이다, 라는 기본인식 아래서 다음과 같은 것을 제안한 것이다. 인민 내부에서는 「단결——비판——단결」의 방침을, 중공과 민주당파의 관계에서는 「장기공존, 상호감독」을, 과학·문화에서는 「백화제방, 백가쟁명」〔雙百〕을, 경제면에서는 「국가 이익과 집단의 이익, 개인의 이익을 아울러 고려할 것」.

나아가 4월 그는 중공 상해국(上海局) 항주(杭州)회의에서 다음과 같이 말하였다.

> 당과 지식인의 관계를 바꾸어야 한다. …… 당과 비당원 사이에는 깊은 골짜기가 있다. …… 민주적인 여러 당파 없이 해 나갈 수 있겠는가? 소련에는 그들이 존재하지 않아 반대의견에 귀를 기울일 수 없었다. …… 민주적인 사람들을 타도하려고 한다면, 그들은 우리들에 반대하기 위하여 궐기하게 될 것이다. 열린 마음을 지니고 그들로부터 배울 것이 꼭 필요하다. ……백화제방(百花齊放), 백가쟁명(百家爭鳴)은 지식인을 획득하기 위한 하나의 정책이다. ……지식인에 접근하고자 아니하였던 것은 공산당의 잘못이다.

여기서는 2종류의 모순을 판정하는 것은 누구인가 라는 중요한 문제가 빠져 있는데 사실상으로는 결국 권력을 가진 당지도자가 판정하게 되니, 이것이 나중에 반우파투쟁과 문화대혁명에서 많은 희생자를 내게 만드는 원인이 되었다. 그러나 당시에 이들 연설은 소련·폴란드·헝가리의 부정적인 면의 경험으로부터 배우면서 당의 지도권을 확보한다고 하는 테두리 안에서 사회주의 사회의 모순을 평화적·민주적으로 해결하고자 하는 바램의 표명이었다. 그는 또한 1950년대를 통하여 강화되는 당내의 관료주의를 중시하여, 그 극복에 「쌍백(雙百)」이 소용에 닿도록 하고자 하였다. 이리하여 4월 26일 당중앙위원회는 「정풍운동에 관한 지시」를 발하여 당원뿐만이 아니고 비당원의 자발적인 참가를 포함하는 비판과 자기비판의 운동을 통하여, 대중으로부터 유리된 관료주의·분파주의·주관주의를 극복하도록 요망하였다. 이는 연안시대의 「정풍운동」에서 배운 것이었다. 이어서 4월 말 모택동이 민주적인 여러 당파의 책임자와 무당파의 저명한 지식인을 초청하여 의견을 나누고, 그들이 당의 정풍을 도와주도록 요청하였다. 이후 각지의 각기관에서 비당원과 지식인이 공산당과 정부에 대한 비판을 해줄 것을 바라는 모임이 열렸다. 이 운동은 당의 관료화에 대한 반성과 함께, 건국 이래의 성과에 대한 절대적인 자신감에도 기반을 두고 있었다.

당 비판의 비등

　그렇지만 민주적인 여러 당파와 지식인들 가운데는 당에 대한 비판과 반대의견의 공공연한 표명을 억제당해 왔기 때문에 불만이 쌓여 있었다. 당은 당의 권력 독점에 대한 그들의 불만을 과소평가하고 있었던 것이다. 사회주의 건설에 대한 전문가·지식인의 역할을 중시하고 그들에게 책임있는 지위나 일을 주도록 한 1956년 1월의 주은래 연설과, 모택동의 제안에 격려받아 그들은 입을 열기 시작하였다. 처음은 정부기관과 기업, 문화·예술단체, 대학, 연구소, 병원 등등에서 전문지식이나 능력이 없는 당원이 실권을 쥐고 전문가나 지식인의 자발성과 능력 발휘를 방해하고 있는 현상에 비판이 향해졌다. 그 가운데 1956년 당시 약 10만 명을 조직하고 있던 민주적인 여러 당파(이 가운데 약 3만 명은 민주동맹)와 지식인이 차츰 정치적으로 활성화되며 조직화되기 시작하였다. 그에 따라 당에 대한 비판도 더욱 신랄해지며 급속하게 비난과 적의의 색채를 띠게 되어가고, 당원 가운데서도 이에 합류하는 움직임이 생겨났다. 대학에서는 당위원회의 대학 지배를 비난하는 대자보(벽신문)가 다수 붙여지고 집회, 시위, 나아가 동맹휴학의 움직임도 나타났다. 문화계 상대의 신문인 《광명일보(光明日報)》 편집장 저안평(儲安平)은 현실을 단적으로 「당천하(黨天下)」라고 표현하였다. 민주적인 여러 당파의 지도자로서 국무원 교통부장 장백균(章伯鈞), 삼림부장 나융기(羅隆基)는 대담하게 금기의 영역, 즉 당의 지도권 그 자체에 대한 회의 내지는 부정에까지 나아가, 완전한 「신문의 자유」와 2당제 아래의 정권교대제도로의 변경도 시사하였다. 상해의 신문 《문회보(文滙報)》는 이들이의 제기에 연일 지면을 할애하여 지식인과 학생들로부터 지지를 받았다. 이 예기치 않은 비판과 비난이 비등하는 앞에, 당은 경악하고 격노하여 6월에 전면공격으로 전환하였다. 이른바 반우파투쟁이 바로 그것이다.

반우파투쟁

6월 8일자 중공기관지 《인민일보》는 모택동이 집필한 논설 〈이것은 무엇을 의미하는가〉를 게재하였다. 같은 날 중공중앙은 「역량을 조직하여 우파분자의 공격에 반격을 가하는 일에 관한 지시」를 발하여, 당에 대해 악의에 찬 공격을 하며 그 지도권을 부정하고자 하고 있는 「부르조아우파」에 반격을 가하도록 호소하였다. 이후 1958년 7월까지 전 당원과 공산주의청년단을 총동원하여 「우파」에 대한 철저한 공격을 가하였다. 중앙에서는 장백균과 나융기가 중심표적이 되고, 9월에는 여류작가 정령(丁玲)과 시인 애청(艾青), 문예평론가 풍설봉(馮雪峰)과 같은 저명한 당원작가·예술가를 포함하는 약 7천 명의 당원이, 「우파분자」로서 지위를 물러나 지방의 보잘 것 없는 지위로 강등되든지 노동개조에 보내어지든지 하였다. 「우파는 전인구의 5%정도일 것이다」라는 모택동의 말을 기계적으로 적용하여, 무턱대고 직장의 5%의 사람들에게 「우파분자」라는 딱지를 붙여 추방한 곳도 적지 않았다. 1959년에 많은 사람들이 우파라는 딱지를 뗄 수 있었으나, 지식인이 많은 직장을 중심으로 1978년까지 투옥된 사람들만 해도 11만 명 이상에 이른다고 알려졌고 그들의 가정마저도 백안시되었다. 반우파투쟁의 기간에 당의 정풍도 계속하여 이루어졌으나, 역점은 「사회주의와 자본주의의 두가지 길」의 차이를 명확히 하는 것으로 바뀌고, 농촌에서도 집단화=사회주의화의 정당함을 강조하는 사회주의 교육운동이 진행되었다.

오늘에 와서 등소평 등의 당지도부는, 반우파투쟁 그 자체는 당시의 상황에서는 필요하고 정당한 조치였으나, 다만 이를 지나치게 확대하여 많은 성실하고 죄없는 동지나 친구를 「우파」로서 박해하였다는 점에서 잘못되었었다고 평가하고, 1978년 이후 대부분 사람들의 「우파」딱지를 떼어 석방시키며, 원래의 직장 내지는 책임있는 자리에 복귀시켰다. 그러나 당의 「쌍백」방침을 믿고 솔직하게 비판적 의견을 표명한 많은 정직한 사람이, 가족과 함께 고난의 길을 걷지 않으면 안되었던 손실은 엄청나게 크다. 건설이 주요과제가 되었던 정권수립 후도 중공은 때때로 혁명기의 대중동원형 대중운동의 전통적 방법에 호소하여 많은 운동을 전개하여 왔다. 그것은 어떤 분야──예를 들면 수리건설이나 앞서 말한 매춘폐지운동, 한국전쟁기에 세균탄이 투하된 것을 계기로 전개된 「애국위생운동」, 1957년과 1958년에 전개된 「4해」(참새·파리·모기·빈대) 퇴치운동 등──에서는 유효하고 큰 성과를 올렸다.

그러나 국가권력을 장악하고 있는 조건 아래서의 대중운동은, 때때로 위세 좋은 다수자가 권력을 무기로 냉정하고 현실적인 소수의 비판자를 압살하여 버리는 손실을 수반한다. 이 반우파투쟁이 몰고온 사태는 바로 그러한 것이었다. 이후 많은 사람들은 속마음을 정직하게 표명하기를 두려워하여, 침묵하든지 아니면 위로부터의 방침에 적극적으로 영합하든지 할 수밖에 없었다. 후술하는 대약진운동 가운데 후자의 경향은 한층 증폭되어 갔다. 특히 높은 인구증가율의 위험성을 지적하여 계획출산의 긴급성을 주장한 북경대학 총장 마인초(馬寅初)의 인구론이 말사스주의적인 우파의 주장으로 간주되어 거부됨으로써 인구문제 해결의 착수에 때를 놓쳤다. 또한 세계적으로 저명한 사회학자 비효통(費孝通)은 농촌조사를 통하여 중국농민이 전통적으로 해온 부업인 농산물가공업이나 운반업에 대한 금지적인 조치가 농민의 생활향상을 제약하고 있는 점을 지적하고, 농민의 합작경영에 의한 농촌 경공업의 진흥을 주장하였다. 그것은 중국의 전통에 뿌리내린 공업화의 방향을 시사하는 귀중한 의견이었다. 그렇지만 이것도 농업을 도시의 공업과 농민을 노동자와 대립시키려고 하는 「부르조아 우파」의 주상으로 몰려서, 이후 오랫동안 농촌경제발전의 잠재적인 가능성을 살릴 수 없게 되고 말았다.

이러한 사례들이 보여주는 것처럼, 뛰어난 지식인의 전문적 연구에 기초한 건설적 제안이 이데올로기적으로 눌려 찌그려뜨려졌기 때문에,

중국은 몇가지 문제에서 긴 우회의 길을 걷지 않을 수 없었다. 또한 소수민족의 문화적 개성을 중시하여 존중하고자 하는 주장이, 보편적 계급론의 입장으로부터 부르조아적인 지방민족주의로서 비판당하였다. 특히 몽고족이 많은 내몽고자치구나 조선족(朝鮮族)이 많은 연변(延邊)조선족자치주, 신강(新疆)위구르자치구 등에서 많은 간부가 추방되고, 신정권 성립 이래 호전되어 오던 한족(漢族)과 소수민족의 관계가 냉각되고 악화되었다.

2. 대약진운동과 그 좌절

대약진의 개시와 그 배경

모택동 등 중국공산당 대표단은 1957 년 11 월 모스크바에서 열린 세계공산당회의에 출석하였다. 거기서 그들은 자본주의로부터 사회주의로의 평화적 이행문제, 미국제국주의의 평가, 평화공존과 민족해방투쟁의 관계 등의 문제를 둘러싸고 소련공산당과 대립하였다. 모택동은 평화적 이행의 가능성만을 강조하는 것에 반대하고 또 「동풍(東風)은 서풍(西風)을 제압한다」「미국제국주의는 종이호랑이에 지나지 않는다」라고 하며 핵무기에 의한 위협을 두려워하지 말라고 말하였다. 이 회의에서는 중·소 양당의 견해를 병기(並記)하는 것으로 타협이 성립하였으나 이후 양당, 나아가서 양국 관계에는 분명한 균열이 생기기 시작하였다. 모택동은 이 회의중에 15 년 전후의 기간 안에 중국은 철강 등 주된 공업생산량의 면에서 영국을 따라잡아 앞지른다는 목표를 제기하였다. 귀국 후 1958 년 1 월부터 4 월에 걸쳐 그는 각지에서 각종의 당대회를 소집 주재하며, 경제건설의 속도와 양에 대한 신중론, 소위 「반맹진론(反盲進論)」을 혁명의 열기에 재를 뿌리는 보수주의라고 비판하며, 대중적인 기술혁명, 지방공업의 건설, 대규모적인 수리건설 등에 의한 공·농업의 「대약진(大躍進)」을 부르짖었다. 또한 중공 8 전대회의 결론과는 다른 주장, 즉 국내에 착취계급이 존재하고 있음과 그에 대한 투쟁의 필요성을 강조하였다. 이를 받아 1958 년 5 월에 열린 8 전대회 제 2 회 회의에서 유소기가 모택동의 주장을 거의 전면적으로 받아들인 보고를 행하여, 될 수 있는대로 빨리 현대적인 공·농업과 과학·문화를 지닌 강대한 사회주의국을 건설한다는 결의를 채택하였다[사회주의건설의 총노선]. 이를 전후해서부터 대중적인 기술개혁운동과 대규모의 기본건설을 통하여 생산의 비약적 고양을 목표로 한 「대약진운동」이 시작되었다.

5 월부터 7 월까지 열린 중공중앙 군사위원회 확대회의에서는 한국전쟁 이후 팽덕회 국방부장을 중심으로 소련군을 모델로 하여 추진되어온 인민해방군의 정규화와 현대화를 교조주의, 부르조아 군사노선, 그리고 노예사상으로 비판하는 모택동의 주장이 받아들여졌다. 그리고 침략자를 국내에 끌어들여 싸우는 인민전쟁에 적합하도록 홍군 이래 혁명군의 전통을 부활하여 민병을 강화시킬 것, 동시에 자력으로 핵개발을 서두르자는 새로운 방침이 결정되었다. 이 중앙군사위원회의 결의는 대약진의 국제적 배경으로, 경제적으로나 군사적으로도 소련의 원조에 의존하지 않는, 자립적인 중국형 사회주의를 건설하고자 하는 동기가 있었다는 것을 보여준다. 한편 소련은 1957 년 10 월에 조인된 중소국방신기술협정을 1959 년 6 월에 파기하고, 중국에 원자폭탄제조의 기술자료를 제공할 것을 거절한다고 통고하여 왔다. 중국이 핵무기를 만들 수 있게 되면, 서방측에 핵무기생산의 구실을 주게 된다는 것이 이유였다.

토법제철(土法製鐵)운동

공업에서 대약진의 중심이 된 것은 철강의 증산운동이었다. 8 월의 당정치국회의는 당초 설정되어 있던 1958 년도의 생산목표 620 만 톤을 일거에 1,070 만 톤으로 올리고, 1959 년도의 지표를 2,700 만~3,000 만 톤으로 올려잡았다. 이는 1957 년 생산량(535 만 톤)의 2 배를 증산하자는 모택동의 제안을 받아들인 것이었다. 이를 달성하기 위해 도시·농촌의 모든 직장·지역에서 소형 토법로(土法爐, 전통적인 방법에 의한 제철로)에 의한 반용철(半融鐵)의 대제철운동이 일어났다. 9 월에는 60 여 만의 토법로가 도처에 만들어지고 연말에는 9천만 명이 이에 참가하고 있었다. 이미 설치된 철강콤비나아트에 대한 설비투자도 배가하여 연말에는 전국에서 1,073만 톤의 철이 생산되었다. 그렇지만 그 가운데 토법에 의해 만들어진 철 300만 톤은 쓸 수가 없었다. 결국 이 운동은 유능한 노동력 특히 농민의 노동력과, 자금, 자재, 거기에다 신정권 수립 후의 식수(植樹)운동중에 겨우 키워온 나무까지 포함한 많은 수목을 연료로서 잘라버린 일 등에 의해, 농업과 중공업중시의 희생이 된 경공업에 대타격을 준채 끝이 났다.

이와 병행하여 사람들은 어디에서나 조업시간을 연장하여, 계속 12시간에서 15시간까지도 열중해서 일하였다. 신정권 성립 후 현재까지 북경의 공장에서 일해온 일본인 기사 야마모또 이치로오(山本市郎)씨는 당시의 열기에 대하여 이렇게 증언하고 있다.

> 내가 알고 있는 어느 노동자는 자기가 시작한 기술개량에 정신이 팔려 매일 아침 2시에 일어나 자기의 직장으로 달려갔다.
> 북경 전체가 아래로부터 솟구쳐오른 「일하자」「일하자」는 열기에 촉발되어 무아지경이 되어 일하였던 시기였다. 업종을 가리지 않고 지위를 가리지 않고 이 시기만큼 모든 부문 종업원의 작업의욕이 고양된 시기를 그 이전에나 그 이후에도 나는 본적이 없었다.(《북경 35년》하, 岩波新書)

그는 또한, 20명 정도의 아주머니들이 자력으로 마을공장을 만들어 창의적인 고안을 통해 전문공장에서 만들고 있던 것보다 양질의 라디오 스피커를 만들고 있었는데, 시(市)의 담당관료가 이는 중공업기계가 아니라는 것과 공장이 너무 작고 미숙련공들뿐이라는 이유로 평범한 대공장에 흡수시켜버림으로써 그녀들의 열의와 창의를 살리지 못하였던 점을, 대약진을 불완전하게 끝내게 한 잘못된 지도(指導)의 구체적 예로서 안타까운 마음으로 쓰고 있다.

이러한 민중의 열정의 밑바닥에는 더 나은 생활에 대한 갈망과 오랫동안 짓밟혀온 조국의 발전에 대한 희구가 깃들어 있었다. 그렇지만 지도부는 이를 결실시키기 위한 현실적인 전체적 판단에 기초한 전망이나 적절한 지도도 없이, 고정관념만으로 중공업우선주의를 무조건 밀어붙였다. 극히 주관적인 정책을 들이밀어 대중의 열망을 배반하고 말았다. 이는 특히 농촌에서 현저하였다.

인민공사화

1957년 겨울부터 다음해 봄에 걸쳐 농촌에서는 댐 건설을 중심으로 하는 대규모적인 수리건설운동과 시험전(試驗田)에서의 심경밀식법(深耕密植法) 등의 기술개량운동이 추진되었다. 전자는 후일의 중국농업 발전에 커다란 발판을 제공하였다. 1억의 농민이 참가한 이 수리시설운동 속에서 많은 노동력과 자금·자재를 집중적·효과적으로 사용하기 위해서는, 합작사를 합병하여 대형화시키는 편이 유리하다고 하는 발상이 제기되어, 하남성의 몇 현을 필두로 이러한 합작운동이 일어났다.

6, 7월에는 수리건설의 발전에 의한 관개면적의 급증이나, 인력·물력을 극도로 집중시킴에 따라 얻어진 시험전의 심경밀식 성과를 과신하여, 밀이나 올벼의 터무니없는 증산이 보고되었다. 반우파투쟁과 모택동의 「반맹진론(反盲進論)」비판 이래 커진, 조금 낮추어 잡은 평가를 우파적 보수주의로서 두려워하는 기풍과, 농촌간부의 「위를 보고 걷는」 권위주의·출세주의가 맞아떨어져서, 그들은 경쟁적으로 과대한 증산숫자를 보고하였다. 1958년 말에는 중앙의 지도자들조차도 전년도의 1억 9,505만 톤의 2~3배에 해당하는 4억~5억 톤의 식량이 생산되었다고 믿었다(모택동의 주장으로 3억 7,500만 톤의 숫자가 공표되었으나 후에 약 2억 톤, 전년의 5백 톤 증가에 지나지 않았다고 정정되었음). 이 방대한 허위숫자를 기초로 공업 특히 중공업에 대해 인적·물적자원의 집중투하가 이루어졌고, 농촌의 노동력이 대량으로 도시의 공업으로 돌려졌다. 한편에서는 농민의 자가소비분을 크게 먹어들어가는 식량의 매입이 강행되었다. 거기에다 합작사의 규모나 공유(公有)의 정도로서는 이제 이러한 농업생산력의 「비약적 대발전」에 적응하지 못하므로, 빠른 시기에 「공산주의」를 실현하는 데 적합한 조직이 필요하게 되었다고 하

는 주장이 나타났다.

이러한 가운데 7월 하남의 한 지방에서 「인민공사」(公社는 꼼뮨의 번역어)가 설립되었다. 여기서는 토지·농구는 공사의 공유로서 통일적 집중적으로 사용하고, 사원은 공사 전체의 수확으로부터 공급되는 공공(公共)식당에서 무료로 식사할 수 있게 되었다. 8월 모택동은 하남의 신향(新鄉) 칠리영(七里營) 인민공사를 시찰하고, 이를 격찬하며 전국에 선전하였다. 8월 말, 북대하(北戴河)에서 열린 중공 정치국확대회의는 농촌의 인민공사 설립을 추진하는 결의를 하였고, 이후 잠깐 사이에 전국에 확대되어 10월 말에는 전국이 공사화하였다.

74만여 개의 합작사가 합병하여 2만 6천여의 인민공사가 되고, 전 농가의 99% 이상에 해당하는 1억 2천여만 호가 싫든 좋든 가입하였다. 평균하여 28.5의 합작사가 1공사가 되고 3향(鄉)에 1공사, 평균규모는 4,600여 호였으나, 곳에 따라서는 1현(縣) 1공사, 2만 호 이상이라는 대규모의 것도 있었다. 공사의 아래에 하나 내지 몇개의 구고급합작사를 모태로 한 생산대대, 그 아래에는 거의 구초급합작사로 이루어진 생산대가 있었다. 공사는 단순히 경제상의 조직은 아니고 공업, 상업, 교육·문화, 공안(公安), 군사[民兵], 복지사업 기타 공공사업 전반을 관리운영하는 행정조직이기도 하였으며 사원대표대회는 최말단 의회의 기능을 지니고 있었다. 공사에 집중된 자금과 인원에 의해 실제로 많은 농촌에 지방적인 공업이 건설되고, 또한 유치원이나 가지가지 형태의 중소학교, 업여(業餘)학교역주⑧ 반공(경)·반독(半工(耕)·半讀)학교(후술함) 등이 건설되어 문맹이 많았던 농촌에 교육을 보급시키는 커다란 계기가 되었다.

「공산주의」 환상

북대하회의는 인민공사를 「미래의 공산주의 사회의 기초」라고 하였다. 그렇지만 열광적인 시대풍조와 중국 민중에 이어져 내려온 전통적인 절대평등주의 (평균주의·대동주의)의 유토피아가 섞여가지고, 농촌간부의 상당수가 아를 공산주의의 즉시 실현으로 간주하였다. 그들은 모든 생산수단과 각 합작사가 축적하여 온 식량, 개인집의 부뚜막(갈아 부수어서 비료로 사용되었다), 쇠붙이(토법로의 원료), 돼지마저 공유로 하고, 공유식당을 중심으로 하는 공급제에 의해 절대적인 평등을 실현하고자 하였다.[53] 공업과 수리건설에 동원된 남자들에 대신하여 여성을 농업생산에 동원하기 위하여, 경험있는 보모도 없는 채로, 또 가족 단란(團欒)에 대한 노인들의 바램 따위는 상관없이, 무료탁아소나 경로원이 설립되었다. 그렇지만 근면한 농민들은 피땀의 열매를 친족이나 친척과 다름없는 이웃사람 같으면 몰라도, 알지도 못하는 다른 마을의 게으름뱅이나 아이들을 많이 가진 녀석들과 나눌 것을 거부하였다. 이를 「부르조아적」 개인주의라고 비판하는 간부에게 그들은 항의하며 태업(怠業)으로 대응하였다.

1958년 말부터 다음해 봄까지 걸친 몇 회의에서 중공중앙은 「사회주의와 공산주의를 혼동」함이 지나치고, 평균주의가 농민 속에 공황상태를 야기시켜 생산을 파괴하고 있다고 하여, 공사가 아닌 생산대대를 소유와 회계의 기본단위로 삼으라고 지시하였다. 또한 1958년 11월의 중공 8기 6중전회에서 모택동은 장기의 계획 입안에 전념하기 위하여 제 1선을 물러난다는 이유로 차기 국가주석의 취임을 사퇴하려는 뜻을 표명하고, 유소기가 그 후임으로 정해졌다(1959년 4월의 제 2기 전국인민대표대회 제 1회 회의에서 취임). 그렇지만 여기서는 아직도 「밥을 먹는 데 돈이 필요없는」 공급제는 「공산주의의 요소」라고 하며, 공공식당을 「사회주의의 진지」로서 높이 평가하고(실제로는 필요한 기술장비나 노동력, 연료의 부족 때문에 인기가 떨어져 있었음), 또한 1959년도 대약진의 지표로서 철강 1,800만 톤, 식량 5억 2,500만 톤 등이라는 비현실적인 목표를 설정하였다. 더우기 1959년 2월의 어느 회의에서 모택동은 금후 두번의 5개년계획을 경과하면 완전한 공사소유제로 이행할 수 있고, 나아가 15년 내지 20년 이상 경과하게 되면 공산주의의 공사(公社)로 발전할 것이라는 지극히 성급하고 초낙관적인 전망을 제시하고 있었다.

대약진의 좌절과 그 그늘

1959년 중국 전토는 까닭을 알 수 없는 식량난과 일용소비품의 부족에 시달리며, 건국후 일찌기 없었던 어려운 상황이 1961년 말까지 계속되었다. 1959년의 식량생산은 1억 7천만 톤으로 단번에 1954년의 수준까지 내려가 1960~1961년은 1억 4천만 톤대로 1951년의 수준까지 내려가버렸다. 그 사이에 인구는 1951년보다 약 1억이 증가하여 있었다. 이리하여 대약진 중의 과로와 영양부족 때문에 간염과 부종을 앓는 병자가 증가하였고, 생산력이 낮은 지역의 농촌에서는 굶어죽는 사람도 많이 나왔다. 1982년 중국의 국세조사에 기초하여 미국의 전문가가 분석한 추정에 의하면 식량부족이 가장 심각화한 1960년의 사망률이 4%, 대약진 개시 전의 2배, 1982년의 0.8%에 비하면 5배에 달해 1958~1961년의 사망자수는 1,600만~2,700만 명일 것이라고 한다.

이 가혹한 타격은 아직 생산력의 기반이 약한 중국현실의 여러 조건을 무시한 대약진의 여러 정책, 특히 중공업우선정책과 농촌에서「공산풍(共產風)」이나 간부의 강제에 대한 저항으로 생긴 농민의 생산의욕 감퇴라는 인재(人災)를 기본으로 하고, 여기에 1959년부터 1961년까지 계속된 자연재해(화북의 가뭄과 화중・화남의 수재), 더불어 후술할 소련의 원조중단이 겹쳐서 생긴 것이었다.

그동안 중공의 당원 가운데서도 당시의 지배적인 풍조에 저항하여 과감하게 시정을 요구하는 움직임은 있었다. 산서의 농촌 출신으로 농민의 생활과 감정을 잘 알고 있는 작가 조수리(趙樹理)는 산서성의 어느 현에서 이 시기의 격동을 체험하였다. 그는 초급합작사의 건설에는 적극적으로 참가하였으나, 고급합작사화에는 비판적이었고 인민공사화에는 불쾌하여 입을 다물어버리고 말았다고 한다. 이 무렵 그는 정책의 근본적 재검토를 요망하는 〈만언서(萬言書)〉을 당중앙에 제출하여, 그 속에서 대부분의 지방간부가 위로부터 주어진 현실과 동떨어진 대약진의 생산지표를 달성시켜 점수를 따는 데만 열중하여, 농민의 이익을 무시하고 자가소비분마저 매입하고 있는 것은 국민당이 하던 짓과 마찬가지라고 통렬하게 비판하였다.

또한 정치국원이기도 하였던 팽덕회는 고향인 호남 농촌에서의 견문에 기초하여 1959년 7월 여산(廬山)에서 열린 정치국확대회의에 즈음하여 모택동에게 사신(私信)을 보내, 대약진의 성과를 인정한 다음, 「쁘띠부르조아적인 열광성과, 극좌주관주의가 만들어내고 있는 현실유리의 위험」을, 모택동이 이룩한 좋은 전통인 「실사구시(實事求是)」와 대중노선을 회복시킴으로써 극복하고, 잃어버린 경제적 균형을 회복시키도록 주장하였다. 그는 그 속에서 종래에 강조되어온 우익보수사상의 비판보다도, 현재는 극좌적 주관주의의 비판이 보다 중요하다고 말하였다. 그렇지만 모택동은 이 사신을 「의견서」로서 공표하고, 이는 부르조아지의 동요성을 표현하는 우익기회주의의 반당강령(反黨綱領)이라고 혹독하게 몰아부쳤다. 모택동의 주장은 회의에 참석한 다수에게 받아들여져 회의의 기조는 「좌」경비판으로부터 「우」경비판으로 바뀌고, 이후 이것을 「부르조아지와 프롤레타리아트의 생사를 건 투쟁」(모택동)이라고 하는 운동이 전개되었다. 8월 팽덕회는 국방부장에서 해임되고 임표가 이를 대신하였으며, 팽덕회를 지지한 소수의 당과 군의 고위 지도자도 해임되었다.

「반우파투쟁」 속에서 비판의견의 표명은 한층 어렵게 되고, 이것이 「공산풍(共産風)」을 조장하여 인재(人災)의 극복을 늦어지게 만들었다. 「공산풍」이 억제된 것은 1960년 11월부터 다음해 6월에 걸쳐 몇가지의 지시가 나와, 작은 면적의 자류지(自留地 ; 경작지의 5~7%)를 각호에 나누어주고 소규모의 가정부업과 지방시장에서의 개인거래를 인정하며, 공공식당을 정지하여 노동에 따른 분배를 중시하게 되고나서부터였던 것이다. 그러는 동안 도시에서도 「노동과 휴양과의 적당한 균형」을 강조하는 지시가 나외, 대약진 정책은 사실상 좌절되었다.

중소관계의 악화

그동안 중국을 둘러싼 국제관계도 악화되어갔다. 1958년 7월 이락혁명 때에 미국이 레바논에 파병하자, 장개석 등 대만당국은 이에 고무되어 대륙반공(大陸反攻)의 목소리를 높이고 금문도(金門島)로부터 복건 연안을 향한 포격을 강화하였다. 중국정부는 8 월 금문도를 포격하기 시작하였다. 미국이 군함과 비행기로 대만으로부터의 증원군을 호위해 줌으로써 미·중 관계가 긴박하여졌다.

소련은 미국이 중국에 공격을 가하는 경우에는 핵무기와 군사원조를 제공하겠다고 미리 약속하였었다. 그렇지만 7 월 말 북경을 방문한 후르시쵸프는 중국해군을 「합동사령부」의 지휘 아래 두지 않으면 그 약속의 실행을 거부하겠다고 말하였다. 이는 중국지도자의 강렬한 민족적 자존심을 건드렸고, 미국과의 평화공존을 제일로 하는 후르시쵸프의 「대국주의(大國主義)」에 대한 그들의 불신감을 높여주었다. 중국의 금문도 포격은 어떤 의미에서는 소련의 이러한 태도에 대한 응답이기도 하였다. 반면에 이것이 미·중의 직접 군사대결로 발전하는 것을 회피하기 위하여 금문위기를 국내문제로서 한정시키려는 교묘한 조치를 강구하며, 대만문제를 둘러싼 미·중 대사급회담의 재개에도 동의하여 이후 오랫동안 지속시켰다.

이어서 1959 년 3 월 급진화되어가고 있는 중국사회주의의 파급을 우려한 티베트 지배층이 달라이 라마를 옹립하여 반란을 일으키고 라싸의 인민해방군을 공격하였다. 해방군은 1962 년 3 월까지 반란을 진압하고는[54] 인도국경까지 진출하였다. 달라이 라마는 인도로 망명하여 인도정부의 동정을 받으며 티베트의 독립을 요구하였고, 1959 년 8 월에는 국경 부근에서 중국군과 인도군의 무력충돌이 일어났다. 후르시쵸프는 인도의 입장을 지지하여, 중국의 대약진정책을 쁘띠부르조아적 열광이라고 비판하며, 인민공사를 「바지 하나를 갈라 입는 것 같은」 공산주의라고 조소하였다.

1960 년 4 월 중공은 레닌탄생 90 주년을 기념하여 눈치챌 만한 방법으로 후르시쵸프하의 소련사회주의를 수정주의(修正主義)라고 비판하는 논문을 발표하였다. 7 월 부카레스트에서 열린 12 개의 사회주의국 공산

당회의에서 중·소 양당의 관계가 더욱 악화되자, 소련은 회의 직후에 중국원조를 중지하여 1,300 여 명의 기술자를 청사진과 함께 철수시키고 257 개의 플랜트계약을 파기하며 기존 플랜트의 예비부품 공급도 중단하여버렸다. 그것은 중국의 공업 특히 중공업 건설에 중대한 영향을 주어 어려운 상황이 가중되었다. 그후 1960 년 말의 81 개국 공산당회의, 1963 년 7 월의 중·소 양당회담을 통하여, 양당의 논쟁은 수위가 더 높아져서 소련 및 동구 여러 나라와의 국가관계도 악화되었다. 또한 1962 년 10 월부터 11 월에 걸쳐 중국과 인도 쌍방의 수만 대군이 교전하는 사태가 발생하였으나, 중국은 승리 후에 일방적으로 후퇴하여 관계가 더욱 악화되는 것을 막았다. 또한 1963 년 이후 주은래 수상의 아프리카 10 개국 우호방문 등을 통하여 아프리카 제국 여러 나라와 우호관계 수립에 노력하였으며, 1964 년에는 미국으로부터의 자립성을 확대시키고 있던 프랑스와 외교관계를 수립하였다.

3. 조정정책과 당내 대립의 격화

중공업의 대축소와 귀농정책

1960 년 겨울 이래 중국공산당과 정부는 건설 특히 중공업의 규모와 발전 속도를 대폭적으로 낮추고, 농업과 경공업 생산의 회복을 꾀하는 것을 주된 내용으로 하는 「조정정책」으로 전환하였다. 표 1 이 가리키는 것처럼 1960 년에 건국 이래 최대 규모인 654 억 1 천만 원에 달하였던 재정지출은, 1962 년에는 1956 년의 수준까지 절약되었다. 특히 기본건설투자액을 크게 축소시켰다. 이에 의해 중공업의 생산고는 철강이 1960 년의 1,870 만 톤으로부터 1961 년 870 만 톤, 1962 년 660 만 톤으로 감산된 것을 비롯하여, 1961 년의 중공업 생산고는 전년에 비교하면 46.6 % 감소로 나타났다. 한편 경공업이 공업총생산액에서 차지하는 비중은 1961 년의 42.5 %로부터 1962 년의 47.3 %로 증가하였다.

〈표 1〉   국가재정지출의 총계와 주된 항목

(단위 : 억원)

년 도	총 액	기본건설투자	교육위생사업	국방군사비
1955	269.3	88.5	19.8	65.0
1956	305.7	139.6	23.9	61.2
1957	304.2	123.7	27.8	55.1
1958	409.4	229.4	28.6	50.0
1959	552.9	302.3	36.5	58.0
1960	654.1	354.5	50.5	58.0
1961	367.0	110.2	41.2	50.0
1962	305.3	55.7	36.7	56.9
1963	339.6	80.2	38.0	66.4
1964	399.0	123.8	43.3	72.9
1965	466.3	158.5	45.6	86.8
1966	541.6	191.0	51.7	101.0

〔《중국통계년감》 1983 년판에서〕

관리권을 철저하게 중앙으로 집중시켜 추진된 「조정」을 통하여 비능률적인 공장의 폐쇄・합병이 진행되어 1962 년 말의 국유공장수는 전년보다 18,000 개가 줄어들어 53,000 개가 되고, 대약진기에 공사・자치구・시・현・성이 건설・경영한 공장의 대부분도 폐쇄 내지 축소・합병되었다. 이 조치와 병행하여 1958 년부터 1960 년에 걸쳐 농업이 부양할 수 있는 한도를 훨씬 넘어서 농업으로부터 공업으로, 농촌으로부터 도시로, 대량으로 흡수되어간 노동자와 도시인구의 귀농(歸農)을 강력하게 추진하였다. 그 결과 1961 년 1 월부터 1963 년 6 월까지 공장노동자는 1960 년 말의 5,043 만 명으로부터 약 1,860 만 명이 줄어들어 3,183 만 명이 되고 도시인구는 2,600 만 명 줄어서 1 억 1,500 만 명으로 되었다. 거꾸로 농업노동력은 1962 년에 전년과 비교하여 1,500 여만 명이 증가하여 1957년의 수준을 넘었다. 이러한 과감한 개조에 의하여 도시로의 식량공급·판매량, 그러니까 농민으로부터의 매입과 노동자에게로의 임금지출을 줄여서, 그것을 농업과 농민에게 돌리는 것이 가능해 지고 도시와 농촌의 대립이 완화되었다.

농촌 지원

1961년 여름 이래 정부는 식량과 기타 농산물 매입가격의 인상, 농업세의 인하, 농업용 자재나 화학비료의 공급 증가, 무이자 내지 저리의 대부금 증액, 규정 공출량 이외 식량의 자유시장 판매 인정, 거의 금지시켜온 가내부업 생산과 그 생산물을 자유시장에서 판매하는 것을 인정하는 등의 조치를 취하여 농민의 생산의욕을 높이고 농업생산의 급속한 회복을 도모하였다. 특히 1962년 2월, 인민공사가 아니고 생산대대를 집단소유의 기본단위로 한다는 전년 6월의 규정을 더욱 후퇴시켜서, 약 2,30호의 거의 원래의 자연촌락을 기초로 하는 생산대를 생산력의 수준, 농민의 의식, 간부의 관리능력에 알맞는 기본단위로 정하고, 여기에다 토지소유권, 경작용 가축, 농구의 소유권을 귀속시켰다. 일부의 지방에서는 생산대 소유의 토지경영을 각 호에 청부시키는 생산책임제가 행하여지고 나아서는 토지를 각 호에 분배하여 경영시키는 방식, 결국 집단소유제의 해체로까지 나아가는 곳도 출현하였다.

이들 여러 정책의 결과 1963년이래 농촌경제는 회복되기 시작하여(표 2 참조), 1964년에는 국민경제 전반이 회복기조로 바뀌었다. 1964년 말의 제3기 전국 인민대표대회 제1회 회의에서 주은래 수상은 「국민경제조정의 임무는 기본적으로 완성되고…… 새로운 발전의 시기에 들어가고 있다」는 것, 1966년부터 시작하는 제3차 5개년계획을 출발점으로 한 금후의 주요한 임무는 「그리 멀지 않은 시기에 우리나라를 현대적인 농업·공업·국방과 과학기술을 갖춘 사회주의강국으로 건설하여 세계의 선진수준을 따라 잡고 앞지르는」 것이라고 보고하였다. 그 보고는 현재 중국이 국가목표로서 내걸고 있는 「4개 현대화」

〈표 2〉   농업총생산액과 식량생산액의 추이

년 도	농업 총생산액	식량 생산액
1957	537 억원	19,505 만톤
1958	550	20,000
1959	475	17,000
1960	415	14,350
1961	405	14,750
1962	430	16,000
1963	480	17,000
1964	545	18,750
1965	590	19,453
1966	641	21,782

〔《중국통계년감》1983 년판에서〕

를 처음으로 제기한 것이었다.

이원적(二元的)인 노동·교육제도

「조정」속에서는 문교비도 대폭적으로 삭감되어(표 1 참조), 1962 년 5월 이후 교육부는 대약진시기에 급증한 각종 교육기관, 특히 고등·중등전문학교의 대정리를 추진하였다. 845 개교였던 고등전문학교와 대학은 설비가 모자라는 신설학교를 주로 하여 폐쇄·흡수·합병을 통해 400 으로 줄여지고 학생수도 12 만 명 감소하였다. 또한 2,724 개교였던 중등전문학교는 대약진시기에 여러 가지 창의에 따라 만들어진 비정규형 학교의 폐쇄 등을 통하여, 1,265 개교로 줄고 학생수는 32 만 명 감소하였으며 중등 이상의 학교교직원 34 만 명(가운데 교원은 73,000 명)이 정리되었다. 한편 남아 있는 대학과 고등전문학교 가운데서도 이공계, 그리고 특정 소수의 중점중학(重點中學)·소학교에서의 교육의 질적 향상이 강조되어 대학생의 노동참가시간을 줄이는 조치가 취해졌다.

1950년대의 방만한 인구정책이 몰고온 젊은 층의 인구 급증 속에서 공업의 취업기회, 중등 이상 학교의 취학기회가 감소하여 간단치 않은 사회문제가 되었다. 이에 대처하기 위하여 1962년 말 노동부는 도시에서 취업할 수 없는 노동력을 농촌으로 「하방(下放;上山下鄕)」시키거나 기업 등의 임시적인 일에 고용하고, 집단소유제의 수공업·써비스업·상업의 장려, 각종의 가내부업과 개인영업의 허가, 기술·업무훈련학교의 개설 등을 제안하여 승인시켰다. 이리하여, 자발적인 지원을 원칙으로 하고 3~4년 후에는 도시로 돌아오는 것을 인정한다는 전제 하에, 도시의 지식청년을 국영농장과 변경(邊境)의 생산건설병단으로 하방시키는 움직임이 시작되었다.

얼마 후에 1964년 5~6월의 중공중앙공작회의에서 유소기가 주장한 「임시공·계약공(契約工)」의 광범한 채용(二元的인 노동제도)과 국가가 돈을 내지 않고 공장이나 농장에서 일하는 학생 자신이 만들어낸 자금에 의해 교육비와 교원의 경비를 충당시키는 「반공·반독(半工半讀)」 및 「반농·반독(半農半讀)」의 중등학교의 보급(二元的인 교육제도)이 채택되었다. 임시공은 동일 노동에 종사해도 상용노동자보다 임금면에서 불리한 대우를 받았을 뿐 아니라, 노동보험이나 기업복리제도의 적용도 받지 못하였다. 1963년에 주은래의 주장으로 1960년 이전의 임시공에 한하여 상용노동자로 만들어주는 규정이 공표되었다. 그러나 유소기는 이를 무효화시켰다. 어느 정도까지로 절약하지 않을 수 없었던 전국임금총액의 범위 내에서 상용노동자를 줄이고, 더 저렴한 노동력으로서의 임시공을 다수 채용함으로써 취업기회를 확대시키고자 하였던 것이다.

「반공·반독」의 중등학교는 보통 4년제로서, 공장 부지 안의 건물이나 실습용 공장을 전용(轉用)하고 주로 공장의 기술자가 교원을 겸하였다. 하루에 4시간 일하고 4시간 학습하며 임금이 지급되지 않는 대신에, 식사와 함께 학년이 올라가면 다소 높아지는 수당(8단계 임금의 최저 30여원의 절반 가량)이 지급되었다. 「반농·반독」학교의 실태는 잘 모르나 대부분은 생산대대나 인민공사가 설립한 「농업중학」이었다고 알려져 있다.

이 「반공·반독」 및 「반농·반독」학교는 1964 년부터 1965 년에 걸쳐 아주 급속도로 보급되어 1964 년에는 중등교육기관에서 배우는 학생 1,019 만 명 가운데 약 10.2%, 1965 년에는 마찬가지로 1,431 만 명 가운데 30. 9%강을 차지하게 되었다고 한다. 유소기는 이러한 형태의 학교야말로 생산노동과 교육을 결합하여 노동자·농민이 관리에 필요한 지식과 기술을 몸으로 습득함에 따라, 간부의 관료주의를 극복할 수 있게 하여주고 또 새로운 형의 간부들을 만들어낼 수가 있으므로, 사회주의 이념에 가장 알맞는 학교라고 강조하였다. 그러나 학습조건은 정규의, 특히 중점 중학과 비교하면 너무나도 열악하여, 사실상으로는 사회적·신분적 격차의 창출로 연결되는 복선형(復線型)교육제도라는 성격을 불식시킬 수가 없었다.

이 무렵부터 도시 지식청년의 하방도 「도시와 농촌」, 「정신노동과 육체노동」의 대립을 극복한다는 숭고한 이념을 높이 내세우고는 있었지만 사실상 차츰 강제적인 성격을 띠게 되었다. 하방되는 곳도 반드시 신규의 노동력을, 특히 외래의 노동력을 바라고 있지 않았던 생산대에까지 확대되어, 그들은 그곳에서 때때로 간부들의 가지가지 박해와 농민들로부터의 소외에 괴로움을 당하였다.

많은 성과를 거둔 조정정책이 그 성과의 이면(裏面)에서 만들어낸 이들 모순은 머지않아 문화대혁명의 「조반(造反)」의 기반이 되어간다.

당내 대립의 격화

1962 년 1~2 월 중공은 전국의 당간부 7 천여 명을 모아 개최한 확대 공작회의〔7 천인대회〕에서 대약진운동의 결과에 대한 총정리를 하였다. 유소기는 당중앙을 대표하여 이 운동의 실패와 당면한 많은 어려움이 생기게 된 원인이 자연재해의 영향 탓도 있으나, 「매우 큰 정도의」당 정책의 잘못과 「실사구시(實事求是)와 대중노선의 전통」에 어긋난 지도자의 방법에 있으며, 첫째로 당중앙에 책임이 있다고 하는 보고서를 제출하였다. 모택동도 당내·당외에서 「민주」를 발양시켜야 한다고 말한 담

화 속에서, 「대체로 중앙이 범한 잘못은 직접적으로 나의 책임으로서 간접적으로도 책임이 있다.…… 다른 약간의 동지에게도 책임이 있으나 제 1 의 책임은 내가 지지 않으면 안된다」고 말하였다. 그 외에 등소평·주은래 등 주요한 지도자도 각각의 부서를 대표하여 자기비판을 행하여 당 지도자들의 견해는 일치하고 있는 것처럼 생각되었다. 그 가운데 「모주석의 사상을 모두 정확하며」, 결함이나 곤란이 생긴 것은 모주석의 지시대로 일을 처리하지 않고, 그의 의견이 존중되지 않거나 또는 크게 방해받았기 때문이라고, 되풀이 강조한 인민해방군 총사령 임표의 발언이 두드러지게 눈에 띠었다고 알려졌다.

그렇지만 이 회의 이후 얼마 안가, 현실인식과 대처방법을 둘러싸고 모택동과 유소기·등소평·진운 등 사이에는 상당히 커다란 견해차가 있음이 드러나게 되었다. 유소기 등은 대약진이 몰고 온 경제의 파괴가 「7 천인대회」당시의 판단을 훨씬 넘어서는 것으로, 특히 농업이 파괴로부터 급속히 원상태로 회복되기는 어렵다고 간주하고, 그러한 판단을 정책입안의 출발점으로 삼았다. 이해 5 월 중공 농촌공작부장 등자회(鄧子恢)가 안휘성에서 행한 「책임전(責任田)」성과의 실지조사나, 집단경작지보다도 「자류지(自留地)」의 생산성이 높다는 현실적인 인식에 기초하여, 「자류지」의 확대와 각호 청부(請負)의 생산책임제를 제안하였을 때, 유소기·등소평 등은 이에 긍정적인 태도를 취하였다.

한편 모택동은 1962 년 8～9 월에 열린 북대하 중앙공작회의에서 등자회 등의 제안은 현실을 「암흑일색(暗黑一色)」으로 즉 사회주의는 좋지 않다고 보고〔「黑暗風」〕, 전부 또는 대부분을 각호경영으로 돌려 놓고자 하는 것으로서〔「單幹風」〕, 이러한 풍조는 상층으로 올라가면 갈수록 강해지고 있으며, 가장 근본적인 문제는 사회주의를 할 것인가 자본주의를 할 것인가, 농업집단화를 할 것인가 하지 않을 것인가라고 주장하며, 등자회의 각호청부설(各戶請負說)은 「마르크스주의를 불어날려버리려는 것이다」라고 신랄하게 비판하였다. 그는 집단적 토지소유제 뿐아니라 집단경작, 집단에 의한 관리와 분배를 사회주의 농업의 본질로 보는 스탈린

이래의 사회주의론에 집착하였고, 더구나 대약진이 몰고온 농업의 파괴에 대하여 대부분의 지도자보다도 낙관적인 생각을 하고 있었던 것이다. 이러한 견해의 배경에는, 대약진 실패의 주된 원인은 정책 그 자체의 잘못이 아니고 소련의 원조 정지와 자연재해, 거기에다 정책수행의 중심이 되는 당의 관료주의적인 체질에 있다는 인식이 있었다. 그러므로 대약진을 비판하여 실각된 팽덕회나 그 후 「반우파투쟁」 희생자의 명예회복 문제에 대해서도, 모택동은 이들에게 붙여진 딱지를 일괄하여 제거하려는 등소평 등에 반대하였다. 1962년 6월 팽덕회는 당중앙과 모택동에게 장문의 호소문을 써서 「반당 그룹의 조직」이라든지 「외국과의 내통」 등, 그에게 붙여진 죄명은 근거가 없음을 호소하였다. 모택동은 명예회복을 거부하고 과거의 결정은 뒤집으려고 하는 최근의 풍조〔「翻案風」〕는 잘못 되었으며 「1959년의 반우경(反右傾)은 불어서 날려버릴 수 없다」고 하여, 중국의 「우경기회주의」는 「수정주의(修正主義)」로 이름을 바꾸는 편이 좋다고 하였다. 그는 대약진시기의 「사(私)」리의 전면 부정의 반동으로 출현한 「사」리추구와 그것을 긍정하려는 풍조, 또 경제가 어려운 상황 속에서 일어난 투기나 암거래, 간부의 뇌물수수 등의 「부정풍(不正風)」에 대해서, 한편에서는 반우파투쟁 이래 소수민족과의 관계가 악화되어 있는 가운데 티베트를 둘러싸고 일어난 인도와의 충돌, 소련의 인도 지지, 소련영사가 간여하였다고 알려진 1962년 4월의 신강(新疆)위구르자치구 소수민족 6만여 명이 소련령으로 도망한 사건, 같은해 5월 일리에서 위구르족의 반란, 대만의 「대륙반공(大陸反攻)」준비의 강화 등에 심각한 위기감을 품었다. 그리고 앞에서 말한 당 상층 「흑암풍(黑暗風)」 「단간풍(單幹風)」 「번안풍(翻案風)」을, 내외의 부르조아지나 소련 「수정주의」자의 공세에 대한 굴복으로 간주하였다.

사회주의 교육운동

1962년 9월에 열린 중공 8기 10중전회는 그 후 중국의 존재양상을 규정하는 하나의 전환점이 되었다. 그러한 가운데 모택동은 사회주의 전시기를 통하여 부르조아지 부활의 음모가 계속되고 프롤레타리아트와의 계급투쟁이 존재하며 때로는 매우 격렬해진다는 것, 이 투쟁은 반드시 당내에도 반영되고 있다는 것, 제국주의의 압력과 국내부르조아지의 영향이 부르조아지의 대변자로서의 「수정주의」의 근원이라고 주장하며, 계급투쟁의 긴급성을 강조하고 사회주의 교육의 강화를 주장하였다. 종래의 사회주의론에는 없었던 그의 이 이론이 회의에서 어떻게 토론되었는가는 알 수 없으나, 그는 회의의 「공보(公報)」에 이 주장을 집어넣는데 성공하여, 이후 모택동의 「좌」로 부터의 반격에 유리한 근거를 주게 되었다.

얼마 후에 모택동의 주도 아래 1963년 3월의 중앙공작회의 이래 1966년 봄까지에 전국 약 1/3의 현에서 사회주의 교육운동이 전개되었다. 농촌에서는 「사청(四淸)운동」, 도시에서는 「오반(五反)운동」으로 불리었다. 55) 모택동은 이 운동을, 「중국사회에 심각하고 첨예한 계급투쟁이 출현한 상황」에 대하여, 구(舊)빈농·하층중농을 중심으로 혁명적인 계급을 재조직하고 대규모적인 대중운동을 전개하여 자본주의와 봉건주의의 공격을 격퇴하는 「사회주의 혁명투쟁」으로 규정하였다〔前十條〕. 이에 대하여 1963년 9월 유소기가 주재한 공작회의는 「계급투쟁을 요점으로 하는」 것을 강조하면서도 「사청」을 둘러싼 모순은 「인민내부의 모순」으로서, 당면한 주요한 위험은 「적정(敵情)의 과대평가이다」라고 하여, 95% 이상의 농민과 농촌간부를 단결시키는 일을 강조하였다〔後十條〕.

그렇지만 1964년 5~6월의 공작회의에 출석한 모택동은 「농촌의 기층조직의 1/3의 지도권은 우리들의 수중에 없다」고 하는 심각한 인식 아래, 감연히 대중을 동원하여 부패간부의 더 상부에서 부패를 일으키는 근원이 되고 있는 당 고위지도자를 추궁해야한다는 것을 결의시켰다. 9월 유소기는 이 결의와, 부인 왕광미(王光美) 등이 하북성의 도원(挑園)생산대대에서 행한 시험적인 공작체험에 기초하여 「후십조(後十條)」를 수정하고, 「혁명의 이면정권(二面政權)을 수립하는 것」이 「적의 주요한 투쟁형태」로서 이에 대한 투쟁은 「토지개혁보다 한층 광범하고 복잡하며 심각한 대규모적인 대중운동이다」라고 하며, 농촌의 당조직과 기층간부의 상당한 부분이 부패하여 있다는 인식 아래 상부로부터 파견하는 공작대가 운동을 지도해야 한다고 하였다. 이 수정은 모택동의 비판과 수정을 거쳐 공표되었다고 알려져 있는데, 이 이후 매우 많은 농촌간부가 공작대의 매서운 공격을 받고 농촌은 공황상태에 빠졌다. 모택동은 이 상황을 보고 1965 년 1 월 스스로 주재한 회의에서 새로운 「23 조」를 제정하여 농촌간부에 대한 너무 지나친 타격을 완화시키는 한편, 「당내에 자본주의의 길을 걷는 실권파의 숙청」이 운동의 중점이라고 하였다.

농민의 희망이나 의식, 관리능력을 뛰어넘어 무리하게 추진한 과도한 집단화가 농민의 정치적 피동성과 어우러져, 상부로부터 생산대대나 공사, 현에 파견된 당관료에게 권력독점을 안겨다 주고, 이들이 예전의 토호열신(土豪劣紳)과 같은 「붉은 두목」(土皇帝로 불리었음)으로 변하여, 전근대적인 만행과 오직(汚職)을 제멋대로 자행하는 현상은 확실히 적지 않게 존재하고 있었다. 모택동은 이를 당 상층의 조정정책이 너무 지나쳤거나 과도하게 후퇴하였음에 유래한다고 보고, 그 점에 조준을 맞추기 시작 하였다. 한편 유소기는 당의 상층으로부터의 지도에 의해 이 현상을 극복하고자 하였다. 후에 유소기에 의한 공작대 파견은 「껍데기는 좌인데 알맹이는 우」의 전형(典型)으로서 맹렬한 공격을 받게 된다. 이리하여 농촌 사회주의 교육운동을 통하여 모택동·유소기의 대립을 축으로 하는 당내의 대립이 더욱 격렬하게 되었다.

문예·학술계의 「정풍」

모택동은 특히 문학·예술이나 이데올로기의 영역에서 부르조아지의 반격이 두드러지다고 보았다. 「조정」기의 초기에는 문예나 학술면에서 비교적 자유로운 분위기가 존재하여, 종래의 공식주의적이고 획일적인 작품의 테두리를 깨뜨리는 영화나 회곡, 소설이 발표되고 또 이론상 새

로운 문제제기가 활발하게 이루어지기 시작하고 있었다. 예를 들면 작
가협회의 당그룹 서기부 소전린(邵荃隣)은 1962년 전후에 몇가지 평론을
발표하여, 종래의 문예작품 소재의 범위가 너무 좁고 표현방법이 단순
하며 과장되고 상투화되어 있는 점을 비판하며, 더 전면적으로 현실생
활에 뛰어들어가 다양한 주제를 다양한 방법에 의해 묘사해야 하고, 긍
정적 인물 뿐 아니라 부정적 인물이나 중간적 인물이 살아가는 모습도
표현해야 한다고 주장했다. 또한 경제학자 손야방(孫冶方)은 너무나 집
권적(集權的)인 경제운용이나 관리가 생산력의 발전을 방해하고 있는 점
을 지적하여, 사회주의 계획경제 아래서도 관철되고 있는 가치법칙의
중요성을 강조하며, 각 기업의 자주권을 확대시켜 경영의 지표로서 이
윤을 중시해야 한다고 주장하였다. 그 주장에는 소련형 사회주의의 경
직된 경제의 존재양태를 재검토하여 새로운 운영방법을 만들어낼 가능
성이 내포되어 있었다.

그렇지만 공안(公安)기관을 장악하고 있던 강생(康生)이 1962년 9월
8기 10중전회에서 이건동(李建彤)의 소설 《유지단(劉志丹)》을, 고강(高
崗)의 명예를 회복시켜 당을 공격하려는 정치문서라고 지목하여 그의 소
설출판에 관련된 당지도자들을 반당집단으로 심사·처벌한 이후, 문예작
품이나 학문상의 견해를 정치문제화하여 비판, 공격하는 움직임이 시작
되었다. 56) 여기에는 모택동이, 강생이 제출한 소설 《유지단》에 관한
자료에 기초하여, 「소설을 이용하여 반당활동을 하는 것은 하나의 큰
발명이다. 대개 한 정권을 뒤집어엎어버리기 위해서는 먼저 여론을 만
들어내고 이데올로기를 파악하여 상부구조를 장악하려고 하는 법이다.
혁명도 그러하고 반혁명도 그러하다」라고 말한 것이 커다란 영향을 주
었다.

모택동은 1963년 12월 특히 연극의 현황을 엄격히 비판하여 「문화
부는 제왕장상부(帝王將相部), 재자가인부(才子佳人部), 외국사인부(外國死
人部)다」라고 비난하며 문화계의 「정풍」을 지시하였다. 다음해 1964년
봄 당중앙은 팽진(彭眞)·육정일(陸定一)·나서경(羅瑞卿)·강생(康生)·양상곤

(楊尙昆)의 5명으로「문화혁명 5인소조(小組)」를 창설하였다. 그렇지만 이 해의 6월 모택동은「(문예관계의) 협회와 그들이 장악하고 있는 출판물은……이 15년래 기본적으로는……당의 정책을 집행하지 않고 관료·주인이 되어 노농병(勞農兵)에 접근하지 않아 사회주의의 혁명과 건설을 반영하고 있지 않다. 최근의 수년간은 드디어 수정주의의 위기에 함몰되는 지경에 이르렀다. 진정으로 개조하지 않으면 가까운 장래 반드시 헝가리의 페토피클럽(1956년의 헝가리동란에 활약한 지식인 단체)과 같은 단체로 바뀌어버리고 말 것이다」라고 한층 더 신랄한 견해를 발표하였다.

이를 전후하여서부터 문화부나 문예 관계 단체의 다수 지도적인 작가·평론가·이론가가 비판되었고, 또 1961~1962년에 발표된 많은 영화나 소설이「수정주의」적 작품으로 무조건 일방적인 공격을 받아 상영이나 발표가 금지되었다. 소전린이나 손야방의 주장은 특히 엄격하게 비판되고 매장되었다. 그렇지만 아직 그것들은 주로 문화단체나 당조직 내부에서 전개되었고, 신문이나 잡지에서도 비판은 이루어졌으나 대규모적인 정치적 대중운동으로서 추진하는 일은 억제되어 있었다.

전쟁에 대비하여

사회주의 교육운동, 문예「정풍」으로부터 문화대혁명에 이르는 움직임을 초래한 것은 주로 앞에서 말한 국내의 제요인이었다. 그러나 동시에 국제관계 특히 제3차 세계대전의 가능성에 대한 심각한 위기감과 이에 대비하는 체제의 구축이라는 측면이 이 시기 중국의 움직임을 제약하고 있었다.

1964년 8월 2일 미국국방성은 미국의 구축함이 통킹만에서 북베트남 어뢰정으로부터 공격당했다고 발표하고(후에 조작이었다는 것이 확실하게 드러났음), 4일「보복」으로 북베트남 해군기지를 폭격하였다. 그 2주 후인 8월 17일 및 20일 모택동은 중앙서기처의 회의에서 다음과 같은 요지의 말을 하였다.

제국주의가 걸어올 가능성이 있는 침략전쟁에 대비하지 않으면 안된다. 현재 공장은 대도시와 연해지구에 집중되어 있으나 이는 전쟁에 대처하는 데 불리한 것이다. 공장은 ……신속하게 오지(奧地)로 옮기지 않으면 안된다. 국무원의 각 부도 모두 이전하여 자신의 전략후방을 건설해야 한다. 공업·교통 부문뿐만이 아니고 학교·과학원·설계원(設計院)·북경대학도 모두 이전하지 않으면 안된다. 성곤(成昆, 成都一昆明), 천검(川黔, 重慶一貴陽), 전검(滇黔, 昆明一貴陽)의 3 철도는 긴급하게 건설해야 하고 레일이 부족하다면 다른 철도의 레일을 뜯어 가져와도 좋다.

베트남전쟁의 연장으로 미국의 군사적 공격의 가능성에 대한 이 절박한 인식에 기초하여, 이후 연해지역의 건설적 투자를 모두 중지 내지는 극도로 절약하여 재력·물력·인력을 사천·감숙 귀주·내몽고 등 오지에서의 공업, 국방공업기지의 건설에 집중시켰다. 표 1 에서 볼 수 있는 바와 같이 1961 년에 1951 년 이후 최저수준까지 절약된 국방군사비(50 억 원, 총지출의 13.62 %)는 1963 년부터 1966 년에 걸쳐 총지출의 18.6 %(1965, 1966 년)로부터 19.6 %(1963 년)까지 증가하였다. 그 사이 1964 년 10 월 최초의 핵실험에 성공하여 중국은 핵보유국의 하나가 되었다.

미군기의 북베트남 폭격이 시작하고(1965 년 2 월), 잇달아 지상군의 본격개입이 진행되고 있던 1965 년 9 월 모택동은 1962 년 이래 당내대립의 촛점이 되어왔던 팽덕회 바로 그 사람과 만나, 「진리는 당신편에 있었는지도 모른다」 「과거에는 적극적으로 당신에 반대하였으나 이제는 성심성의껏 당신을 지지하고 싶다」고 말하고, 전략후방기지로서 가장 중요한 서남구에 설립되는 총지휘부의 부주임에 취임해주도록 요청하고 임명하였다. 모택동은 더우기 팽덕회의 임명에 「반대하는 사람이 있으면 내가 직접 그 사람을 설득하도록 하겠다」고 말하였다고도 한다(《彭德懷自述》). 한편 문화대혁명으로의 포석을 착착 진행시키고 있던 당시에 이 담화가 의미하는 바는 상당히 복잡하다. 후일 문혁(文革)의 현실로부터 거슬러올라가 판단한다면, 인민해방군에 아직 강한 영향력을 지니고 있었을 팽덕회의 회유, 내지는 오지(奧地)로의 격리를 노린 것이었다고도 생각된다. 그러나 미·중전쟁의 절박성에 대한 당시의 심각한 인식을 중시한다면 당내항쟁을 완화시키고 강력한 전략후방기지의 건설을 생각하고 있었다고도 볼 수 있다. 후자를 취하면 후일의 문혁(文革)의 현실과 모순된다. 그러나 애당초 당시 모택동의 문혁(文革)구상은 현실에 전개된 것과는 달리, 미·중전쟁에 대비하여 조정기에 이완되었던 체제를 긴장시켜 보다 튼튼한 전쟁준비체제를 구축하는 데 있었는지도 모른다. 그 진상은 지금도 아직 어느쪽이라고 단정지을 수 없다.

제 3 세계에 대한 원조

또한 이 시기에는 민족해방투쟁과 미국과의 평화공존정책과의 관계를 둘러싸고 후르시쵸프의 소련과 대립이 깊어가고 있었다. 그 가운데 중국은 커다란 경제적 곤란을 안고 있었음에도 불구하고 인도네시아·파키스탄·세일론(1972 년 이후 스리랑카)·베트남민주공화국·북한·알제리아·이집트 등에 무상·유상의 방대한 대외원조·차관을 주었다. 1964 년에는 총계 12 억 4 천만 원으로 재정지출의 3.1 %, 1965 년에는 33 억 7,040 만 원(가운데 무상 20 억 2,396 만 원)의 협정을 맺어 그 해에 재정지출의 4.4 %에 해당하는 20 억 8 천만 원을 대외원조에 지출하고 있다. 그 가운데 북한(4 억 9,379 만 원)과 더불어 인도네시아에 대한 원조가 큰 비중을 차지하고 있었다(4 억 1,034 만 원). 이는 당시 중공 최대의 우당(友黨)인 인도네시아 공산당의 지지를 받으며, 미·소로부터 독립하여 제 3 세계 여러나라에 의한 「제 2 유엔」의 결성을 기도하고 있던 수카르노 대통령을 중심으로, 「중간지대」를 결집하고자 하고 있었던 때문이었다. 그러나 이 구상은 1965 년 9 월 30 일 인도네시아 공산당의 쿠데타 실패, 수카르노 대통령의 실각에 의해 커다란 타격을 입었다.

전쟁대비의 강화 및 소련과의 대립과도 관계있는 대외원조액의 증대에 의하여, 농업·상업·교육·도시건설에 대한 투자는 위축되었다. 대외관계를 둘러싼 이들 움직임은 국내 체제의 통제강화와 인민해방군의 비중 증대를 초래하지 않을 수 없었다.

군 상층부의 대립

그렇지만 인민해방군의 상층부에서는 베트남전쟁의 본격화를 앞에 두고, 군의 존재양태와 소련과의 통일행동을 둘러싸고 대립이 격화되어 갔다. 여산(廬山)회의 후 실각한 팽덕회에 대신하여 당의 군사위원회(주석 모택동) 제1부주석 겸 국방부장에 취임한 임표는, 한국전쟁의 경험에 기초하여 장비의 현대화와 정규군화를 추진한 팽덕회 등의 방침을 핵무기 제조를 제외하고는 부정해버리고, 전투부대일 뿐만이 아니고 인민의 조직자이기도 하며 생산에도 종사했던 홍군·8로군 전통으로의 회귀와 민병의 강화를 강조하였다. 1961년 군내에서 《모주석어록(毛主席語錄)》을 출판하는 등 모택동사상에 의한 사상교육·정치교육을 가장 중시하며, 1965년 5월에는 군대내의 계급제도 폐지를 공포하였다.

그러나 국정의 실무면에서 유소기나 등소평의 지도력이 강화됨에 따라 군의 현대화, 정규화를 추진하고자 한 하룡(군사위원회 부주석의 1인), 나서경(총참모장) 등의 발언권도 강화되어 갔다. 1965년 5월 나서경은 〈독일·파시스트에 대한 승리를 기념하여 미국제국주의에 반대하는 싸움을 최후까지 밀고 나가자〉는 논문을 발표하여 제2차 세계대전에서 소련인민과 적군의 투쟁을 격찬하며, 항일전쟁의 경험을 총괄하여 「가장 광범한 통일전선을 결성하여 가장 주요한 적에 반대한다」는 것과 무기 현대화의 중요성을 강조하였다. 그것은 한국전쟁처럼 미군이 북베트남에 진격하여 중국국경에 육박하는 사태를 예측하고, 다른 한편으로는 이 해 2월 후르시쵸프 실각 후 북경을 방문하여 베트남 원조의 공동행동을 타진해온 소련 코시긴수상의 제안을 고려하며 소련과의 행동통일의 필요를 시사한 것이었다.

이에 대하여 9월 임표는 〈인민전쟁의 승리 만세〉를 써서 비판하고, 「인민 전쟁」의 힘을 실증하고 있는 베트남 인민의 투쟁은 「미국제국주의를 때려잡을 수가 있다」고 하여, 소련에 의존하지 않는 자력의 「인민전쟁」과 「중간지대」의 결집에 의한 제국주의의 포위, 고립화를 강조하였다. 이에 앞서서 모택동은 미·중전쟁의 가능성을 충분히 예측하고 오

지의 개발을 서두르는 한편, 1965 년 1 월 에드가 스노우와의 회견에서
는「베트남해방군은 자력으로 승리를 쟁취할 수 있다고 생각한다」고도
말하였다. 그는 두 가지의 가능성을 상정하고 있었는지도 모른다. 그러
나 이 해 12 월의 정치국 상무위원회 확대회의에서 모택동은 임표의 주
장에 따라 나서경을「정치를 돌출시키는 일에 반대하고」,「군권을 빼앗
아 반당활동을 하려 하고 있다」고 신랄하게 공격하였다. 또한 11 월 11
일자 《인민일보》와 《홍기(紅旗)》는「미·소가 협조하여 세계혁명에 반
대한다는 그들[소련]의 노선이 바뀌지 않는 한, 절대로 그들과 공동행동
을 할 수 없다」고 하는 공동사설을 실었다. 그리하여 1966 년 3 월 임표
는 휘하의 군대로서 북경·천진을 제압하여 나서경 등을 체포하였다.

　같은 무렵, 종래에 중·소논쟁 속에서 중국의 주장을 기본적으로 지지
하여온 일본공산당 대표단은, 소련을 포함하는 반미통일전선의 결성을
요망하며 팽진 등 중공대표와 회담하고 3 월 말 공동성명 초안을 작성하
였다. 그러나 모택동은「소련 수정주의집단에 대한 비난이 들어 있지
않다」고 하여 이를 거부하였으므로, 이후 양당의 관계는 급속히 악화되
었다.

　한편 4 월 16 일 미국의 러스크 국무장관은「대중(對中) 10 원칙」을 발
표하여 중국에 대한 공격의 의사가 없음을 표명하였다. 그것은「마음껏
대중을 퀼기시키는」형태로서 문혁(文革)을 발동시키는 데 하나의 유리
한 조건이었다.

VIII. 문화대혁명으로부터 개방체제로

1. 문화대혁명

《해서파관(海瑞罷官)》비판

1961년 1월 북경에서 《해서파관(海瑞罷官)》이라는 연극이 공연되었다. 작가는 북경의 부시장이며 이름난 명대사(明代史)연구자이기도 한 오함(吳晗)이었다. 해서(海瑞)는 16세기 후반 명(明)의 가정제(嘉靖帝)시대의 고관으로서, 황제가 정무를 돌보지 않음을 간하였다가 체포되어 파직을 당하였다. 청렴하고 강직한 「청관(淸官)」으로서, 연극 등을 통하여 서민들에게 퍽 인기있는 인물이었다.

이 해서에게서 배워야 한다고 최초로 제창한 자가 모택동 바로 그 사람이었다. 그는 1959년 4월 당중앙의 회의에서 상급간부에게 아부하여 대약진의 성과를 과장해서 보고하는 풍조가 문제가 되었을 때, 해서는 황제를 신랄하게 비판하였으나 황제에게 순수한 충성심을 지니고 있었다고 하며, 그에게 배워서 진실을 솔직히 말하도록 해야 한다고 제창하였다. 이에 호응하여 오함(吳晗)은 같은 해 6월 《인민일보》에 〈해서, 황제를 꾸짖다〉라는 글을 발표하였다. 그러나 여산(廬山)회의에서의 팽덕회 비판 이후 모택동은 「우파의 해서(海瑞)와 좌파의 해서를 구별하지 않으면 안된다」고 말하자, 오함은 같은 해 9월 다시 〈해서를 논함〉이란 글을 《인민일보》에 발표하였다. 이것은 오히려 팽덕회 비판의 뜻을 내포하는 것으로 되어 있었다.

1960년 이후 각지에서 여러 종류의 해서 연극이 공연되게 되었는데,

오함도 경극(京劇)의 명배우 마련량(馬連良)의 요청에 응하여 1960년에 《해서파관(海瑞罷官)》의 대본을 완성하였다. 이것은 동시대의 중국인 같으면 가정제(嘉靖帝)를 모택동으로, 해서를 팽덕회로 바꾸어 읽는 것이 충분히 가능하다고 생각될 만한 것이었다. 그러나 초연(初演) 당시에는 정치적 사건으로 문제가 되지는 않았다. 그런데 1962년 이래 대약진정책의 평가나 현실인식, 그에 대한 대응책 등을 둘러싸고 모택동·임표·강생 등과 유소기·등소평·진운 등과의 대립이 현저해지는 가운데 먼저 강청(江青)이, 이어서 강생(康生)이 이것을 「정치문제」로서 비판하도록 모택동에게 강력하게 호소하였다. 모택동은 처음에는 동의하지 않았으나 마침내 「설득당하였다」고 당의 어떤 문서가 전해주고 있다.

1965년 1월 강청은 유소기·등소평에 가까운 북경시장 팽진이 빈틈없이 장악하고 있던 북경을 피해 상해로 가 장춘교(張春橋)와 밀의하고 나서, 문예평론가 요문원(姚文元)을 점찍어 그에게 〈신편 역사극 〈해서파관(海瑞罷官)〉을 평함〉을 쓰도록 하였다. 11월 10일 상해의 〈문회보(文滙報)》에 이 글이 발표되자 강렬한 반향이 일어났다. 요문원의 논문은 《해서파관》속에 나오는 얘기인 「토지의 반환」, 「억울한 죄의 명예회복」을 앞서 말한 「단간풍(單幹風)」「번안풍(飜案風)」과 연결지어, 이것이야말로 당시의 「프롤레타리아 독재와 사회주의 혁명에 반대하는 부르조아지 투쟁의 촛점이었다」는 것으로서, 「《해서파관》은 이와 같은 계급투쟁의 한 형태의 반영이다」고 단정하였다. 그것은 「단간풍」이나 「번안풍」을 시인했던 유소기나 등소평 등에 대한 「계급투쟁」으로 발전할 방향을 내포하고 있어 강한 충격을 주었다.

등소평이 장악하고 있던 당중앙 서기처는 요문원의 논문이 전국지(全國紙)나 북경 등 타도시의 신문에 전재되지 않도록 억제하는 조치를 취하였다. 그렇지만 11월 29일 임표의 영향을 강하게 받는 군(軍)중앙기관지 《해방군보(解放軍報)》가 이를 전재함으로써 전국으로 알려졌다. 당시 상해에 있던 모택동은 12월 하순 항주(杭州)에서 진백달(陳伯達) 등과의 담화를 통하여 《해서파관》문제의 요점은 「(팽덕회의) 파관(罷官)」

이라고 말하며 요문원 논문을 지지하는 태도를 표명하였다. 또한 팽진을 위원장으로 하고 오함을 위원으로 포함시키고 있던 당의 북경시위원회를 「바늘로 찔러도 들어가지 않고, 물을 부어도 튀어오르는」 독립왕국이라고 비판하였다. 이리하여 《해서파관》비판은 일거에 중대한 정치문제로 변하였다.

「2 월제강(提綱)」

1966 년에 들어서자 오함 비판뿐만 아니라 1961 년부터 1964 년에 걸쳐 북경시당위원회 기관지 《전선(前線)》에 대약진기의 여러 현상이나 현실을 교묘하게 풍자한 수필 《삼가촌찰기(三家村札記)》를 공동집필한 동 위원회 서기 등척(鄧拓) 등의 글도 포함하여, 이들을 「대독초(大毒草)」로서 공격하는 글들이 신문에 다수 발표되었다. 1966 년 2 월 팽진은 문화혁명 5 인소조를 소집하여 오함 등에 대한 맹렬한 비판을, 당 지도하의 학술토론 테두리 안에 묶어서 정치투쟁으로 발전시키지 않는 것을 취지로 한, 소위 「2 월제강(提綱)」을 작성하여 정치국 상무위원회의 동의를 받았다. 무한에서 이를 받아본 모택동도 이 시기에는 반대의 의사표시를 하지 않았다고 한다.

그렇지만 같은 무렵 강청은 임표와 연계하여 상해에서 부대문예공작(部隊文藝工作)좌담회를 열어, 건국 이래 문예계는 「반당·반사회주의의 검은 끈이 우리들을 독재하여 왔다」고 단정하는 「기요(紀要)」를 작성하니 모택동은 이에 동의하였다. 이어서 3 월 말 모택동은 상해에서 강청·강생·창춘교 등과의 회담 가운데 「2 월제강」은 잘못 되었으며, 「당의 중앙선전부는 좌파를 지지하지 않고」「좌파를 억누르고 있는」 복마전으로서, 앞으로도 좌파를 지지하지 않을 것이라면 「5 인소조·중앙선전부·북경시위원회를 해산시켜라」고 말하였고, 4 월 18 일 《해방군보》는 〈모택동 사상의 위대한 붉은 깃발을 높이 쳐들어 적극적으로 사회주의 문화대혁명에 참가하자〉는 사설을 실었다. 이에 앞서서 임표는 모택동의 지지하에 군내의 임표 반대파이며 문혁 5 인소조의 위원이었던 총참모장

나서경 등을, 「군권을 빼앗아 가지고 반당활동을 하고 있다」는 죄명으로 체포하였었다. 모택동은 임표계 인민해방군의 지지하에 유소기·등소평·팽진 등을 배제하고 권력을 완전히 장악하는 일에 나섰다.

문혁(文革)의 개시

5월 4일부터 26일까지 북경에서 76명으로 개최된 정치국확대회의——모택동은 참가하지 않고 강생이 모택동의 지시를 전하였다. 또 십중팔구는 정치국원도 아니고 회의 후에 비로소 중앙 문혁소조(文革小組)의 멤버가 되는 강청·장춘교 등 그룹이 모택동의 지시로 참가하고 있었을 것이다 —— 에서, 팽진·나서경·육정일(중앙선전부장) 등의 파면과 심사, 「2월제강」의 철회와 문혁 5인소조의 해산, 진백달·강청·장춘교 등 모택동·임표파를 중심으로 하는 새로운 중앙문혁소조의 설립을 결정하였다.

5월 16에는 4월 중순에 강생·진백달이 기초하고 모택동의 수정을 거쳐 4월 24일의 정치국 상무위원회 확대회의를 통과한 「5·16통지」를 채택하여 전당에 공표하였다. 그것은 「프롤레타리아 문화대혁명의 큰 깃발을 높이 들어 철저하게 반당 반사회주의의 「학술권위」 부르조아지의 반동적 입장을 폭로하고, 학술계·교육계·신문계·문화계·출판계의 부르조아 반동사상을 철저하게 비판하여 이들 문화영역에서의 지도권을 탈취한다」는 것, 「그러기 위해서는 반드시 동시에 당·정부·군대와 문화의 각 영역에 잠입하여 있는 부르조아지의 대표적 인물을 비판하고 이들 인물을 깨끗하게 씻어 어떤 자는 그 직무를 바꾸어줄」 것, 왜냐하면 그들은 「한 무리의 반혁명 수정주의 분자로서 일단 기회가 무르익으면 정권을 탈취하여 프롤레타리아독재를 부르조아독재로 바꾸려 하고 있기」때문이라고 문화대혁명의 기본적 내용과 목적을 규정하였다.

이 「통지」의 공표와 함께 문혁은 대중운동으로서 정식으로 개시되었다. 5월 25일 강생의 지시를 받은 북경대학 철학과의 당총지부서기(黨總支部書記)인 섭원재(聶元梓) 등이 학장과 대학의 당위원회, 북경시위원

회를 「반당·반사회주의의 검은 패거리」로서 공격한 「대자보(大字報 ; 벽신
문)」를 붙이고, 6 월 1 일 모택동이 이를 지지하는 담화를 발표하는 것을
계기로, 전국의 학교에서 당위원회와 「권위」있는 교사에 대한 학생＝홍
위병(紅衛兵)의 「조반(造反)」이 확대되었다.

문혁(文革)의 특수한 성격

문화대혁명은 1962 년 이래 당의 최고지도부 내부에 생기고 있던 내
외정책을 둘러싼 대립·항쟁의 연장선상에서 모택동의 주도로 발동되었
다. 그가 보기에는, 중국의 현실은 사회주의의 진정한 모습으로부터 일
탈되어 있는 것으로, 이렇게 되어버린 것은 유소기를 정점으로 한 「당
내의 자본주의의 길을 걷는 실권파」(走資派)가 당과 국가의 중추기관을
지배하며, 참된 사회주의를 바라고 있는 「혁명대중」을 억압하고 있기
때문이었다. 1966 년 8 월 정규의 자격을 갖지 못한 다수의 멤버도 참석
시켜 개최된 중공 8 기 11 중전회──「프롤레타리아 문화대혁명에 관한
결정」(16 개조)을 채택하였다 ──의 기간에 모택동은 「사령부를 포격하
라 ──나의 한 장의 대자보」를 발표하고 유소기, 부분적으로는 등소평
을 공격하였다. 그것은 섭원재 등의 대자보 이래 학생반란이 격화해가
던 북경대학에 공작조(工作組)를 파견하여 「혁명파」를 진압한 일, 1962
년의 「우익적 편향」(「흑암풍」「단간풍」「번안풍」을 가리킴), 그리고 1964 년의
농촌사회주의 교육운동에서 「껍데기는 좌, 알맹이는 우」의 세가지 편향
을 집중적으로 비판한 것으로서, 이후 유소기·등소평에 대한 공격의 폭
풍우가 휘몰아쳤다.

유소기는 머지않아 「당내 최대의 실권파」로서 중앙문혁소조에 직결된
홍위병에 체포·감금되었고 후에 강청·강생 지배하의 심사그룹이 만든
보고서에 의해 건국 이전부터의 「배신자」「스파이」로서 단죄되어 당적
을 박탈(1968 년 10 월)당한 채 1969 년 11 월 개봉(開封)의 옥중에서 비참
하게 병사하였다. 주로 국민당 지배지역에서 활동해왔던 유소기와 달리
등소평은 홍군 이래 팔로군(129 사단), 인민해방군(제 2 야전군)의 정치위원

으로서 활동하여 왔으므로 해방군 내에 넓은 인맥과 지지를 갖고 있었다. 그 때문인지 등소평은 당적을 유지하며 「노동개조(勞動改造)」를 위해 농촌으로 추방되었다. 팽덕회·하룡·오함 등이 육체적·정신적 고문에 의해 죽음으로 내몰린 것을 비롯하여, 유소기에 연결된다고 지목된 다수의 고급간부가 체포·감금되었다(유소기의 연루자만도 28,000 명이 되었다). 이들은 당 상층부의 권력투쟁이라는 문화대혁명의 일면을 보여주는 상징적 사태이었다.

그렇지만 모택동이 목표로 한 것은 결코 단순히 당내 주자파(走資派)의 조직적 처벌에 의한 숙청 등이 아니었다. 중앙으로부터 지방 말단에 이르기까지 뿌리깊게 존재하던 유소기·등소평파의 영향을 일소하여 행정기관·학교·기업·마을조직·농촌에 빠리꼼뮨형의 새로운 권력기관을 만들어내는 것, 이에 의해 「과거 수천년 동안 모든 착취계급이 남겨 놓은 낡은 사상·문화·풍속·습관과 싸울」 것을 그는 목표로 하였던 것이다. 빠리꼼뮨형의 권력이란 「혁명적인 대중이 충분히 상의한 다음 후보자명부를 제출하고 다시 대중이 여러 차례 토론한 다음」에 행해지는 선거에서 선출되는 대표에 의해 구성되며, 대중은 「이 대표를 언제나 비판할 수가 있고 그 직책에 적합하지 않은 자가 있으면 토론을 거친 다음 개선 또는 경질할 수가 있는」 것이었다 (이상은 「프롤레타리아 문화대혁명에 관한 결정」에 따름). 이를 위해서는 「마음껏 대중을 궐기시켜」 「대중이 스스로 자기를 해방하도록」하고, 「대자보나 대토론의 형식을 충분히 운용하여 많이 의견을 말하도록」하여야 한다고 그는 강조하였다.

이 꼼뮨론과 대중의 자기해방론은 1968 년 프랑스의 「5 월혁명」 또는 구미와 일본에서 베트남 반전운동을 계기로 타오르고 있었던 학생과 노동자의 관리(管理)사회에 대한 반란과 서로 공명하며 그들에게 많은 영향을 주었다. 또한 그것은 1920 년대 스탈린에 의한 반대파의 대숙청과는 다른 복잡하고 독자적인 성격을 문화대혁명에 부여하여, 10 년이란 긴 세월에 걸친 동란을 만들어내게 되었다.

여러 종류의 홍위병

우선「궐기한 대중」자신의 직접적 이해나 의도가 다양하여, 때때로 폭력투쟁〔武鬪〕을 포함하는 격한 대립·항쟁으로까지 발전하였다. 예를 들면 운동의 처음에 주력이 되었던 홍위병도 결코 하나의 색깔만은 아니었다. 최초로 조반(造反)하여 일어난 대학·고등학교·중학교의 학생들로 이루어진 홍위병은 중점중학이나 대학의 고급간부 자제를 중심으로 한 자들로서, 그들은 특히 반우파투쟁 이래 거의 중국의 국가지배원리로 되어있던「출신계급」에 의한 선별을 극단적으로까지 밀고 나갔다. 그것은 노동자, 빈농, 하층중농, 혁명군인, 혁명운동중의 희생자, 혁명간부(중심은 중공당원)의 출신자를「홍 5 류(紅五類)」로 분류하고, 다른 한편 구지주·구부농·반동분자·악질분자·우파분자의 출신자를「흑 5 류(黑五類)」로 분류하여 전자를 프롤레타리아 독재의 담당자, 후자를 독재의 대상으로 간주하였다. 후자는 자제의 진학·취직·결혼 인민해방군의 응모, 각종 정치운동의 참가에 이르기까지 엄격한 제약과 차별을 받았다.

홍 5 류 가운데서도 노동자·농민이 직접 권력을 행사하기는 사실상 불가능하였으므로, 혁명간부가 그들의 이익을 대표한다는 것을 원칙으로 내세우며 권력을 소유하여 대행하고 있었다. 이 권력엘리뜨층의 자제를 주로 한 초기홍위병은 그 구성원을 홍 5 류 출신에 한정시켜, 말하자면 홍 5 류주의(출신혈통주의)에 반하는 모든 것을 격렬하게 공격하였다. 이리하여 조정정책 이래 강화되어 온 전문지식 우선 교육의 담당자인「부르조아 지식인」으로서의 교사, 이와 유착되어 있는 당위원회, 학교 밖에서는 구(舊)자본가, 구(舊)우파, 외국자본주의와 접촉을 가진 화교나 홍콩·대만의 출신자, 또한 흑 5 류문화의 유산인 공자묘(孔子廟)나 사묘(寺廟)·교회·회교사원·라마묘를 비롯한 소수민족의 각종 전통적인 신앙과 풍속·습관·낡은 지명, 유서있는 음식점이나 골동품, 고서(古書), 문물 등에 파괴적인 공격을 가하였다(소수민족의 종교·풍속·습관에 대한 공격은 한족과 소수민족과의 관계를 현저하게 악화시켰다).

홍 5 류주의적 조반(造反)은 그 행동양태의 격렬함에도 불구하고 기존의 국가지배원리를 희화적으로까지 순수화하려고 하는 방향을 가진 것이었다. 그러므로 빈틈없는 일부의 당 관료는 홍위병운동을 이 방향으로 유도함에 의해 자신들에 대한 공격을 회피하고자 하였다. 그렇지만 그것은 문혁의 이념과 모순되는 측면도 내포하고 있었다. 문혁이 최대의 표적으로 한 「당내의 주자파(走資派)」는 예전에는 홍 5 류 가운데서도 보증서가 붙어 있는 「홍(紅)」의 사람들이었다. 또한 문혁은 혁명간부의 특권을 부정하는 꼼문이념을 내걸고 있었다. 그러므로 이러한 측면을 중시하여 초기 홍위병의 홍 5 류주의를 특권주의에 통하는 것으로 간주하여 부정하고, 이와 격렬하게 대립하는 홍위병조직이 뒤 이어 각지에서 성립하여 전자와 항쟁하게 되었다. 그들은 한사람 한사람의 출신계급이나 각종 대중운동에 대한 태도 등을 기록하여 공안(경찰)기관이 보관하고 있던 「신상조사서」의 소각을 요구하며, 공인기관을 습격하여 조사서를 탈취하는 일이 각지에서 일어났다. 그것은 국가지배원리 그 자체를 뒤흔들 가능성을 내포하고 있었으며 투쟁의 공격방향은 주로 당간부의 권력으로 향해졌다. 이 방향은 조정정책기에 「출신이 나쁘다」는 등의 이유로 농촌에 하방(下放)되어 거기서 여러 가지 차별·압박에 시달려온 지식청년들에게 공감되어, 동란 속에서 도시로 되돌아온 그들 가운데 다수가 가담하였다. 구(舊)간부의 배제를 꾀하고 있던 중앙문혁소조는 처음 이러한 형의 홍위병조직을 지지 내지 묵인하였으나, 「계급지배」의 원리를 뒤집어버릴 위험을 간취하여, 1967 년 가을부터 시작된 「5·16병단」 등 극좌파 숙청의 일환으로 그들을 탄압하는 방향으로 돌아서, 1968 년 2 월에 꼼문의 실현을 지향하고 있던 호남성의 「성무련(省無連)」을 반혁명으로서 해산시켰다.

노동자의 다양성

노동자의 이해(利害)도 한결같이 않았다. 학교, 연구소, 병원, 출판과 언론기관 등 고도의 전문지식이나 기능을 필요로 하는, 따라서 지식인이 많은 직장에서 그들 밑에서 일하던 노동자들은, 극단화된 홍 5 류주

의에 의해 지식인들에 대한 조반(造反)을 정당화시키고 평소의 원한과
고통, 시기심을 폭발시켜 가택수색과 감금, 폭행 등으로 그들을 혹독하
게 괴롭혔다. 한편 조정기에 증가한 임시공과 계약공의 조반(造反)의 주
된 대상은 지식인과 구(舊)우파분자 등이 아니고, 그 제도를 추진한 노
동부와 그와 일체화되어 국가노동정책의 일익을 담당하고 있던 상용(常
用) 노동자의 조직인 총공회(總工會)였다. 그들은 일찌감치 전국적인 조
반(造反)조직을 결성하여 1966년 11월 북경의 노동부 앞에서 연좌하고,
전국총공회의 일각을 점거하여 상용노동자로 즉시 채용해줄 것을 요구
하였다. 강청 등 중앙문혁소조는 당초에 이 실현불가능한 요구를 지지
하였으나 1967년 2월부터는 「경제주의(經濟主義)」로서 탄압하고 그 전
국조직을 해산시켰다. 한편 상용노동자의 대부분은 각지의 당위원회와
행정기관에 대한 충성을 유지하며 조반을 선동하기 위해 달려온 다른
지방 홍위병의 행동에 반발하고, 당위원회와 행정기관을 지키는 편에
섰다. 이리하여 「조반유리(造反有理)」(「모반에는 도리가 있다」──모택동의
말)의 슬로건 아래 무수한 대중이 궐기함에 따라 중국의 여러 가지 모순
이 분출하고 대중 자신의 모순 대립도 격화되었다. 중앙문혁소조를 중
심으로 한 문혁파와 이에 비판적 내지 소극적인 여러 세력에 의한 대중
조작이 얽혀 혼란의 정도가 깊어졌다.

꼼문을 둘러싼 항쟁

꼼문의 이념과 운동은 더욱 동란을 장기화시키고 그 이상주의적인 이
념과는 반대로, 군사독재형 권력을 낳는 요인이 되었다. 꼼문을 이념대
로 실현하기 위해서는 종래의 지배기구와 그것을 담당하는 간부=관료
층의 배제, 나아가서는 상비군으로서의 인민해방군을 해체하여 인민의
무장으로 바꾸는 일이 불가결하였다. 그렇지만 마르크스가 빠리꼼문론
을 썼던 1871년 당시보다 훨씬 고도로 발전한 과학기술, 복잡한 분업
체계 아래에서의 계획경제나 행정의 관리와 운영을, 민중의 문화·교육
수준이 지극히 낮은 발전도상의 광대한 영역을 지닌 중국과 같은 나라

에서, 전문지식과 기능 그리고 풍부한 경험을 가진 간부=관료 없이 실행하는 것은 도저히 불가능하였다. 중국의 현실은 오히려 자질이 뛰어난 더욱 많은 테크노크라트를 필요로 하고 있었던 것이다. 초현대적인 군비를 가진 미국·소련과의 대립이 확대되던 국제관계 속에서 인민해방군을 해체하는 것이 공상에 지나지 않는다는 것은 매우 분명하였다.

더우기 마르크스는 물론 그의 꼼문론을 계승한 레닌의 《국가와 혁명》에서도 다루고 있지 않는, 혁명 후 국가에서의 「당」의 문제가 있었다. 소련이나 중국에서도 당은 마르크스·레닌주의라는 「유일한 진리」를 담당하는 집단으로서, 인민을 「지도」하며 계급도 억압도 없는 「약속의 땅」으로 인도해가는 것으로 되어 있었다. 확실히 「당」이 없이는, 하물며 중국처럼 민중의 자립적·일상적인 정치참가의 전통이 희박한 나라에서, 사회주의를 건설하는 일은 불가능할 것이다. 그렇지만 모든 것이 일당독재하에 있는 사회주의국의 현실은 「당」이 특권적인 존재로 화하여 인민에 대한 지배자로 전화할 수 있는 점을 충분하게 가르쳐주고 있었다.

모택동은 특히 1962년 이래 거듭 이 위험을 강조하며 1964년에는 특권관료화한 당간부를 「관료주의자계급」으로 규정하고, 사회주의 교육운동을 거쳐 그 타도를 목표로 한 문혁의 발동에까지 이르렀다. 그러나 그는 당원의 특권계급화를 일당독재체제, 그것도 자신의 모습에서 전형적으로 나타나는 당과 그 최고지도자가 법과 제도를 초월한 존재로 화하고 있는 그러한 일당독재체제와 오랜 역사를 지닌 전체적 관료지배 전통과의 유착, 그리고 그 아래에서의 시민적·민주주의적 권리——권력에의 비판 및 반대의견을 포함하는 언론·출판·사상·집회·결사의 자유——의 억압의 소산으로서 인식하려고는 하지 않았다. 그는 「관료주의자계급」을 자본주의 세력과 그 사상의 당내에서의 반영의 소산으로 보고, 사회주의 교육운동으로부터 문혁에 이르는 대규모의 「계급투쟁」을 전개하였다(문혁에서 극단적인 홍5류주의의 출현은 그 필연적인 부산물이었음). 그는 꼼문형 권력을 「관료주의자계급」발생의 뿌리를 잘라버릴 수 있는 형태로 간주하며, 꼼문을 지향하는 투쟁을 통하여 당의 전면적인 개조를 의도하였다. 그렇지만 그것은 당과 정부의 종래 기구의 파괴 없이는 실현될 수 없어, 양자의 맹렬한 저항을 불러일으켰다.

꼼문의 좌절과 군사독재

꼼문을 지향하는 운동은, 1967년 1~2월에 중앙문혁소조의 장춘교, 요문원 및 상해조반파의 지도자 왕홍문(王洪文) 등이 상해의 32개 노동자 학생 조반조직을 연합하여, 당의 구(舊)시위원회와 인민위원회에 대하여 행한 권력탈취의 투쟁〔奪權〕에서 비롯되었다. 2월 5일 「상해인민공사」의 성립이 선언된 데에 이어서 전국의 주요도시나 성에서 탈권투쟁이 대규모의 무투(武鬪)를 수반하며 확대되었다. 그렇지만 주은래는 조반파의 직접적인 권력장악에는 비판적으로, 구(舊)권력기구에 대한 감독기관으로 머물도록 권고하였다. 또한 1967년 1월의 중앙군사위원회 확대회의와 2월 14일, 16일 중남해(中南海)에서 개최된 정치국의 의견조정모임에서는 인민해방군과 당조직에 높은 위신과 인맥을 갖고 있는 엽검영(葉劍英)·서향전(徐向前)·섭영진(聶榮臻)·진의(陣毅)·담진림(譚震林)·이선념(李先念) 등의 노간부들이 임표(林彪)·강생(康生)·진백달(陳伯達)·장춘교(張春橋)·강청(江靑) 등의 행동을, 당의 지도를 부정하고 모든 노간부를 타도하여 프롤레타리아 독재의 지주인 인민해방군을 홍위병 수령들의 지휘하에 맡기려고 하는 짓이라고 통렬하게 공격하였다.

보고를 받은 모택동은 2월 18일 일부의 정치국위원을 모은 회의에서 이들 노간부들을 「부활과 반격」을 노리는 자로 신랄하게 비판하는 한편, 막 성립된 「상해인민공사」의 명칭을 부정하고 혁명대중, 간부, 인민해방군의 「3결합」에 의한 혁명위원회를 새로운 권력기관으로 삼도록 지시하였다. 임표·강청·장춘교 등은 모택동의 꼼문 부정을 따르는 한편, 노간부비판에 힘을 얻어 노간부들의 주장을 「2월역류(逆流)」로서 비판하는 운동을 전개하였다. 그렇지만 그러한 과정에서 혁명위원회가 실질적으로 구(舊)간부나 특히 인민해방군의 지배하에 놓이게 될 것을 두려워한 꼼문파는 해방군의 해체와 그 무기에 의한 인민의 무장을 지향하였다.

7월 19일 무한에서 해방군 및 해방군을 지지하는 노동자조직과 조반파와의 대규모 무투(武鬪)가 일어났다. 이 사태를 해결하기 위하여 파견된 공안부장 사부치(謝富治)와 중앙문혁소조의 왕력(王力)이, 무한군구사령 진재도(陣再道) 휘하의 부대와 이를 지지하는 노동자조직 「백만웅사(百萬雄師)」에 의해 감금되었다. 같은 방향성을 가진 보다 소규모의 움직임들이 다른 각지에서도 일어났다. 꼼문파는 주은래의 필사적인 조정에 따른 무한사건의 「타협」적 해결에 불만을 가졌다. 그리하여 주은래에 가까운 진의(陣毅)가 부장을 맡고 있던 외교부의 탈권을 목표로, 8월 소련대사관과 영국의 주중대리사무소의 습격, 홍콩에서의 반영폭동 등으로 문혁의 「국제화」를 추진하고자 하였다. 이들 사건을 계기로 1967년 가을 이래 전국의 꼼문파는 극좌파로서 엄격하게 탄압되고, 중앙문혁소조 내의 왕력(王力)·관봉(關鋒)·척본우(戚本禹) 등 꼼문파도 5·16 병단의 막후인물인 강청·강생 등에 의하여 배제당하였다. 1968년에 접어들자 홍위병, 도시 지식청년을 농촌에 대규모로 하방(下放)시키는 일이 강행되었다.

이 혼란상태를 해결하기 위해서 모택동의 개인적 권위가 한층 강조되었고, 또 1967년 후반부터 1968년 전반에 걸쳐 8개의 군구(軍區)로 나뉘어 있는 각지의 인민해방군에게 「좌파를 지원하여 군사통제, 군사훈련을 하는」 강대한 권한이 주어졌다. 인민해방군의 장병이 학교나 공장 등에 주둔하였고 각 성의 혁명위원회 주임에는 군구(軍區)의 사령관이 다수 선출되어 사실상 군사독재의 성격을 띠게 되었다. 군의 행정에 대한 전면개입은 군민관계, 군과 행정간부의 관계를 악화시키는 요인이 됨과 함께, 문혁기간에 자기 계통의 고급 장령을 다수 군구사령관으로 내보낸 임표의 권력과 지위를 현저하게 높여주었다.

1969년 4월 중공은 북경에서 제9회 전국대표대회를 개최하였다. 그러나 참가 대표 약 1,500명은 당규약에 기초한 선거에 의하여 선출된 자들이 아니고, 「협의」와 「혁명대중의 의견」을 청취하여 「추천」된 자들로서 임표파나 중앙문혁파가 다수를 점하고 있었다. 이 대회에서 임표는 당중앙을 대표하여 정치보고를 행하였는데, 문화대혁명은 모택동의 「프롤레타리아 독재하의 계속혁명이론」에 기초한 「대규모의 참된 프롤레타리아 혁명이다」라고 말하였다. 대회는 임표를 모택동의 후계자로 한다는 이례적인 규정을 집어 넣은 새로운 당규약을 채택하고 임표·강청계 멤버가 다수를 점하는 신중앙위원회를 선출하여 임표가 당부주석, 진백달·강생이 정치국상무위원, 강청이 정칙국위원의 요직을 차지하였다.

임표의 죽음과 국제관계의 대전환

임표의 권력이 강대화된 것은 국내요인 뿐만이 아니고 당시의 중국을 둘러싼 대외관계와 이에 대한 모택동의 인식과 깊이 관계되어 있었다. 문혁 이전부터의 소련과의 대립은 문혁을 통하여 더욱 악화되었고, 1969년 3월 우수리강의 진보도(珍寶島, 다만스키도)에서, 8월에는 신강(新疆)의 중·소국경에서 군사충돌이 일어났다. 1968년 후반경부터 모택동은 베트남에서 발목을 잡혀 있는 미국군의 침입보다도 직접 국경을 접하고 있는 소련의 침공을 최대의 위험으로 간주하게 되었다. 이리하여 동북과 화북의 주요도시에 방공호가 건설되고, 1969년부터 1971년에 걸쳐 기본건설투자의 11%가 국방공업과 국방과연비(科研費)에 투입되었다. 그동안 문혁으로부터 격리되어 있었던 핵의 연구·개발 부문에서는 1967년 6월 첫 수폭실험을 성공시켰고, 1970년 4월에는 첫 인공위성이 쏘아 올려졌다. 군사시설비, 장비비, 방공호건설비 등을 가산하면 이 시기의 군사 관련 지출은 국가재정이 감당할 수 있는 한계를 넘어섰다고 알려져 있다. 그런데 임표는 항일전, 국민당과의 내전을 통하여, 천재적인 전략가, 전술가로서의 정평을 얻었던 군인이었다. 모택동에 의한 임표의 중용에는 대소전에 대한 대비라는 요인이 강하게 작용하고 있었다고 생각된다.

그렇지만 소련군과의 무력충돌사건 이후, 일찌기 나서경이 주장한 소련과의 대미통일행동론(對美統一行動論)을 맹렬하게 공격했던 임표의 대소발언에는 미묘한 변화가 나타나기 시작하였다. 군략가로서의 임표는 소련군과의 전투경험을 통하여 소련의 강대한 군사적 실력을 인식하고, 소련과의 대결노선의 전환을 모색하기 시작한 것처럼 생각된다. 한편 미국은 베트남에서 궁지에 몰려 있었다. 그 사이에 소련은 군사적으로 강화되었고, 아시아에 대한 영향력을 증대시키고 있었다. 이에 대처하기 위하여 미국은 대중국관계의 개선을 바라, 1971 년 7 월 닉슨 대통령의 보좌관 키신저가 몰래 중국을 방문하여 주은래와 회담하였다. 모택동과 주은래는 미국 및 일본 등과의 관계를 개선하여 소련에 대비하는 정책으로 결단을 내렸다.

대외노선을 둘러싼 대립에다 임표가 1970 년 9 월의 제 9 기 중앙위원회 제 2 회 총회에서 국가주석 취임을 요구한 일 때문에 임표와 모택동·주은래 및 임표계의 군사독재에 비판적인 당·군·행정간부와의 대립이 깊어졌다. 1971 년 9 월 궁지에 몰린 임표 등은 모택동을 타도하는 쿠데타를 기도하였다. 이에 실패한 임표는 소련으로 도망 도중에 탑승기가 몽고인민공화국 영내에 추락하여 사망하였다고 후에 공표되었다(상세한 진상은 여전히 불명).

사건 직후 10 월의 유엔총회에서 중화인민공화국은 대만정부에 대신하여 대표권을 회복하고 안보이사회의 상임이사국으로서 국제사회에 복귀하였다. 다음해 1972 년 2 월 닉슨대통령이 중국을 방문하여 공동성명을 발표하였고, 이어 9 월 타나까 카쿠에이(田中角榮) 일본수상이 방중(訪中)하여 공동성명에 조인하였다. 성명에는「일본측은 과거에 일본국이 전쟁을 통하여 중국국민에 중대한 손해를 준일에 대하여 책임을 통감하고 깊이 반성한다」,「양국의 어느 나라도 아시아·태평양지역에서 패권을 추구해서도 안되고 이와 같은 패권을 확립하려고 하는 다른 어떠한 국가 또는 국가집단에 의한 시도에도 반대한다」고 말하고 있다. 이에 따라 중화인민공화국의 건국 이래 법적으로는 전쟁상태가 계속되

고 있던 일본과 중화인민공화국과의 국교정상화가 실현되었다. 이리하
여 중국은 건국 이래 미국・일본과의 대립에 종지부를 찍고, 또 문혁 이
래의 고립을 타파하여 국제적 지위를 획기적으로 개선시켰다. 동시에
소련과의 대립에 덧붙여, 미군과의 마지막 싸움을 진행시키고 있던 베
트남민주공화국과의 대립을 깊게 하는 계기가 되어 베트남은 차츰 소련
과의 연결을 강화시켜 갔다.

2. 4인방(四人幇)의 시대

4인방(四人幇)의 형성

임표의 쿠데타 실패 이후 내정면에서는 주은래가 주재하는 국무원을
중심으로 무정부상태에 빠져 있던 기업의 관리와 노동규율을 정상화하
고 문혁중에 이루어진 자류지의 몰수, 가내부업과 다종(多種)경영의 금
지 등의 농업정책을 바로잡으며, 군사통제의 폐지와 군구(軍區)의 재편
성(8대 군구로부터 11군구로) 및 군구사령관의 이동, 당위원회의 재건, 타
도된 다수의 구(舊)간부나 지식인의 복권과 재등용 등을 통하여 황폐된
질서의 재건과 경제의 회복에 필사적 노력이 기울여졌다.

1973년 8월 당의 제10회 전국대표대회에서는 등소평 등이 중앙위원
으로 복귀하였다. 등소평은 이에 앞서 모택동으로부터 전국정세에 대한
의견을 요청받았을 때 「군벌할거의 위험」이 있음을 솔직하게 말하였다
고 전해지고 있다. 한편 문혁을 통하여 부상한 왕홍문이 중앙위원회 부
주석, 장춘교가 정치국 상무위원, 강청・요문원이 정치국위원으로 선출
되었다. 그들은 모택동의 위신을 배경으로 이른바 「사인방(四人幇)」을
결성하고 주로 신문・출판・문예 등의 이데올로기 부문을 장악하여 주은
래와 등소평을 중심으로 하는 실무파에 대항하였다. 1974닌 2월부터 4
인방은 표면적으로는 임표를 공자(孔子)에 연결시켜 비판하는 「비림비공
(批林批孔)운동」을 통해, 사실은 주은래를 공자에 견주어 비판하며 흔들
어댔다. 그런데 원래 반(反)출신혈통주의의 홍위병조직 지도자 이정천

(李正天) 등은 이 운동을 역이용하여 1974 년 11 월 광주에 기다란 「이일철(李一哲)의 대자보」를 내다 붙여서, 임표 지배하에 확립된 신특권집단의 「봉건적 사회파시즘체계」를 고발하여 「사회주의의 민주와 법제」에 의한 인민의 국가관리권의 보장을 부르짖었다. 그들은 「반혁명」으로서 투옥되었으나, 그 주장은 지식청년층에 널리 공감되었다.

4 인방과 실무파의 항쟁

1975 년 1 월 주은래 수상은 제 4 기 전국인민대표대회 제 1 회 회의에서의 정치보고 속에서 「금세기 중에 우리나라를 농업·공업·국방·과학기술이 현대화된 사회주의의 강국으로 만들지 않으면 안된다」고 「4 개 현대화」의 방침을 정면에서 제기하고 강조하였다. 여기에는 선진공업국으로부터 선진적 설비와 기술을 도입하는 것이 필요하다는 점도 시사되고 있었다. 그러나 1972 년 이래의 주은래 수상의 암(癌)증상이 악화되어 등소평이 대리하여 국무원의 일을 담당하게 되었다. 그와 동시에 4 인방과 실무파의 대립이 한층 격화되어갔다.

모택동은 한편으로는 등소평의 역량을 높게 평가하였으므로 1974 년 말 주은래의 추천을 받아들인 모택동의 제안으로 등소평은 군사위원회 부주석, 국무원 부총리, 총참모장에, 1975 년 1 월에는 당의 부주석, 정치국 상무위원의 요직을 맡게 되었다. 등소평은 모택동의 「프롤레타리아 독재이론 학습운동」의 지시를 받아들이면서도 아울러 「국민경제의 발전」「안정단결」을 강조하는 「3 가지 지시를 요체로 하는 총강(總綱)」을 제기하여, 철도를 비롯한 공·광업기업, 농업, 해방군, 과학, 교육, 문예의 전면에 걸치는 「정돈(整頓)」공작을 정력적으로 추진하여 상당한 성과를 거두기 시작하였다.

그렇지만 등소평의 정책은 문혁기 정책의 대폭적인 수정을 포함하고 있었다. 모택동은 문혁기를 통하여 장려금 등의 물질적 자극이나 기업이윤의 중시, 위로부터의 노동규율의 강화, 나아가서는 8 단계의 임금격차[57]마저도 부르조아지나 자본주의를 탄생시키는 「부르조아적 권리」

라고 하여, 「프롤레타리아 독재」 아래서 이를 제한하고 점차 소멸시켜야 함을 강조하고 있었다. 4인방은 모택동의 이러한 평균주의적인 사회주의론에 의거하여 1975년부터 「부르조아적 권리」를 비판하는 운동을 전개하며 등소평 등을 견제하였다. 더우기 모택동과 정치국 사이의 연락을 담당하고 있던 4인방에 가까운 모택동의 조카 모원신(毛遠新)은, 등소평이 문혁에 대하여 언급하는 일이나 유소기의 수정주의 노선을 비판하는 일이 매우 드물다는 점을 모택동에게 보고하였다.

그때 마침 1975년 9월 고급간부 3,700명이 참가한 「농업은 대채(大寨)를 배우는 전국회의」가 개최되었다. 대채(大寨)는 산서성 석양현(昔陽縣)의 한촌(寒村)이었다. 농민출신인 당원 진영귀(陳永貴)의 지도 아래 구(舊)빈농・하층중농의 사회주의・집단주의로의 적극성에 의거하여, 자류지를 모조리 폐지하고, 「노동에 따른 분배」라는 「부르조아적 권리」를 부분적으로 뛰어넘어 분배를 생산대대원의 공동토의로써 결정하며, 간부가 일상적으로 노동에 참가하는 등 생산관계, 사람과 사람과의 관계의 「혁명화」에 의해 농업기계화나 생산력발전에 성과를 올렸다. 다만 여기에는 국가나 해방군의 집중원조도 큰 역할을 하였다.

회의의 상세한 점은 알려지지 않았으나 「대채(大寨)의 길」을 둘러싸고 4인방과 등소평이 격렬하게 대립하였다고 알려져 있다. 4인방은 생산관계, 사람과 사람과 관계의 「혁명화」측면만을 중시하여 그러한 면의 급속한 보편화를 강조하였다. 이에 대하여 등소평 등은 생산력발전의 측면을 높게 평가하면서도 그 「길」의 성급한 보편화에 반대하여 전국적으로는 「정돈」공작이 당면한 급무라고 주장하였던 것 같다.

결국 이 회의에서 그동안 호남성에서 농촌공작을 추진하여 오던 정치국원 화국봉(華國鋒)은 생산관계의 「혁명화」와 생산력의 발전을 불가분의 것으로 간주하고, 1980년까지에 전국 1/3의 현(縣)을 「대채(大寨)형의 현(縣)」으로 만들어 농업기계화를 실현해야 함을 강조하여, 모택동의 강한 신뢰를 얻었다. 다른 한편 모택동은 등소평에 대한 경계심을 한층 높였다.

같은해 11월 청화(淸華)대학의 당위원회 부서기 유빙(劉氷) 등은 등소평을 통하여 이 대학 당위원회 서기 지군(遲群)의 작풍과 교사·학생과의 관계를 비판하는 서찰을 모택동에게 보냈다. 지군은 모택동과 4인방이 제창하여 추진하고 있던 「교육혁명」――전문지식=「전(專)」보다도 혁명사상=「홍(紅)」을 중시하여, 학과 시험을 폐지해서 공장이나 농촌간부가 추천한 학생을 채용하고 학생의 노동 참가 시간을 대폭으로 증가시켰다――의 기수였다. 모택동은 이 서한을 문혁과 교육혁명을 부정하는 「우로부터 되잡으려는 풍조」의 표현이라고 하여, 이 「바람(風)」에 대한 투쟁을 발의하였다. 이리하여 1976년 1월 주은래 수상이 서거하여 전국이 불안과 슬픔에 잠겨 있는 속에서, 등소평을 비판하며 「우로부터 되잡으려는 풍조에 반격을 가하는 운동」이 전국에서 전개되었다. 그렇지만 학생도 민중도 더 이상 문혁초기와 같은 뜨거운 반응을 나타내지 않았다. 그들은 《인민일보》 등으로부터 발췌한 「모범」문이라든지 그것을 교묘하게 고쳐 쓴 대자보를 붙이거나, 교사에게 제출한다든지 하는 것으로 어물어물 넘기며 비판이나 피하고자 했을 따름이었다.

천안문(天安門)사건――4·5 운동

민중의 참된 목소리는 오히려 1976년 4월 5일의 천안문(天安門)사건에 의해 폭발적으로 표현되었다. 성묘하는 날인 4월 4일의 청명(淸明)이 가까와짐에 따라 주은래를 추도하는 꽃다발과 시를 가지고 천안문광장의 인민영웅기념비 앞으로 모여들어 시를 낭독한다든지 연설한다든지 하는 사람들의 무리가 날로 불어났다. 억제되어 있던 주은래에 대한 추도를 통하여, 4인방과 모택동에 대한 위화감, 비판을 표명하였던 것이다. 4월 4일 이 움직임은 절정에 달하니 수십만의 군중이 광장에 모여들어, 여기저기 빙둘러 서서 공공연하게 4인방 비판의 목소리를 높였다. 내붙여진 시(詩) 가운데 하나는 「인민은 이제 어리석기 짝이 없는 무리가 아니고, 진시황(秦始皇)의 봉건사회는 한번 사라지면 다시는 돌아오지 않으리」라고 분명하게 모택동을 진시황과 등치시켜 비판하고,

인민이 정말 나라의 주체가 되어야 할 때가 온 것을 외치고 있었다. 이들 군중 속에는 일찌기 홍위병으로서 조반(造反)하여 무투(武鬪)나, 중앙문혁소조 또는 군사통제 등에 의한 탄압과, 하방(下放)의 경험 등을 통하여, 민주적 여러 권리의 획득이야말로 참된 과제라고 생각하게 되었던 다수의 지식청년들이 섞여 있었다.

천안문광장의 분위기가 고조되는 가운데 북경에 있던 일부의 위원들에 의해 열린 당정치국회의에서 강청은 이를 「건국이래 일찌기 없었던 계획적·조직적 반혁명적인 성격의 반격」이라고 하여, 꽃다발의 철거, 연설자의 체포를 요구하였다. 수상대리 화국봉은 이 주장을 받아들여 진압방침을 결정하였다. 다음날인 5일 또 다시 광장으로 몰려든 군중들은 꽃다발이 철거되고 연설하려던 청년들이 차례로 체포되는 것을 보고 격분하여, 배치되어 있던 민병 및 경찰과 충돌하고 경찰의 선전차와 자동차를 파괴시켰으며, 광장의 동남쪽에 있는 「수도노동자민병지휘부」를 불질러 부숴버렸다. 저녁 6시 반 북경시혁명위원회 주임 오덕(吳德)은 「악질들이 반혁명 파괴활동을 진행시키고 있다」고 하여 즉시 광장을 떠나도록 방송하며, 9시 반에는 수만명의 민병과 많은 경찰, 경비부대로 광장을 봉쇄하고, 남아 있던 군중을 습격해서 체포하였다. 남경·항주·정주(鄭州)·태원(太原) 등지에서도 유사한 움직임이 확대되어 갔다.

다음날 아침 재경 정치국회의는 이 사건을 「반혁명폭동」으로 인정하고 사건 참가자를 철저하게 추궁할 것을 결정하였다. 수도를 비롯한 각지는 공포분위기에 사로잡혔다. 이미 병이 위중하여 모원신을 통해 상황을 전해들은 모택동은 이러한 조치에 동의하며, 화국봉을 국무원총리 겸 당 제1부주석으로 하고 등소평의 당적(黨籍)은 유지시킨 채 모든 직위를 해제시켜 금후의 행동을 감찰하도록 하는 처벌을 지시하였다. 이는 「인민 오직 인민만이 역사를 만든다」고 되풀이 하여 말해왔고, 「조반유리(造反有理)」라고 하며 「궐기한」 대중에 의한 「참된 사회주의」의 실현을 기대하였던 모택동이 그의 만년에 저지른 최대의 역설이며 비극이었다.

236

모택동의 죽음과 4인방의 타도

천안문사건 이후 4인방은 그들이 장악한 언론기관을 총동원하여 등소평 비판과 문혁 이념의 강조에 핏대를 세우고 있었다. 그렇지만 모택동의 신임이 두터운 화국봉은 문혁을 긍정하면서도 이데올로기투쟁 외골수의 4인방과는 일선을 긋고, 엽검영·이선념 등 당의 장로그룹 및 행정관료와의 연결을 강화함으로써 양자간의 보일듯 말듯한 대립이 시작되어 있었다.

7월 28일 발해만 연안 일대에 진도(震度) 7.8의 대지진이 일어나 천진에 가까운 탄광·공업도시 당산시(唐山市)를 중심으로 한 지역이 사망자 65만이라는 대재난을 입게 되었다. 화국봉 등이 구호에 전력을 집중시키고 있는 한창 때인 9월 9일 모택동이 서거하였다. 이미 임표라는 군사적 기둥을 잃었고, 언론기관 외에는 상해 등의 민병조직을 장악하고 있는데 지나지 않던 4인방은 거대한 지주를 잃고 고립되었다. 천안문사건은 그들에 대한 민중의 지지가 이미 완전히 사라졌고, 오히려 원한의 표적이 되어 있다는 사실을 명백하게 보여주고 있었다. 그들은「(모택동의) 기정방침대로 행한다」라는 대 캠페인을 전개하여, 죽은 모택동의 권위에 의해 열세를 만회하고자 하였다. 10월 2일에는 화국봉을 지명하였다고 전해지는 모택동의「당신이 해나간다면 나는 안심이오」라는 유언의 해석을 둘러싸고, 화국봉 등과 강청 등 4인방과의 격론이 전개되었다. 후의「4인방 공소장」에 의하면 이 무렵 그들은 상해 민병의 무장을 강화시켜 쿠데타를 준비하였다고도 한다. 그러나 기선을 제압하여 정변을 발동시킨 것은 화국봉 쪽이었다. 10월 6일 그는 엽검영·이선념 등의 지지 아래 모택동의 경호를 다년간 맡아오던 왕동흥(王東興)이 지휘하는 중앙경호부대를 동원하여 4인방을 체포하였다.

문혁의 종언

4인방 타도 후 화국봉은 모택동의 정통후계자로 스스로를 위치시키고 모택동의「프롤레타리아 독재하의 계속혁명」이론을 전면적으로 긍정하었다. 그는 혁명정신을 고양시켜 사회주의의 방향을 견지해 나가며 생산력의 급속한 발전에 의한 현대화를 추진하는 것을 이 이론의 본질로 삼고, 4인방이 생산력발전의 측면을 무시하고 생산을 파괴한 것을 「극우노선(極右路線)」으로서 비판하며, 그들을 타도한 것을 「프롤레타리아 문화대혁명의 또 하나의 위대한 승리」로 규정하였다. 다른 한편에서는 등소평이 혁명정신을 경시하고 있다 하여 여전히 그에 대한 비판을 계속하였다. 그러나 4인방 비판운동이 확산되는 가운데 문혁 그 자체에 대한 비판이 재연되기 시작하여, 당내외에서 등소평의 복귀와 천안문사건의 성격 재검토를 요구하는 목소리가 높아갔다. 화국봉은 이에 저항하였으나 1977년 7월의 중공 10기 3중전회에서 등소평은 당부주석, 국무원부총리, 해방군총참모장으로서 두번째로 재등장하였다.

경제정책 측면에서 화국봉정권은 1977년에 열린 일련의 회의에서 가까운 장래 인민공사의 기본단위를 생산대로부터 생산대대로 옮겨 1980년대까지 거의 전국의 농업기계화를 실현할 것. 1978~1985년의 공업생산액을 매년 10%씩 늘려 1985년에 철강 6천만 톤(1977년의 실적 2,374만 톤), 원유 2억 5천만 톤(1977년의 실적 9,360만 톤), 농업기계화가 실현되는 1980년에 식량 3억 5천만 톤(1977년의 실적 2억 8,273만 톤) 등의 생산목표를 달성할 것을 결정하고, 이에 의하여 20세기 말까지 「농업·공업·국방·과학기술」의 「4개 현대화」를 실현시켜 세계의 가장 전열(前列)에 나선다는 「대약진」계획을 내걸었다. 그리하여 외국으로부터의 많은 플랜트수입을 포함하여 대규모의 기본적 건설에 나섰다. 그러나 화국봉정권이 발족한 1976년은 정치적 격동에다 당산의 대지진에 의해 「국민경제는 붕괴의 위기에 직면하여 있었다」고 후에 총괄된 바도 있는 경제적 곤란의 해였다.[58]

이러한 상황 아래서의 「제2차 대약진」〔洋躍進〕은 이전의 대약진기만큼 대규모는 아니었으나 또다시 중공업, 경공업, 교통·운수, 농업의 균형상실을 초래하고 말았다.

1977년 8월에 개최된 당 제11회 전국대표대회에서 화국봉은 그 「정

치보고」속에 「제 1 차 문화대혁명의 종결」을 선언하고, 당 내외와 국내
외의 모든 적극적 요소를 동원하여 모든 단결될 수 있는 힘을 단결시킴
으로써 금세기 안에 중국을 「위대한 사회주의 강국으로 건설할」것을
주장하였다. 그렇지만 여기서는 「성과가 7 이고 과오가 3」이라는 모택동
의 문혁평가가 답습되었고, 3 의 과오는 4 인방의 「극우 반혁명수정주의
노선」이 초래한 것이라는 규정이 이루어졌으며, 금후도 되풀이하여 문
혁을 실행할 것이 필요하다는 식으로 되었다.

3. 대전환──1978 년 12 월 이후

11 기 3 중전회의 의의

1978 년이 되자 제 2 차 대약진계획의 무리함에 따른 파탄이 도처에
나타나고 또 4 인방 비판이 높아갔다. 이러한 가운데 1959 년의 대약진
이래의 여러 정책을 근본적으로 재검토하는 움직임이 시작되었다. 이
기운이 높아가는 가운데 등소평과 당의 중앙조직부 부장 호요방(胡耀邦)
의 주도로 1978 년 5 월 이래 「진리의 기준문제」라는 얼핏 보아 철학적인
문제의 논쟁이 전국에서 펼쳐졌다. 등소평과 그를 지지하는 사람들이
발동시킨 것으로서, 그들은 화국봉이 강조해온 「모주석이 결정한 정책
과 모주석의 지시는 모조리 바꾸지 말고 지켜나가지 않으면 안된다」는
주장에 대하여, 「진리인가 아닌가를 검증하는 유일한 기준은 실천이다」
라는 원칙을 대치시켰다. 여기에는 모택동의 정책이나 지시도 실천의
결과가 나쁘면 과오로서 비판하지 않으면 안된다고 하는 의미가 포함되
어 있었다. 더구나 등소평은 이 원칙을 결정(結晶)시킨 것이 「모택동사
상」의 정수인 「실사구시(實事求是)」와 「대중노선(大衆路線)」이라고 하며,
대약진 이후의 모택동은 이 「모택동사상」에 위배되었다고 하였다. 그렇
게 함으로써 「모택동의 모든 것이 옳다」는 화국봉의 권력을 흔들어 놓
고, 정책전환의 필요성을 「참」된 「모택동사상」의 이름으로 당원들에게
이해시키고자 한 것이다. 다른 한편으로는 문혁을 통하여 현저하게 저

하되어버린 「모택동사상」에 입각하는 당의 권위와 지도성을 구해내어 회복시키고자 하였던 것이기도 하다.

1978년 12월에 개최된 중공 제11기 중앙 위원회 제3회 총회(11기 3중전회)는 대전환의 획기적인 첫걸음이 되었다.

3중전회는 1975년 말 이래의 「우로부터 되잡으려는 풍조에 반격을 가하는 운동」 및 천안문사건을 반혁명으로 인정한 결의를 과오로서 취소하고, 팽덕회 등의 명예를 회복시키며 진운과 호요방을 필두로 등소평을 지지하는 사람들을 요직에 배치시켰다. 문혁에 의한 사망자가 약 40만 명, 피해자가 1억 명[59]에 달한다는 사실이 비공식적으로 발표되어 문혁은 결정적으로 부정되었다. 그와 동시에 중국의 구체제를 파괴하는 혁명의 이론·방법으로서는 유효하였던 모택동의 이론, 계급투쟁과 대중동원을 강조하는 방법이, 경제건설의 이론 및 방법으로서는 실격이었다는 것을 인정한 것이었다. 그러한 의미에서 이것은 확실히 「모택동 시대」의 종언을 알리는 것이었다.

회의는 「사회주의 현대화」=「4개 현대화」 건설을 최중점과제로 할 것을 결정하며 「안정단결」을 강조하였다. 화국봉은 당주석의 지위에 머물렀으나 개혁에 반대하였다는 이유로 비판을 받아 1980년 8월에 수상을 사임하고 조자양(趙紫陽)이 그를 대신하였다. 또한 이 해의 11월부터 「임표·4인방 반혁명집단」의 재판이 개시되었다. 다음해 1981년 1월 강청·장춘교에게 2년간의 집행유예가 붙은 사형(후에 무기징역으로 감형), 왕홍문에게 무기징역, 요문원에게 징역 20년의 판결이 내려졌다. 그 외의 피고 전원이 유죄가 되었다. 이어서 1981년 6월의 제11기 6중전회에서 화국봉이 당주석을 사임하고 호요방이 당주석이 되었다(호요방은 1982년 9월의 당 12전대회에서의 당주석·부주석제의 폐지에 따라 당총서기의 지위를 맡았음). 이 6중전회는 등소평의 지도하에 기초된 「건국이래 당의 약간의 역사적 문제에 관한 결의」를 채택하고, 1949년 이후의 중공당 사상(中共黨史上)의 여러 문제, 모택동 지도의 공로와 죄과에 대한 평가, 특히 문화대혁명을 전면적인 과오라고 하는 평가를 확정시켰다.

정치상의 개혁

그런데 11기 3중전회 이후 당의 조직면에서는 유소기의 명예회복 (1980년 2월)을 정점으로 하여 적어도 290만 명 이상의, 반우파투쟁 이래 여러 운동을 통해 실각한 간부, 지식인의 명예회복과 복직이 이루어졌다. 다른 한편 문혁을 통하여 지도적 지위로 뛰어오른 각급 간부를 점차로 그 지위로부터 물러서게 하며, 전문지식과 행정수완을 지닌 테크노크라트형 간부로 그들을 대신하게 하고 있다.

정치면에서는 「민주와 법제」를 슬로건으로 하여 정치의 제도화, 말하자면 「법」에 의한 통치와 기구의 합리화를 지향하여 여러 가지 개혁을 추진시켰다. 1982년에 제정된 신헌법에서는 「프롤레타리아 독재」의 원칙을 강조한 1975·1978년 헌법에 대신하여 건국 당초의 「인민민주주의 독재」규정을 고쳐서 채용하고, 법을 초월하는 존재였던「(중공)당」보다도 헌법이 우월한, 즉 당도 헌법에 복종한다고 하는 규정이 삽입되었다.

그러나 한편 「폭풍우와 같은 대중투쟁·계급투쟁의 시대는 지나갔다」는 인식 아래, 모택동시대를 상징하는 「4대」자유(大鳴=의견을 많이 내고, 大放=토론을 많이 하며, 大字報=벽신문을 쓰며, 大辯論=대논쟁을 벌임)의 권리가 신헌법으로부터 삭제되어 인민은 당의 지도에 복종하여야 함이 규정되었다. 1978년 12월의 3중전회 전후에 북경의 「민주의 벽」을 비롯하여 각 대도시에 「민주와 법치, 인권」을 요구하는 벽신문과 자주적인 출판물을 간행하여, 모택동·화국봉 비판에서부터 당과 간부의 존재양태에 대한 비판으로까지 나아간 독립적 사고를 시작한 지식청년들의 민주운동은, 당의 지도를 부정하고 안정단결을 뒤집어엎어버리려는 자들로서 탄압되었다. 외국에 베트남전쟁의 정보를 누설하였다는 혐의로 위경생 (魏京生)을 필두로 한 많은 민주활동가가 체포되어 비공개재판에서 중형을 받았다. 이러한 사건들은 당의 권력에 의한 일원적(一元的) 통치라는 지배의 구조가 변함없다는 것을 보여주고 있다.

경제 개혁

3중전회 이후 정부와 당이 가장 힘을 들이고 대담하게 개혁을 진행시키고 있는 분야는 경제이다. 사회주의란 주요한 생산수단, 교통·운수수단, 금융기관 등을 공공(국가나 성·현 등)에 의한 소유제 및 집단소유제와 그 아래서의「노동에 따른 분배」로서, 거기서의 경영형태는 다양할 수 있으므로 빈부차의 발생은 역시 피하기 어렵다는 규정 아래 개인·집단·기업의 경제적 자주권을 대폭적으로 확대해나가고 있다.

정치권력과 경제조직을 일체화한 인민공사는 행정단위로서의 향(鄕)정부와 자발적 의사에 따른 참가를 원칙으로 하는 농공상연합기업 등의 경제조직으로 분리, 해체되었다(1985년 6월까지에 완료되어 전국에서 9만 2천여의 향(鄕)·진(鎭)정부가 수립되었다). 또한 생산대의 집단경작에 대신하여 각호가 생산대와 일정한 생산계약을 맺어, 초과분은 자유로 처분할 수 있는 각호청부의 생산책임제가 급속하게 일반화되었다. 자본주의를 탄생시키는 원천으로서 금지되어온 개인과 집단의 운수업과 농촌의 경공업이 장려되고, 또 식량중심주의로부터 다각경영·전문경영으로의 전환이 촉진되어, 재주와 근로에 의해 부유해진 농민(萬元戶)이 새시대의 새로운 형의 농민으로 찬양되고 있다. 계획원리의 보완이긴 하지만 시장원리를 대폭적으로 도입함으로써 기업과 집단간의 경쟁, 생산의 질적·양적 발전이 꾀해지고 있다. 수천만에 달하는 도시의 실업(「待業」이라고 부름)청년은 개인이나 집단이 경영하는 각종 써비스업, 소규모의 수공업, 상업에 대량으로 흡수되어, 그 결과 실업률은 1979년의 6%로부터 1984년의 1.9%로 감소되었다.

더우기 문혁기에 뒤떨어졌던 과학·기술이 선진수준을 좇아가고 또한 자본의 부족을 보충하며 경영관리의 기술을 배우기 위하여 개방정책을 내걸고, 1980년 8월부터 10월에 걸쳐 경제특별구(深圳, 珠海, 汕頭, 廈門), 1984년에 경제기술개발구(大連, 天津, 靑島, 上海, 廣州 등 14개의 연해도시)의 설치를 결정하여, 서방측 여러 나라나 화교의 자본·기술을 널리 도입하거나 외국자본과의 합작기업의 설립을 추진하고 있다.

〈표 3〉주된 농산물의 총생산량(단위 : 만 톤)과 인구1인당의 생산량(괄호내, 단위 : Kg)

년도	식 량	면 화	착유(搾油)작물	돼지(萬頭)
1965	19,453	209.8	362.5	16,693
	(272)	(2.93)	(5.07)	
1975	28,452	238.1	452.1	28,117
	(311)	(2.60)	(4.95)	
1980	32,056	270.7	769.1	30,543
	(327)	(2.75)	(7.85)	
1981	32,502	296.8	1,020.5	29,370
	(327)	(3.00)	(10.25)	
1982	35,450	359.8	1,181.7	30,078
	(352)	(3.55)	(11.70)	
1983	38,728	463.7	1,055.0	29,854
	(380)	(4.56)	(10.35)	

※ 돼지는 연말의 사육두수   (《중국통계년감》 1983, 1984 년판에서)

〈표 4〉   주된 공업제품의 생산량

년도	조강 (萬 t)	석탄 (億 t)	원유 (萬 t)	트럭 (萬 t)	면포 (億 m)	T.V. (萬대)	카메라 (萬대)	재봉틀 (萬대)
1965	1,223	2.32	1,131	2.65	62.8	0.43	1.72	123.8
1975	2,390	4.82	7,706	7.76	94.0	17.78	18.49	356.7
1980	3,712	6.20	10,595	13.55	134.7	249.28	37.28	767.8
1981	3,560	6.22	10,122	10.83	142.7	539.41	62.30	1,039.1
1982	3,716	6.66	10,212	12.18	153.5	592.01	73.23	1,286.0
1983	4,002	7.15	10,607	13.71	148.8	684.01	92.56	1,087.2

(《중국통계년감》 1983, 1984 년판에서)

이들 정책을 통하여 1981 년부터 2,000 년까지의 20 년간에 「4 개 현대화」를 달성하여, 농공업총생산액을 4 배, 국민 1 인당소득은 2 배(약 1 천 달러)로 올리는 것을 목표로 하고 있다. 확실히 이 대전환은 표 3, 4 에서 보는 바와 같이 중국경제를 현저하게 활성화시켰다. 이 속에서 농민의 1983 년의 1 인당 평균수입은 1978 년에 비교하면 176.2 원 증가(130 %증가, 1 元은 약 62~63 円. 1986 년 1 월 현재)의 309.77 원, 노동자는 마찬가지로 210 원 증가(66.5 % 증가)의 525.96 원으로 늘어나, 「자전거·재봉틀·라디오·손목시계」대신에 선진지방에서는 「세탁기, 냉장고, 모터달린 자전거, 칼라 텔레비젼」이 새로운 「4 대 재산」으로 되고 있다. 이러한 생활의 향상에 의하여 개혁은 일반적으로는 민중의 지지를 얻고 있는 것 같이 생각된다.

새로운 모순

그렇지만 개혁은 새로운 모순도 낳고 있다. 서기 2000 년까지의 대목표를 실현하기 위해서는 인구증가율을 1% 이하로 억제하는 것이 불가결하다고 하여 1979 년 이래 채용되어온 엄격한 「아이 하나낳기 정책」은, 남자노동력을 바라는 각호청부제 아래의 농민의 욕구와 충돌하여 약간의 손질이 불가피하게 되어 있다. 또 커다란 희생을 치른 대약진·인민공사의 시기에 건설된 치수·관개시설이 없었다면 각호청부제는 성립될 수 없지 않았을까 하고 생각되지만, 이들 시설을 어떻게 유지·수축하여 나갈 것인가 하는 문제도 있다. 더우기 시장·경쟁·이윤완리의 도입과 돈벌이의 긍정은 개인경영의 긍정과 연결되어 생산에 의한 부유화보다는 유통과정에서의 재간, 투기나 가공거래에 의한 돈벌이 풍조, 나아가서는 보다 큰 규모의 것으로서 간부나 그 자제의 특권과 인맥을 이용한 이른바 「부정(不正)의 풍(風)」을 탄생시켰다. 또한 생산과 교통조건의 혜택을 받지 못하는 벽지 농촌과 연해지방이나 도시근교 농촌과의 빈부격차, 또한 인플레 경향 아래서의 자영업자와 지식인·노동자 등 급료생활자와의 수입격차를 확대시켰다. 대외개방정책의 이익을 직접

누릴 수 있는 지역의 사람들과 그렇지 못한 사람들과의 격차, 후자의
전자에 대한 불만도 확실히 존재하고 있다.

이리하여 당초에「먼저 부유하게 되는」것을 긍정하고 강조한 것으로
부터 최근에는「함께 풍요해지는」것이야말로 사회주의의 본질이라는 것
이 강조되고 있다. 그러나 단지 윤리를 강조하는 것만으로는 해결불가
능한 문제로서, 이를 구체화하기 위한 방책이 모색되고 제도화되지 않
으면 안될 것이다. 또한 지방이나 기업의 경제자주권 확대는 경직된 집
권적 계획체제를 타파하는 데는 유효하였으나, 방치해 두면 폭주하게
되어 전체적 균형을 무너뜨려버리게 된다. 이는 1985년도에 각 지방이
나 각 기업이 독자적으로 행한 일본 등지로부터의 자동차나 전기제품의
폭발적 수입과 외화비축의 급속한 감소라는 현상에도 나타나 있다. 그
러므로 이러한 부정적인 측면을 중시하여 개혁에 저항하고 있는 보수파
의 세력도 무시할 수 없는 힘을 가지고 있다.

마지막으로 경제적 자주권의 확대가 정치적·사회적·문화적 자주권의
확대를 억누르며 진행되고 있다는 문제가 있다. 아마도 개혁이 궤도에
올라 경제가 발전하고 교육이 보급됨에 따라 인민의 정치적·사회적·문
화적 자주권의 확대, 말하자면 민주와 자유를 바라는 인민의 요구가 커
져서 그 실현이 중국의 큰 과제가 될 것이라고 생각된다. 1985년 1월
의「중국작가협회 제4회 전국대표회의」에서의「창작자유」론의 강조와,
최초의 이사(理事)자유선거에서의「자유파」의 승리는 이러한 움직임의
선구적인 것일 것이다.

대외정책의 전환

대외관계의 면에서도 1979년 1월의 미·중 국교수립에서 시작하여 특
히 1980년대 이후 새로운 움직임이 전개되고 있다. 1964년 이래 1975,
1976년까지 중국의 대외·국내정책을 깊이 제약하던 제3차대전 불가피
론, 그 속에서의 대미(對美), 얼마 후의 대소주적론(對蘇主敵論)은 이제
포기되었다.

세계의 인민과 각국의 노력에 따라서는 대전은 먼 앞날로 늦추어질 수 있고 최종적으로 저지될 수도 있다는 견해에 따라 스스로를 발전도상국, 제3세계에 속한다고 자처하며 제3세계 나라들과의 연대를 중시하고 있다. 그와 함께 「4개 현대화」의 실현을 위해서는 평화적인 국제관계의 유지가 불가결하다고 강조하며 모든 나라와 「평화5원칙」을 준칙으로 하여 평화적 관계를 수립할 것이 목표로 되었고 1985년에는 인민해방군의 100만 명 삭감계획에 착수하였다(한편으로 장비의 현대화를 진행시키고 있음).

또한 이전의 「중소(中蘇)우호동맹」처럼 대국과의 군사적·정치적 동맹관계의 가입을 일체 거부하는 독립자주외교의 입장을 선명히 하면서, 중국은 현재 세계 160여나라 가운데 126개국과 국교를 수립하고 300여의 국제조직에 참가하고 있다. 북한과의 우호관계 유지를 배려하는 한편 건국 이래 일체의 관계를 가지지 않았던 한국과도 1983년 5월 중국민항기 피납사건(한국착륙) 이래 스포츠·경제 등의 비정치적 분야에서의 교류를 개시하고 한반도 분단국가와의 관개개선을 강하게 바라고 있다.

아프가니스탄 침공, 베트남에의 군사원조, 중·소국경지대에의 대군배치를 둘러싸고 대립하고 있는 대소관계, 이와 관련되어 대미관계에도 변화가 발생하고 있다. 1972년의 닉슨 방중(訪中) 이래 1970년대 말까지의 중·미(中美)관계는 반소동맹적 색채를 띠고 있었으나 1984년 조자양 수상의 방미(訪美), 레이건 대통령의 방중(訪中)에서는 중국측이 레이건의 소련비난에 동조하지 않고 미국의 대만에 대한 무기수출 축소와 점차적인 중단을 요구하며, 중·미관계를 강화한다는 면에서는 일치하였으나 동시에 세계의 평화와 안전에는 중·소관계의 개선이 필요하다는 점을 강조하였다. 미·소에 대한 자주·등거리외교의 입장으로부터 최근에는 소련과의 경제·문화교류가 점차 확대되고 있으며 1984년 말에는 경제기술협력협정과 과학기술협력협정이 맺어졌다. 중·소 대립 속에서 악화되어 있던 몽고인민공화국과의 관계도 개선되어가고 있다.

이 새로운 전개 속에서 베트남민주공화국과의 관계수복이 아직 미해결의 문제로서 남아 있다. 닉슨방중(訪中) 이래 악화되기 시작한 베트남과의 관계는 베트남인민군에 의한 남부의 무력통일(1975년 5월), 남부에서 강행된 사회주의화 과정에서 다수의 화교를 추방한 것에 의해 더욱 악화되었다. 중국은 폴 포트 정권—— 1977년 말 이래 캄푸치아·베트남 국경에서 베트남군과 싸우고 있었다—— 에 군사원조를 주어 베트남에 대항시키려고 하였다. 베트남은 헹 삼린——폴 포트 정권의 대량 학살을 비판하여 베트남에 망명하여 있었다——을 중심으로 하는 친 베트남, 반폴 포트 세력을 지원하여 무장시키고 캄푸치아 구국민족통일전선을 결성하여, 이를 앞장세워 1978년 6월 10만 군대로써 캄푸치아에 침공하였다. 1979년 1월 베트남군은 프놈펜을 점령하여 「캄푸치아인민공화국」〔헹 삼린 정권〕을 수립하였다.

2월 중국정부는 베트남을 「징벌」한다고 하여 인민해방군을 베트남 영내에 침공시켜〔中越전쟁〕 국경일대에서 결전을 전개한 다음 약 2주일여 만에 철수하였다. 그러나 그 후도 소규모의 충돌이 산발적으로 일어나니 베트남은 소련과의 군사적·경제적 연결을 강화시켜서 중국의 압력에 대항하고자 하였다. 캄보디아에서는 폴 포트파와 시아누크, 손 산 3파의 느슨한 반 베트남, 반 헹 삼린 연합정부가 타이 국경지역에 성립하여 베트남군에 대한 게릴라전을 계속하고, 중국은 타이 등과 함께 이를 지원하고 있다.

홍콩과 대만

1984년 12월 중국정부와 영국정부는 구룡(九龍)반도의 조차 기한이 끝나는 1997년 7월 1일에 영국은 홍콩을 중국에 반환하고 중국은 이후 50년간은 현재 상황을 유지한다는 것을 명기한 공동성명에 조인하였다. 중국정부는 반환 후 인민해방군을 파견할 권리를 가진다는 것을 주장하면서도 「1국 2제도」(홍콩은 자본주의제도를 유지함)와 「항인치항(港人治港)」(홍콩인이 주체가 되어 홍콩을 통치함)의 2원칙의 준수를 약속하였다.

중국의 급격한 정치변동을 체험 내지 목전에서 보아온 홍콩인은 여전히 많은 불안을 안고 있으나, 이 해결 방식은 미해결의 대만의 통일문제에도 연동(連動)하는 것으로서 그 성패는 대개 중국의 내정안정과 경제발전, 민주적 권리의 확대에 걸려 있다.

대만에서는 1960년대에 섬유나 가전제품 등 노동집약적인 공업을 주도력으로 하여 수출지향형의 공업화와 눈부신 경제성장이 이루어졌다. 그것은 교육의 보급과 어우러져 중산계급을 성장시켰다. 또한 1947년 이후에 본토로부터 옮겨와 지배집단을 구성하고 있던 외성인(外省人)의 계급분화를 촉진하여 그들의 힘을 약화시켰다. 이들을 배경으로 계엄령과 1당독재를 계속해 오던 국민당지배에 대한 불만이 높아가서, 본성인(本省人) 중산계급을 중심으로 일부 외성인(外省人)을 가담시킨 「당외(黨外)」세력이 민주와 자유의 실현을 목표로 하는 커다란 정치세력으로 성장하였다.

1975년 4월 장개석이 사거한 다음 그의 아들 장경국(蔣經國)이 국민당 주석(1975), 이어 중화민국 총통의 자리에 올랐다(1978년). 역주⑨ 그러나 중·미 국교수립의 충격파가 퍼지는 가운데 1979년말 고웅(高雄)시에서 「당외(黨外)」세력과 관헌의 대규모 충돌사건이 일어났다[高雄사건]. 이는 당외잡지 《미려도(美麗島)》지가 주최한 세계인권의 날 집회에 대한 탄압에서 기인하였으며, 다수 「당외(黨外)」의 유력한 지도자가 체포·투옥되었다. 이후 국민당은 1947년에 대륙에서 선출된 각성「대표」가 압도적 다수를 점해온 국민대회 등 입법기관에 대만성 선출대표를 늘리고 또 본성인(本省人) 유력자를 정권내에 집어넣음으로써 「당외」세력의 발전을 눌러버리고자 하고 있다.

중국본토측은 대만측에 대해서, 1979년 원단(元旦)의 전인대(全人代) 상무위원회 명의의 「대만동포에 알리는 글」이나, 1981년 9월의 엽검영 전인대상무위원장에 의한 9항목의 평화통일제안 등 열심히 통일의 손짓을 보내고 있다. 이는 대만 내부의 동향에 어느 정도의 영향을 주고는 있으나 아직 통일에 이르는 명확한 전망은 열려 있지 않다.

중일(中日)관계

최후로 중·일관계는 1978년 8월의 중·일평화조약에 의하여 일본의 명치유신 이래 가장 안정된 관계가 되어있고 경제관계를 중심으로 교류가 확대되고 있다(중국의 대일수출·수입은 전대외무역의 23%, 제1위를 차지하고 있음). 1984년 3월에는 나카소네 야스히로(中曾根康弘)수상이 방중(訪中)하여 4,700억 원(円)의 제2차 차관 공여를 표명하고 9월에는 일본 청년 3천 명이 우호교류에 초대되어 방중(訪中)하였다.

그러나 1982년 7월 일본문부성의 「교과서검정(敎科書檢定)문제」(중국 「침략」이라는 표현을 고치게 하였던 일)에 대한 중국정부의 공식항의, 또 1985년 9월 나카소네 수상이 A급전범까지도 합사(合祀)되어 있는 야스쿠니신사(靖國神社)에 공식참배한 데 대하여, 북경과 서안의 대학생들이 중국정부의 저지를 뚫고 감행한 항의시위──여기에는 중국정부의 정책에 대한 비판의 요소도 포함되어 있었다 ──는, 이전의 일본군국주의의 침략에 대한 아픈 상처가 중국민중 속에 아직 깊게 남아 있다는 것을 보여주었다. 더우기 경제관계의 분야에서도 개방정책의 진전에 따른 대일무역적자의 문제 등, 해결을 기다리고 있는 많은 현안이 남겨져 있다.

역 주

① 현재 중국의 영토는 한반도 면적 22 만 ㎢의 약 44 배이고, 인구는 남북한을 합친 6 천만의 17 배가 넘는다.

② 같은 시기라고 볼 수 있는 1834 년 한국의 인구는 자료상의 통계가 675 만 정도로 나와 있으나, 실제 인구는 그보다 많은 1 천만 가량이었을 것으로 추측되고 있다.

③ 일본의 에도막부(江戶幕府)가 기독교도 탄압과 쇄국정책을 강화시켜 나가던 1637 년에, 큐우슈우(九州)의 시마바라(島原)반도와 아마쿠사(天草)도에서 기독교도들이 중심이 되어 일으킨 농민반란으로서 「시마바라(島原)의 난」이라고도 부른다.

④ 한국 최초의 철도인 경인선(京仁線)은 일본자본에 의해 1899 년 노량진—인천 간이 개통되고, 이듬해에 전선(全線) 38.9 km가 개통되었다.

⑤ 팔고문이란 명청시대에 과거(科擧)의 답안을 작성할 때 반드시 사용해야 하는 문체이다. 구성·전개·자수 등의 엄격한 규정이 있었으며, 특히 본문은 여덟 부분으로 나누어서 써야만 했다. 이 형식적인 문체를 익히기 위하여 정작 중요한 학문연구는 뒷전으로 밀려나는 경향이 있어왔다.

⑥ 장학량은 전쟁기간 동안 귀주(貴州)에 감금되어 있다가 전후(戰後)에 국민당정부를 따라 대만으로 옮겨져 오늘날까지 연금(軟禁)당하고 있다. 최근 대만의 야당이 그의 특사를 요청중에 있다고 알려져 있는데, 금년 89 세인 그는 곧 연금이 해제 될 것으로 보인다.

⑦ 대만의 계엄령은 1987 년 7 월 15 일에 장경국 총통의 명령으로 38 년만에 해제되었다.

⑧ 재직간부·노동자·농민·병사들이 근무시간 외에 다니면서 공부할 수 있는 학교.

⑨ 장경국총통은 1988 년 1 월에 사거(死去)하고 후임으로 본성인(本省人)인 부총통 이등휘(李登輝)가 총통의 지위를 이었다.

주

1) 현재의 중국은 일본의 26배에 해당되는 960만 km²의 면적과 10억의 인구 (약 9억 4천만의 漢族과 약 6천만의 55개 소수민족으로 이루어짐)를 지닌 대국이다. 청조의 영역은 여기에다 19세기 후반에 러시아에 빼앗긴 흑룡강 이북의 영토와 연해주, 투르키스탄의 일부 및 1924년에 몽고인민공화국으로 독립한 외몽고를 합친 것으로 이루어져 있었다.

2) 향신이란 퇴직관료와 과거시험에 합격한 채 고향에 정주하고 있는 사람들을 가리킨다. 일반적으로 향시(鄕試, 省試)에 합격한 거인(擧人) 이상을 일컬으나 향시의 수험자격을 지닌 생원(生員, 秀才)까지 포함시키는 설도 있다. 향신은 토지세의 부가세를 면제받는 특권이 있고 재판에서도 평민보다 유리한 대우를 받았다.

3) 밀수아편은 1800~1801년의 4,570 상자 (1 상자는 약 60kg)로부터 1830~1831년에는 약 2만 상자, 1838~1839년에는 약 4만 상자가 되었다.

4) 임칙서의 서양연구를 계승하여 정리한 것으로, 구미(歐美)를 포함하는 세계의 지리·역사·현황에 대한 동아시아 최초의 본격적인 연구서이다.

5) 대규모 항량폭동의 대부분은 생원 등 농촌의 유력자층을 지도자로 여러 마을이 연합하여 때로는 수만의 농민이 동원되어 전개되었고, 현성(縣城)의 점령이나 부패관료·향신·고리대업자의 습격으로까지 발전하였다. 이와 같은 항량폭동은 아편전쟁 전에는 없었던 일이다.

6) 객가는 고대에 황하 중류로부터 남하하여 복건·강서·광동의 경계지역 특히 광동 동북부의 매현(梅縣, 嘉應州)을 중심으로 정착한 한족이다. 독자적인 언어와 풍속을 유지하며 18세기 이후 매현으로부터 각지로 이주하여 정착하는 과정에서 선주(先住)집단으로부터 가지가지의 차별을 받았다.

7) 초기 다섯 사람의 왕 가운데 서왕(西王) 소조귀(蕭朝貴), 남왕(南王) 풍운산(馮雲山)은 남경으로 오는 도중에서 전사하고 천왕(天王)과 동왕(東王), 북왕(北王) 위창휘(韋昌輝), 익왕(翼王) 석달개(石達開)가 지도부를 구성하고 있었다. 1858년 이후 충왕(忠王) 이수성(李秀成)을 비롯한 여러 왕들이 임명되었다.

8) Comprador의 번역어. 중국의 거래관습이나 시상의 실태를 모르는 외국상사에 고용되어 상품의 매입과 판매에 종사하며 수수료를 얻고 있었다. 그들 가운데서 중국의 초기 공업자본가도 나타났다.

9) 태평천국의 진압비용을 염출하기 위해, 1853년 이후 청조는 국내 각지에 세관을 두어 상품에 「이금(厘金)」이라는 국내 유통세를 부과하였다. 이는 태평천국 이후도 오래 유지되어 관세와 함께 재정수입의 중요한 부분을 차지하게 되었다.

외국상품은 자구세(子口稅)를 지불할 뿐으로 이금(厘金)은 면제되었다.

10) 당시 일본과 중국사회의 차이는 다음과 같다.

①막부(幕府)말기 일본은 비교적 균등한 경제적 발전과 국토의 협소에 따른 통일적인 국내시장이 형성된 데 비하여, 중국은 심한 지역적 불균등성이 존재하였으며 다양하고 광대한 국토조건 때문에 많은 지역적 시장권으로 분단되어 있었다. ② 교육의 보급도도 달랐는데, 일본의 식자율(識字率)에 비해 중국의 비율은 압도적으로 낮았다(문맹률이 90 % 이상).

11) 양무운동의 성과와 일본 식산공업의 성과와의 차이는, 양자 모두가 힘을 기울인 면방직업의 1894 년 당시 방추수(紡錘數)의 차에서 나타나고 있다. 즉 일본의 약 50 만 추에 대해 10 배의 인구를 가진 중국의 그것이(중국자본에만 국한) 13 만 추에 지나지 않았다. 청일전쟁을 거친 1903 년에는 일본의 약 138 만 추에 대해, 중국은 31 만 6 천 추(이외에 외국 기업의 17 만 추)로서 그 격차가 더욱 커졌다.

12) 이 해군건설비는 주로 생사의 수출에 의하여 조달되었다. 그것은 가혹한 여성노동에 의한 것으로 당시 스와(諏訪) 호반의 제사(製糸)지대에서는, 「호수에 뛰어든 여공의 시체로 스와(諏訪)호가 얕아졌다」는 말이 있었고, 또 「남자는 군인 여자는 여공, 실을 뽑는 것도 나라를 위해」라는 노래가 유행하고 있었다.

13) 1872 년부터 1894 년에 이르는 23 년간에 설립된 근대 공업·광업 기업수는 72 개에 자본금총액은 2,090 만 원이었다. 이에 대해 1895 년부터 1911 년까지의 17 년간에는 491 개의 기업이 신설되고 자본금총액은 10,855 만 냥에 이르렀다. 그러면서도 자본금총액에서 차지하는 민간자본의 비율이 전의 기간에 22 %에서 후의 기간에는 77 %로 증대하여 관민의 비율이 완전히 역전하고 있다.

14) 일본유학생은 1901 년의 280 명에서 1905 년에 약 8 천 명(그 가운데 여자가 100 여 명), 1906 년에는 17,860 여 명으로 격증하였다.

15) 코다마는 중국의 혼란을 이용하여 복건이나 동남연해지방으로 세력을 뻗치고자 획책하였다. 손문은 흑룡회의 우치다 료우헤이(內田良平)를 통해 코다마에게 접근하여 무기를 입수하고 구일본군 병사의 원조도 얻고자 하였다.

16) 손문은 유럽의 경험에 기초하여, 혁명 후 빈부의 불평등을 미리 방지하는 조치를 구상하였다. 그는 혁명 후 경제발전에 따른 지가(地價) 상승 부분을 국가에서 거두어 지주의 토지를 매입하여 국유지로 만들고, 농민에게 싼 차지료(借地料)로 자유롭게 경작시키고자 하였다. 이것이 당시 민생주의(民生主義)의 주된 내용이었다.

17) 1906 년 수천 명의 탄광노동자와 농민을 회당〔洪江會〕을 통해 조직하고 동원한 화중의 평향(萍鄉)·유양(瀏陽)·예릉(醴陵)의 봉기와, 1907 년 광동·광서·운남의 일련의 봉기를 빼고, 동맹회의 봉기는 민중투쟁과의 연결을 갖지못한 군사적 모험의 성격이 강하였다.

18) 정식헌법이 성립되기까지의 중화민국기본법으로서, 1914 년 5 월 원세개가 공포한 「신약법」에 대해 「구약법」으로 불리워진다.

19) 호북·호남 두 성에 걸친 철강콤비나아트로서 한양(漢陽)제철소, 대야철산(大冶鐵山), 평향(萍鄉)탄광으로 이루어져 있다. 일본에서는 대야(大冶)의 철광석이

야하따(八幡)제철소의 원료로서 중요한 의미를 지니고 있었다.

20) 북경정부는 이 교환공문 속에서 「혼연히 동의한다」고 하였으며, 또한 산동성에서의 철도부설원조금의 선불금 2천만 원(円)을 이미 일본으로부터 받아 놓고 있었다. 이 돈은 거의 모두가 대총통 서세창(徐世昌)의 정치자금으로 쓰여졌다고 한다. 21개조교섭 및 산동교환공문에 직접 관계하였던 조여림(曹汝霖)·장종상(章宗祥)·육종여(陸宗輿)의 3인은 5·4운동 과정에서 「매국적(賣國賊)」으로서 격렬한 규탄을 받았다.

21) 복건성 복주에서 무장한 재류일본인 수십명이 대만인을 앞잡이로 내세워 배일(排日) 선전활동중의 학생들을 습격하여 학생·경관에게 중상을 입혔다. 일본은 체포된 일본인 폭도의 석방을 요구하며 군함 3척을 파견하여 압력을 넣었으나, 거꾸로 중국민중의 반발을 불러일으켜 결국 일본이 사과·배상하는 것으로 결말이 났다.

22) 예를 들면 상해의 운동 가운데는 많은 조선인 학생이 망국의 비참함과 독립운동에 대한 지원을 호소하며, 5·4운동과 3·1운동이 연대하는 계기를 만들어주었다. 또한 일본지배하의 대만에서도 이 운동의 영향을 받아서, 대만문화협회에 의한 대만의회설치운동 등 대중적인 해방운동이 시작되었다.

23) 오패부는 안휘파·봉천파와 정권을 다투고 있던 때는 화평통일, 국회회복, 헌법제정, 노동자보호 등의 정책을 내걸고 「개명적 군벌」로서 여론의 지지를 모았다. 또 교통계(交通系 ; 우두머리는 봉천파의 지지로 국무총리가 된 梁士詒)가 장악하는 경한철도의 지배권을 뺏기 위하여, 노동운동을 이용하여 공산당과도 협력하고 조합활동을 오히려 장려하기까지 해왔다. 그러나 직봉(直奉)전쟁의 승리 이후, 북경정부에서 직예파의 독재체제가 확립되자 「개명적 군벌」의 가면을 벗어 팽개쳤던 것이다.

24) 당내합작에 대해서는 두 당 모두 내부에서 끈질긴 반대가 있어, 후에 조직상의 여러 가지 문제를 남기었다. 국민당우파는 공산주의자가 당내로 들어온다는 사실에 지극히 경계적이었고, 공산당내에도 당의 독자성 유지에 의문을 가진 자가 적지 않았다. 손문은 지금까지의 혁명운동 속에서, 제휴한 군벌이나 기회주의자의 배신에 의해 혁명대열에 분열·혼란이 초래되었던 쓴 경험으로부터, 연합전선에 가담하는 사람 모두가 국민당의 규율에 따를 것을 강경하게 주장하였다. 이 때문에 마링은 상당히 무리하게 공산당원을 설득하여 당내합작을 인정시켰던 것이다.

25) 북벌에 가장 적극적이었던 사람은 장개석이었다. 그는 북벌승리에 의해 당과 군의 지도권을 쥐려는 야심을 품고 있었다. 장개석을 경계하는 공산당중앙과 소련인 고문단은 당초 「시기상조」라고 하여 북벌에 반대하고 있었으나, 전국각지의 하부당원은 북벌에 호응하는 준비를 추진하고 있었다.

26) 이 남경사건이 패주하는 군벌의 병사들에 의한 것인가 혁명군에 의한 것인가는 확실치 않으나, 영·미·일·불·이의 5국 공사는 혁명군에 대하여 사죄, 배상, 책임자의 처벌 등을 요구하는 항의 각서를 제출하고, 기한내에 해결되지 않으면 무력간섭에 나설 것을 결의하였다. 그러나 일본의 시데하라 키쥬우로오(幣原喜重郎) 외상은, 무력간섭은 사태를 복잡하게 할 뿐이므로 「장개석과 같은 중심인

물을 내세워서 시국을 수습시키는」외교적 방법으로 해결하여야 한다고 반대하여(시데하라는 5·30운동의 시기에도 영국의 공동출병제안을 거절하였던 일이 있다), 결국 시한에 의한 위협이 빠져버린 각서가 되었다. 시데하라는 이 때 이미 장개석이 파견한 대계도(戴季陶)등과 접촉하여, 장개석이 제국주의와 무력으로 대결하려는 의도가 없다는 것을 알고 있었던 것이다. 그러나 이러한 시데하라의 태도는 일본국내에서「연약외교」라는 격렬한 비난을 받아 와카츠끼 레이지로오(若槻禮次郞) 내각총사직(4월 17일)과 함께 시데하라도 물러나고, 새로 들어선 타나까 요시카즈(田中義一)에 의한「적극외교」말하자면 중국에 대한 무력간섭정책이 등장하게 된다.

27) 레닌의 사후 소련에서는 당의 지도권을 둘러싸고 스탈린·부하린 등과 트로츠키·지노비에프 등이 격렬하게 대립하고 있었고, 그 대립은 코민테른의 중국정책에도 그대로 반영되었다. 트로츠키가 일찍부터 반동화한 국민당에 대한 추종을 그만두고 공산당 독자의 노동운동을 전개하라고 주장하고 있던 데 비해, 스탈린은 국공합작의 유지에 집착하여 장개석 또는 왕정위와의 결렬을 극력 피하고자 하였다. 이것이, 상해의 4·12쿠데타나 장사의 마일사변과 같은 백색테러에 대하여 유효한 반격을 가할 수 없게 만들고, 혁명을 패배로 이끈 한 원인이 되었다는 것은 명백하다. 물론 탄생한 지 겨우 6년인 중국공산당이 이론적으로나 실천적으로나 성숙하지 못하였다는 점도, 혁명패배의 커다란 요인이었다. 스탈린은 패배의 전책임을, 예를 들면 6월 1일 훈령과 같은 혁명적 정책의 실행을 사보타아지한 진독수의 우익기회주의에 돌리고 있으나, 진독수는 오히려 충실하게 스탈린 노선을 지키고 있었다고 말할 수 있다.

28) 제1차 출병은 1927년 5~7월. 이 때는 북벌군이 서주(徐州)에서 되돌아갔기 때문에 충돌에는 이르지 않았다. 타나까 요시카즈는 반일 민족주의의 고양을 일본에 대한 경멸로 받아들여, 단호한 무력을 시위함으로써 반일운동을 위축시켜야 한다고 일관되게 주장하고 있었다. 6~7월에 열린 동방회의에서도 이 방침이 확인되어 특히 만몽(滿蒙)에서 일본의 특수권익이 침해당하는데 대한 강경한 태도가 표명되었다. 그런데 제1차 산동출병 때 일본에서는 노동농민당을 중심으로「대지(對支)비간섭전국동맹」이 결성되어,「출병반대」의 대중운동을 추진하고 나아가 중·일 노동자·농민의 연대를 시도하였으나, 다음해 1928년에 타나까(田中) 내각의 대탄압을 당하였다.

29) 노농소비에트 수립의 필요성을 일찍부터 강조하고 있던 사람은 트로츠키로서, 스탈린은 국공합작에 집착하여 이를 반대하고 있었다. 소비에트 건설방침이 나온 것은 11월에 들어서부터로 그 전에는 거의 그러한 가능성이 검토되지 않았다. 그럼에도 당중앙은「혁명정세는 계속 고양되고 있다」라고 하며 무모한 도시봉기의 속행을 지시하여, 장사 공격을 중지한 모택동 등을 규율위반으로 처벌하였다.

30) 후에 여러 가지의 경험을 덧붙이고 정리 개정하여「8항주의」가 되었으며, 지금도 인민해방군의 군규(軍規)가 되어 있다.

31)「제6회대회 정치결의」는 중국혁명의 현단계는 부르조아민주주의혁명으로 그 중심임무는 제국주의 타도와 토지혁명에 있으나, 민족부르조아지가 혁명을 배반한

현재에는 이 혁명의 원동력이 프롤레타리아트와 농민만으로 되었으므로 「노농병 대표자회의」〔소비에트〕의 권력을 수립하여야 한다고 규정하고 있다. 그리고 구추백 (瞿秋白)은 극좌모험주의 노선(실제는 코민테른 대표 로미나아제가 추진하였음)을 비판당하여 총책임자의 지위에서 물러나고, 대신 노동자 출신의 향충발 (向忠發)이 선출되었으나 실권은 중앙비서장, 선전부장이 된 이립삼(李立三, 5·30운동의 최고지도자)이 장악하였다. 모택동은 추수봉기 때의 장사공격 포기의 책임을 추궁당하여 정치국 후보위원을 물러나 있었으나 이 때 중앙위원으로 복귀하였다.

32) 만주사변 당시 당중앙을 장악하고 있던 왕명 등은 사변을 「세계대전 특히 반소 전쟁의 도화선」이라 하여, 「모든 제국주의에 반대하자」「무장하여 소련을 지키자」라는 슬로건을 내걸었다. 또한 장개석에 반대하여 「일치항일 (一致抗日)」을 부르짖고 있던 세력에 대해서도, 코민테른의 「중간세력 주요타격론」과 「쁘띠부르조아지를 배제한 아래로부터의 통일전선론」에 현혹되어, 그들 지도자를 상대하지 않음으로써 항일을 위한 광범한 통일전선을 추진할 수가 없었다. 1933년 1월 「일치항일」의 부르짖음에도 불구하고 「제국주의의 앞잡이」 장개석은 어디까지나 타도의 대상이었다.

33) 남만주철도는 노일전쟁 후의 포츠머스조약에 의해 러시아로부터 받은 동청철도 (여순·장춘간)를 기본으로 하여 1906년에 설립되어 (정부가 50% 출자), 철도경영뿐만이 아니고 무순(撫順)탄광, 안산(鞍山)제철소 등의 부대사업도 행하며, 나아가 철도부속지(선로의 양측 및 역주변)의 행정권, 철도수비대 주둔권(駐屯權)도 가지고 있었다. 이 철도수비대와 요동반도 남단의 조차지 「관동주(關東州)」 수비대를 합쳐서, 1919년 참모본부 직속의 「관동군(關東軍)」이 편성되었다. 본래 철도수비가 임무였던 관동군이 전 만주의 「치안유지」를 목적으로 삼는 순간부터 만주사변으로 가는 길이 열리기 시작하였던 것이다.

34) 당시 상해의 일본거류민은 타나까 소좌 등의 선동으로 흥분화하여, 「즉시 육해군을 파견해서 자위권을 발동하고 항일운동을 절멸시켜야 한다」고 결의하고, 전투가 시작되고 나서는 총과 일본도로 무장한 자경단(自警團)을 조직하여 수상해 보이는 중국인을 그 자리에서 폭행을 가하며 학살하였다. 당시 시게미쯔 마모루 (重光葵) 공사는 요시자와 켄키찌(芳澤謙吉) 외상 앞으로, 「그들의 행동은 편의대(便衣隊)에 대한 공포심에서 나온 것이지만 관동대지진 당시 자경단이 조선인에 대해 취했던 태도와 흡사한 점이 있다. 지나인으로서 편의대의 혐의로 처형된 자가 이미 수백 명에 달하는 바, 그 속에는 외국인도 섞여있어 장래에 골치아픈 사태가 예상되며 이 때문에 지나인과 외국인은 공포상태에 빠져 있음」이라고 보고하고 있다.

「편의대(便衣隊)사냥」(평복을 입고 일반인에 섞여있는 적병을 수색 하는)은 이 사변 이후 중일전쟁의 전기간을 통해 계속되어, 죄없는 많은 민중이 이 명목으로 살해당하였다.

35) 공산당 중앙은 줄곧 상해에 있었으나 위초전의 진행과 함께 도시의 공산당 지하조직에 대한 비밀경찰의 압박이 강화되어, 1931년 6월에는 총책임자인 향충발 (向忠發)이 체포되어 총살되는 등 당조직의 유지가 극히 곤란하게 되었다. 임시

중앙의 책임자가 된 왕명은 1931년 10월 모스크바로 갔으므로, 진방헌(秦邦憲)이 그 후임이 되어 서금으로 이전한 것이다.

36) 코민테른의 지지를 배경으로 하지 않고 당의 지도권을 장악하는 것은 지금까지 없었던 일이다. 물론 이 회의에서 모택동이 완전히 당권과 군권을 쥔 것은 아니고, 1942년의 정풍운동, 1943년의 코민테른 해산에 이르기까지, 왕명 등 코민테른＝스탈린의 권위에 기대는 세력과의 대립이 지속되었다.

37) 공채발행은 북양군벌시대의 15년간에 총액 6억 2천만 원(元)이었으나, 국민정부의 1927～1937년의 10년간에 총액 26억 원이 되었다. 공채에는 6～8％의 '이자가 붙어 있는 외에도, 액면의 30～50％할인으로 인수되었으므로 은행의 이익은 막대한 것이었다. 그리고 공채가 쓰이는 곳은 군사 86％, 금융 9％, 재해구조 4％, 국내건설 1％였다.

38) 일본군부는 송철원에게 자치를 선언하도록 압력을 넣었으나 실현되지 않았고, 그는 국민정부의 승인 아래 일종의 완충으로서 일본군과의 타협공작에 종사하게 되었다. 후에 노구교(蘆溝橋)에서 일본군과 충돌한 것은 그의 군대였다.

39) 8·1선언은 실제로는 왕명 등 코민테른 주재의 중공대표단에 의해 나왔다. 이해 7월부터 모스크바에서 코민테른 제7회 대표대회가 열려, 유럽에서의 나치즘 대두에 대하여 반팟쇼통일전선(인민전선)의 방침이 제기되었다. 여기에 기초하여 만들어진 것이 이 선언이다. 당시 장문천과 모택동 등의 당중앙은 장정(長征)도중에 있었고, 또 북상항일에 반대하는 장국도와 대립하고 있었다. 모택동이 선언을 받아들여 항일민족통일전선문제를 본격적으로 다루기 시작한 것은 1935년 12월의 와요보(瓦窯堡)회의에서였다. 여기서 모택동은 일본제국주의를 당면한 최대의 적으로 삼아 광범한 민중을 「통일된 민족혁명전선」에 결집시킴과 함께, 1927년의 패배를 교훈으로 하여 공산당이 통일전선에서 지도권을 장악할 것, 그것을 위하여는 홍군과 근거지의 확대·강화가 중요하다는 것을 강조하고 있다.

40) 소련은 이미 「연장항일(連蔣抗日)」의 방침을 세워 가지고 12월 12일경 중공중앙에 장개석 석방을 타전하여 왔다고 한다. 장개석을 잃어 중국국내가 혼란해지는 것은 그만큼 일본의 대소(對蘇)침공 위험(11월 日獨防共협정 성립)이 증대되는 것이므로, 소련의 국가이익 면에서도 어떻게 하든지 회피하고 싶은 참이었다. 「핍장항일」은 보다 타협적인 「연장항일」에 대한 중공의 독자성의 주장으로서, 장개석에의 종속이냐 독립자주의 연합이냐 라는 두 노선의 대립은, 이후 항일전을 통해 당내에 그 그림자를 길게 늘어뜨리게 된다.

41) 발포한 자에 대해서는 여러 가지 추측이 있다. ① 일본특무기관의 모략 ② 공포에 사로잡힌 중국군 병사 ③ 풍옥상 부하의 음모 ④ 공산당 영향하의 학생 또는 병사. 그러나 문제는 발포사건 그 자체보다 이를 이용하여 화북지배를 한층 강화시키고자 한 일본측의 태도에 있으며, 그것이 전화(戰火)를 확대시킨 것이다.

42) 학살된 사람의 수는 자료에 따라 커다란 차이가 있는데 중국측 자료에서는 39만 명 이상, 극동국제군사재판의 기록에는 20만 명 이상, 적은 경우는 전 육군 장교의 친목단체가 발행하는 《해행(偕行)》의 3천～1만 3천 명(투항병 학살을 포함시키지 않음)이다.

43) 국민혁명 이래 중국민족주의의 고양을 정당하게 파악하여, 그 정점에 있는 장개석과 빨리 평화적 해결을 시도하여야 한다고 주장한 것은 외무성 동아국장 이시이 이타로오(石射猪太郎), 참모본부 제1부장 이시하라 칸지(石原莞爾) 등 소수에 지나지 않았다. 그들의 주장의 배경에는 소련과 공산세력에 대한 두려움이 있었다.

44) 코민테른=스탈린이 항일전쟁을 중국의 해방으로서보다도 소련방위에 필요한 것으로 보고 있었던 것은 확실하다. 왕명의 회상에 의하면 1941년 10월 코민테른은 연안에게 「일본이 제2전선을 열어 소련에 공격을 가하여올 가능성을 없애는 목적을 달성하고, 대륙전선에서 일본에 대한 전투행동을 활성화시키기 위해, 중공은 어떠한 수단을 강구하려 하는가」라는 전보를 보내고 있고, 이를 당연시하는 왕명에 대해 모택동은 격노하였다고 한다. 소련은 1937년 8월 장개석과 「중소불가침조약」을 맺어 국민정부에 무기원조를 계속하고 있었고, 항전력(抗戰力)을 저하시키는 국공합작 붕괴에 극력 반대하고 있었다.

45) 얄타협정에는 이 이외에도 남사할린과 쿠릴열도의 소련영유권 인정이 포함되어 있었다. 그리고 일본은 1943년 1월 왕정위 정권과의 사이에 조계반환, 치외법권 철폐의 협정을 맺었고, 그 직후에 미국과 영국도 장개석 정권과의 사이에 불평등조약에 따른 특권을 포기하는 조약을 맺었다. 이 시점에 중국은 아편전쟁 이래의 불평등조약으로부터 벗어나게 되었던 것이다.

46) 중일전쟁 중에 일본인 및 일본군 포로들에 의하여 반전(反戰)동맹이 결성되어 중경에서는 좌익작가 카지 와타루(鹿地亘) 등이, 연안에서는 노사카 산조오(野坂參三), 모리 타께시(森健) 등이 각각 일본군 전선병사와 포로들에게 반전활동을 행하였다. 일본의 패배가 확실해진 1944년 반전동맹 화북연합회는 전후 일본의 민주적 건설을 목적으로 하는 일본인해방연맹으로 개편되었다. 노사카 산조오(野坂參三)는 1940년 4월 모스크바로부터 연안으로 들어가 있었다.

47) 소련은 8월 14일 장개석과 「중소우호동맹조약」을 맺어 국민정부를 유일한 정통정부라고 인정하는 대신에 얄타협정에서 합의된 소련의 재중(在中)권익을 승인시켰다. 당시 스탈린은 중공보다도 장개석을 신뢰하며, 중공에 대하여 공산군을 해체하여 장개석 정권에 참가하도록 권고하였다.

48) 대만의 미래를 짊어져야 할 지도적인 사람들이 이 사건으로 거의 모두 살해되었다. 대륙으로 도피한 일부 사람은 「대만민주자치동맹」을 결성하여 운동을 계속하고, 후에 인민정치협상회의에 참가하였다.

49) 1954에 이루어진 《홍루몽(紅樓夢)》 연구비판과 이와 관련하여 다음해 1955에 당의 문예정책의 분파주의·공식주의를 비판한 문예평론가 호풍(胡風)에 대한 비판운동은, 지식인의 학술문화면에서의 자유로운 발언을 어렵게 만드는 커다란 계기가 되었나. 득히 호풍의 주장이 모택농의 주도에 의해 「반당·반혁명집단」음모의 표현으로서 정치문제화되어, 호풍 이하 많은 지식인이 「반혁명분자」로서 투옥된 일은, 이후 문화면에서 비판운동의 존재양태에 대한 불길한 전조가 되었다.

50) 자유 입후보제는 아니고 미리 추천된 후보자에 대한 18세 이상의 남녀에 의한 신임투표로서, 현(縣) 이상에서는 1급 아래의 인민대표(의원)가 그 바로 상급

행정구의 대표를 선출하였다.

51) 초급합작사는 10호 내지 40호로 조직되어 집단적으로 경작은 하나, 토지와 기타 생산수단은 각호의 사유로서 출자액과 노동에 따라 수입을 분배하였다. 고급 합작사는 평균 160~170호로 구성되며 생산수단은 집단소유로 노동에 따라 분배하였다.

52) 1952년을 100으로 하여 1954년 106.6, 1955년 114.7, 1956년 120.5, 1957년 124.8, 1958년 128.7, 덧붙이자면 1952년부터 1958년까지에 인구는 11.4% 증가하였다.

53) 무료의 「공공(公共)식당」이나 집단노동성과의 상당한 부분을 각 개인 노동의 질량의 차이를 무시하고 일률적으로 평등하게 분배하는 「공급제」는, 근대의 사회주의라고 하기 보다 태평천국의 「천조전묘제도」와 공통되는 전통적인 「농업사회주의」 또는 「평균주의」라고 부르기가 더 어울리는 것이었다.

54) 1951년 5월 중국의 신정부와 티베트의 달라이 라마 정권과의 사이에 티베트문제의 평화적 해결에 관한 협정이 조인되었다. 이는 티베트의 구역자치, 달라이 라마와 판첸 라마의 직권에는 손대지 않을 것, 티베트의 종교·풍속을 보호하고 개혁을 강제하지 않을 것, 라싸의 인민해방군 주둔 등을 주된 내용으로 하는 것이었다. 1956년에는 달라이 라마를 수반으로 하는 티베트자치구 준비위원회가 성립되었다. 반란진압의 과정에서 이것은 일단 해산되고 그후 재조직된 자치구 준비위원회가 행정을 담당하게 되어, 그 아래에서 토지개혁, 농노해방등의 개혁이 추진되었으며 1965년에 정식으로 자치구가 성립되었다.

55) 「사청운동」은 처음에는 「경리·재고·재산·노동에 기초한 분배」의 4항목의 점검에 의한 집단경제의 강화를 목적으로 한다고 알려졌으나, 후에 「정치·경제·조직·사상」의 점검으로 고쳐졌다. 「오반운동」은 「오직(汚職)·투기·낭비·분산주의·관료주의」에 반대하는 운동이었으나, 극히 일부만이 행하여졌다.

56) 유지단은 장정(長征)하던 홍군의 섬서 도착에 앞서 고강 등과 함께 거기에 소비에트를 건설하였던, 후에 국민당에 살해된 혁명가였다. 고강은 1949년 이래 동북인민정부의 주석이 되어 1954년 2월에 요수석(饒漱石)과 함께 유소기의 타도를 내용으로 하는 반당음모를 꾀했다는 죄목으로 체포되어 옥중에서 자살하였다. 소설 《유지단》에 관련되어 체포된 지도자 가운데는 유지단·고강 등과 함께 섬서소비에트의 지도자였던 현 당정치국상무위원 습중훈(習仲勳)이 있다.

57) 「노동에 따른 분배」라는 원칙에 기초하여 건국 직후 제정되어 오랫동안 계속되었던 임금제도. 별도로 「간부」(공무원 지식인, 당기관원 등)에 대한 30단계의 봉급제도가 정해져 있었다. 그러나 고급간부에게는 봉급보다 지위에 따른 특권의 편이 커다란 의미를 지니고 있었다.

58) 농공업총생산을 전년에 비교하면 1.7% 증가(계획에서는 7~7.5% 증가)에 머물렀다. 농업 그러니까 식량생산은 대도시근교를 제외하면 문혁의 파괴적 영향이 비교적 적어 1966년부터 1969년까지 거의 2억 1천만 톤 인팎의 수준으로 정체한 다음, 1970년 이후 1972년을 제외하고 대 전년비 3~4.2%, 최대 13.2% (1970년)까지 증산되어 왔다. 그러나 이것도. 1976년에는 1.2% 증가의 2억 8,631만 톤, 1977년에는 자연재해도 있어 거꾸로 1.2% 감소였다.

59) 문혁부정이 보다 철저하였던 1981년에는 사망자 2천만, 피해자 6억이라는 엄청
난 숫자가 전해졌다. 그러나 문혁기의 인구통계 추이에 비추어 보면, 이는 과장
된 정치적 숫자라고 생각된다.

中國近現代史年表

1793   영국의 마카아트니사절단 來朝.

1796   湖北에 白蓮敎 반란(~1805).

1816   영국의 앰허어스트사절단 來朝.

1839   6월, 林則徐 몰수한 아편 2만여 상자를 폐기.

1840   6월, 아편전쟁 일어나다(~1842.8).

1841   5월, 平英團의 三元里투쟁.

1842   8월, 南京條約 체결, 홍콩을 영국에 할양.

1843   洪秀全, 拜上帝會 설립.

1850   가을, 拜上帝會, 각지에서 거병.

1851   봄, 太平天國수립.

1853   3월, 太平軍 南京점령, 天京으로 개칭.

1856   9월, 태평천국 내부분열. 10월, 애로우전쟁 일어나다(~1860. 10).

1858   5월, 러시아와 愛琿條約 체결. 6월, 영·불·미·러와 天津條約 체결.

1860   10월, 영불군 北京 점령, 영·불·미·러와 北京條約 체결.

1861   12월, 淸朝궁정 정변, 西太后 등 실권장악, 總理衙門 설립.

1864   7월, 湘軍 南京점령, 태평천국 멸망.

1865   9월, 上海에 江南製造局 설립.

1871   7월, 러시아군 일리지방 점령. 9월, 淸日修好條規 체결.

1872   12월, 上海에 輪船招商局 설립. 이 해 미국에 최초의 유학생 파견.

1874   5월, 일본 臺灣출병.

1875 9 월, 강화도사건.

1876 2 월, 朝日修好條規 체결. 9 월, 영국과 煙臺條約(芝罘條約)체결.

1877 淸軍, 캐쉬가르 회복.

1878 7 월, 開平礦務局 설립. 10 월, 上海機器織布局 설립.

1881 2 월, 러시아와 페테르스부르그條約〔제 2 일리條約〕체결.

1882 7 월, 조선에 壬午軍亂.

1883 8 월, 프랑스 베트남을 보호국화. 12 월, 淸佛戰爭(～1885.3).

1884 12 월, 조선에 甲申政變.

1885 6 월, 淸佛 天津條約 체결, 프랑스의 베트남지배 승인.

1886 1 월, 영국, 버마 병합.

1888 北洋海軍 성립.

1891 康有爲 《新學僞經考》 간행.

1894 3 월, 조선에 甲午農民戰爭. 8 월, 淸日戰爭 개시(～1895.3). 11 월, 孫文, 하와이에서 興中會 설립.

1895 2 월, 孫文, 廣州에서 興中會설립. 4 월, 下關條約 체결. 러·독· 불, 일본에 3국간섭. 5 월, 강유위 등 「公車上書」. 5～6 월, 「臺灣民主國」의 설립과 붕괴.

1897 康有爲 《孔子改制考》 嚴復 《天演論》간행.

1898 3～7 월, 독일 膠州灣을, 러시아 旅順·大連을, 영국 九龍반도와 威海衛를 租借. 6～9 월, 戊戌變法과 그 실패〔百日維新〕. 7 월, 京師大學堂 창립.

1899 4 월, 山東의 반기독교폭동 격화. 9, 미국의 對中문화개방 선언.

1900 6 월, 義和團, 북경의 列國 공사관을 포위. 청조, 열국에 宣戰. 8 월, 8개국연합군 북경점령. 10 월, 孫文 등 惠州거병.

1901 1 월, 西太后의 「新政」의 詔. 9 월, 辛丑條約(北京議政書) 체결.

1902 1 월, 시베리아철도 전면개통. 英日同盟 성립.

1903 6 월, 蘇報사건. 7 월, 東淸철도 개통.

1904 2 월, 露日전쟁(～1905.9). 華興會 성립. 11 월, 光復會 성립.

1905 8월, 中國同盟會 결성. 9월, 露日 포츠머스조약 체결.

1906 6월, 南滿洲철도주식회사(滿鐵)성립. 9월, 입헌준비 선포. 12월, 同盟會, 萍鄕·醴陵·瀏陽에서 봉기. 科學制 폐지.

1907 5〜12월, 同盟會, 黃岡 惠州 등지에서 봉기.

1908 9월, 欽定憲法大綱 공포.

1909 10월, 각성에 諮議局 설치.

1910 1월, 立憲派, 國會早期開設同志會 결성. 8월, 일본 한국을 병합, 10월, 資政院 설치.

1911 5월, 간선철도의 국유화선언. 10월, 武昌봉기, 辛亥革命.

1912 1월, 중화민국 남경임시정부 성립, 孫文 임시대총통 취임. 2월, 宣統帝퇴위, 청조멸망. 3월, 袁世凱 임시대총통 취임. 임시약법 공포. 8월, 中國同盟會 개조, 國民黨 성립.

1913 3월, 宋敎仁 암살. 4월, 5국은행단 善後大借款 체결. 7월, 제2혁명. 10월, 袁世凱, 정식으로 대총통 취임. 11월, 國民黨 해산명령.

1914 5월, 新約法 공포. 6월, 孫文 中華革命黨 결성. 7월, 제1차 세계대전 개시(〜1918.11). 9월, 일본군, 산동반도 상륙. 11월, 靑島함락.

1915 1월, 일본 21개조 요구 제출. 9월, 《靑年雜誌》창간. 12월, 袁世凱, 帝制선언. 제3혁명.

1916 3월, 帝制취소. 4월, 段祺瑞, 국무총리에 취임. 6월, 袁世凱 사망. 8월, 남북타협, 舊國會 회복.

1917 1월, 西原借款 개시. 蔡元培, 북경대학 교장에 취임. 문학혁명개시. 7월, 張勳 復辟사건. 8월, 孫文 廣東軍政府를 조직. 11월, 러시아 10월혁명.

1918 5월, 중·일 비밀군사협정 체결. 북경학생 반대시위. 8월, 일본, 시베리아출병. 11월, 제1차대전 종결.

1919 1월, 베르사이유강화회의 개시. 3월, 조선 3·1 독립운동. 코민테

른 결성. 5 월, 5·4운동. 6 월, 上海 三罷투쟁. 중국대표, 강화조약 조인거부. 7 월, 제 1 차 카라한 선언. 10 월, 孫文 中華革命黨을 中國國民黨으로 개조. 11 월, 福州사건.

1920 5 월, 상해공산주의小組 결성. 7 월, 安直전쟁. 코민테른,「민족·식민지문제 테제」채택.

1921 4 월, 孫文, 제 2 차 廣東정부를 조직. 7 월, 中國共産黨 창립. 9 월, 衙前농민협회 결성. 11 월, 워싱턴회의 개막.

1922 1 월, 홍콩 선원파업 개시. 4 월, 제 1 차 直奉전쟁. 5 월, 제 1 회 전국노동대회. 7 월, 중공, 민주연합전선을 제기. 10 월, 開灤탄광 파업.

1923 1 월, 孫文·요페 공동선언. 2 월, 旅大회수운동. 2·7慘案. 9 월, 岳北농공회 결성. 10 월, 曹錕賄選. 11 월, 국민당 개조 선언.

1924 1 월, 국민당 1 全大會. 레닌死去. 5 월, 將介石, 黃埔군관학교장에 취임. 9 월, 제 2 차 直奉전쟁. 10 월, 馮玉祥, 북경정변. 11 월, 孫文, 北上선언. 대아시아주의 강연.

1925 3 월, 孫文, 북경에서 死去. 5 월, 5·30운동. 6 월, 省港파업 개시. 沙基慘案. 7 월, 蔣介石, 북벌동원령. 10 월, 북벌군, 무한점령. 11 月, 南昌점령.

1927 1 월, 국민정부, 武漢으로 이전. 3 월, 上海노동자 무장봉기. 南京포격사건. 4 월, 4·12쿠데타. 蔣介石, 南京에 국민정부 수립. 5 월, 馬日사변. 7 월, 중공, 武漢정부로부터 퇴거, 國共合作 붕괴. 8 월, 南昌봉기. 중공 8·7긴급회의. 9 월, 秋收봉기. 毛澤東, 三灣개편. 南京·武漢합작. 10 월, 毛澤東, 井岡山근거지 건설. 12 월, 廣州 꼼문.

1928 4 월, 제 2 차 북벌 개시. 5 월, 일본, 산동출병. 濟南사변. 6 월, 張作霖 폭살사건. 북벌군, 北京입성. 6~7월, 중공 6 全大會(모스크바). 12 월, 井岡山토지법 공포. 張學良, 국민정부에 참가.

1929 3 월, 蔣桂전쟁. 5 월, 紅軍, 福建省으로 진출.

1930　4 월, 中原대전. 7 월, 長沙소비에트. 12 월, 제 1 차 圍剿戰.

1931　1 월, 중공, 王明노선 개시. 3 월, 제 2 차 圍剿戰. 汪精衛, 廣東
에 국민정부 수립. 7 월, 제 3 차 圍剿戰. 9 월, 滿州사변. 11 월,
중화소비에트공화국 임시중앙정부 수립(瑞金). 12 월 蔣·汪타협
성립.

1932　1 월, 上海사변. 3 월, 滿洲國 성립. 4 월, 중화소비에트정부, 對
日宣戰. 6 월, 제 4 차 圍剿戰.

1933　2 월, 일본군, 熱河공격. 5 월, 塘沽협정. 10 월, 제 5 차 圍剿戰.
복건인민정부 성립.

1934　2 월, 蔣介石, 신생활운동을 제창. 10 월, 紅軍, 長征출발.

1935　1 월, 遵義회의. 4 월, 宋子文, 중국은행 이사장 취임. 6 월, 梅
津·何應欽 협정.
8 월, 중공 8·1 선언. 10 월, 紅軍 吳起鎭에 도착. 11 월, 화폐개
혁. 冀東정권 성립. 12 월, 12·9운동. 冀察정무위원회 성립. 중
공, 瓦窰堡회의.

1936　2 월, 치안유지긴급치죄법 공포. 5 월, 중공, 逼蔣抗日정책으로
전환. 전국각계구국연합회 성립. 11 월, 抗日七君子사건. 12 월,
西安사변.

1937　7 월, 蘆溝橋사건. 蔣介石, 蘆山담화. 8 월 上海에 戰火가 확대되
다. 중공, 洛川회의. 9 월, 제 2 차 국공합작 성립.
12 월, 일본군, 南京점령. 南京대학살.

1938　5 월, 徐州함락. 毛澤東〈持久戰論〉.
10 월, 武漢함락. 廣州함락. 12 월, 汪精衛 重慶탈출.

1939　2 월, 일본군, 海南島상륙. 12 월, 국민당군, 陝甘寧邊區를 포위
공격.

1940　3 월, 汪精衛 南京에 국민정부를 수립. 8 월, 8로군 百團大戰.

1941　1 월, 皖南사변. 5 월, 陝甘寧邊區施政綱領 공포. 12 월, 태평양전
쟁 개시.

1942 2 월, 중공, 정풍운동 개시. 3 월, 국민정부, 국가총동원법 시행.
5 월, 일본군 三光作戰.

1943 1 월, 일본, 汪정권과 租界환부·치외법권철폐협정 체결. 3 월, 蔣
介石 《중국의 命運》. 11 월, 蔣介石, 카이로선언에 참가.

1944 4 월, 일본군, 大陸打通작전 개시. 9 월, 중국민주동맹 성립.

1945 2 월, 얄타회담. 4 월, 중공 7 전대회. 毛澤東 〈연합정부론〉. 5
월, 국민당 6 전대회. 8 월, 일본항복. 中蘇우호동맹조약 체결.
10 월, 雙十협정.

1946 1 월, 정치협상회의 개막. 5 월, 중공 5·4 지시. 7 월 李公樸·聞一
多암살. 6 월, 國共내전 개시. 11 월, 上海 폭동.

1947 2 월, 臺灣 2·28 사건. 3 월, 국민당군, 延安 점령. 6 월, 중공군
반격개시. 10 월, 중공, 토지법대강을·공포.

1948 9 월, 遼瀋戰役. 11 월, 淮海戰役. 12 월, 平津戰役.

1949 1 월, 蔣介石, 총통사임. 인민해방군, 北平입성. 4 월, 國共화평
교섭. 南京함락. 5 월, 上海점령. 10 월, 중화인민공화국성립. 12
월, 국민당, 臺灣으로 도망.

1950 2 월, 中蘇우호동맹상호원조조약 체결.
5 월, 혼인법공포. 6 월, 한국전쟁 발발. 토지개혁법 공포. 10 월,
중국인민의용군, 한국으로 출동.

1951 2 월, 반혁명처벌조령 공포. 9 월, 샌프란시스코 對日講知조약.
美日안보조약 체결. 12 월, 인민해방군, 티베트의 라싸에 진주.
三反운동 개시.

1952 2 월, 五反운동 개시. 4 월, 일본, 臺灣정부와 「日華平和條約」체
결. 이 해 토지개혁 완료.

1953 2 월, 중공중앙, 「농업생산의 互助·협동화에 관한 결의」채택. 3
월, 「전국인민대표대회 및 각급인민대표대회선거법」공포. 스탈린
死去. 7 월, 한국휴전협정 조인. 이 해 제 1 차 5 개년계획 개시.

1954 2 월, 중공, 高崗·饒漱石을 제명. 6 월, 周恩來·네루, 평화 5 원칙

공동성명.

7월, 인도차이나 停戰〔제네바〕협정조인. 9월, 제1기 全人代 제 1회회의 개최, 중화인민공화국헌법 공포.

1955 4월, 반둥에서 제1회 아시아·아프리카회의. 7월, 毛澤東, 「농 업협동화의 문제에 대하여」보고. 5월, 胡風체포.

1월, 周恩來, 「지식분자의 문제에 관한 보고」. 2월, 후르시쵸 프, 스탈린비판 비밀보고. 4월, 毛澤東, 「百花齊放·百家爭鳴」제 창. 6월, 폴란드, 뽀즈나니폭동. 9월, 중공 8전대회. 10월, 헝 가리 폭동. 이 해, 고급농업생산 합작사화, 사영기업의 국유·국 영화 완료.

1957 2월, 毛澤東「인민내부의 모순을 올바르게 처리하는 문제에 관하 여」보고. 4월, 중공 「정풍운동에 관한 지시」, 당비판 높아가다. 6월, 「반우파투쟁」개시(~1958). 11월, 사회주의 12개국 당회 의, 모스크바에서 개최.

1958 5월, 중공, 「사회주의건설의 총노선」제창, 대약진운동 개시. 7 월, 후르시쵸프 북경방문, 中蘇공동함대안 제기, 중국 거부. 8 월, 중공정치국확대회의, 농촌의 인민공사 설립, 철강대증산 등 결의. 인민해방군, 金門·馬祖島포격 개시.

1959 3월, 티베트반란. 달라이 라마, 인도망명. 4월, 제2기전인대 제1회 회의에서, 劉少奇, 국가주석 취임. 6월, 소련, 중국과의 「국방용 신기술에 관한 협정」파기. 7월, 盧山회의, 彭德懷 등의 「反黨집단에 관한 결의」채택, 「反右傾투쟁」개시. 8월, 中印 양 군, 국경지대에서 충돌. 9월, 林彪, 국방부장 취임. 10월, 후르 시쵸프 訪中, 中蘇의견대립 격화. 가을부터 3년연속의 자연재해.

1960 4월, 中蘇논쟁 표면화. 7월, 소련, 전문가의 본국소환 통고.

1961 1월, 중공, 대약진정책 정지, 조정정책으로 전환.

1962 1월, 중공 「7천인대회」, 毛澤東 등 대약진 실패에 대하여 자기 비판. 4월, 일리의 위구르족 수만명이 소련으로 도망. 9월, 중

공 8 기 10 중전회, 毛澤東, 사회주의사회의 계급투쟁 이론 제기.
농촌사회주의교육운동 개시. 10 월, 中印국경분쟁.

1963   5 월, 중공중앙, 농촌사회주의교육운동에 대한 「前十條」공포. 9
월, 「後十條」공포.

1964   1 월, 中·佛외교관계수립. 8 월, 통킹만사건. 毛澤東, 서남전략후
방기지와 「三線」건설을 제기. 10 월, 중국, 첫 핵실험.

1965   1 월, 毛澤東, 처음으로 「당내의 자본주의의 길을 걷는 실권파」에
언급. 2 월, 미국의 北爆 본격화. 5 월, 羅瑞卿, 소련을 포함하는
반미통일전선 결성 시사의 논문발표. 9 월, 林彪 「인민전쟁의 승
리 만세」발표, 羅瑞卿을 비판. 인도네시아에서 9·30 사건. 11 월,
姚文元 〈신편 역사극 《海瑞罷官》을 평함〉 발표.

1966   2 월, 彭眞 제안의 「문화혁명 5 인소조의 보고 綱要」〔2 월提綱〕공
포. 4 월, 일본공산당과 중공의 회담 결렬. 5 월, 중공중앙정치국
상무위원회 확대회의, 「5·16 통지」채택, 중앙문혁소조 설치. 8
월, 중공 8 기 11 중전회, 「프롤레타리아 문화대혁명에 관한 결
정」채택. 毛澤東 「사령부를 포격하라」의 대자보. 毛澤東과 林彪,
天安門앞 광장에서 전국의 紅衛兵을 접견.

1967   2 월, 上海인민공사 성립. 「2 월逆流」사건. 6 월, 중국 첫 水爆실
험. 7 월, 武漢사건. 8 월, 紅衛兵, 소련대사관·영국 주중대리사
무소 습격. 가을 이후 극좌파 숙청.

1968   9 월, 전국 29 개의 一級행정구에 혁명위원회 성립. 10 월, 중공 8
기 12 중전회, 劉少奇 黨籍박탈.

1969   3 월, 珍寶島에서 中蘇무력충돌. 4 월, 중공 9 전대회, 林彪, 毛澤
東의 후계자가 됨. 8 월, 新疆위구르자치구 국경에서 中蘇양군 충
돌. 11 월, 劉少奇옥사.

1970   4 월, 중국 첫 인공위성 쏘아올림. 8~9 월, 중공 9 기 2 중전회,
林彪 등 국가주석 취임요구. 모택동에 반대받음.

1971   7 월, 키신저 미대통령보좌관 비밀 訪中. 9 월, 林彪쿠데타 미수

사건. 10 월, 중국 유엔 복귀.

1972 2 월, 닉슨대통령 訪中, 美·中 상해코뮤니케발표. 9 월, 田中 일본수상 訪中, 中日공동성명 발표, 中日국교정상화.

1973 4 월, 鄧小平, 부수상으로 복귀. 8 월, 중공 10 전대회, 王洪文 부주석 취임.

1974 2 월, 批林批孔운동 시작되다. 11 월, 「李一哲」대자보.

1975 1 월, 중공 10 기 2 중전회, 鄧小平, 부주석, 정치국상무위원 취임. 제 4 기전인대 제 1 회 회의 개최, 신헌법 채택, 周恩來총리 정치보고, 「4 개 현대화」를 제시. 4 월, 蔣介石 死去, 蔣經國 국민당주석 취임. 8 월, 『水滸傳』비판. 9 월, 「농업은 大寨에서 배우는 전국회의」. 10 월, 교육혁명캠페인.

1976 1 월, 周恩來수상 死去, 鄧小平 비판운동 개시. 2 월, 華國鋒, 당 제 1 부주석·수상 취임, 鄧小平의 모든 직무 해임결정. 7 월, 唐山 대지진. 9 월, 毛澤東주석 死去. 10 월, 江靑 등 4 인방 체포. 華國鋒 당주석 취임.

1977 7 월, 중공 10 기 3 중전회, 鄧小平의 전직무 회복. 8 월, 중공 11 전대회, 「제 1 차文革」종결선언.

1978 5 월, 「진리의 기준」 논쟁 개시. 베트남거주 중국인의 대량귀국. 6 월, 중국, 베트남의 중국인 추방에 항의. 베트남군 캄푸치아 침공. 8 월, 中日평화우호조약 체결. 12 월, 중공 11 기 3 중전회, 彭德懷 등의 명예회복. 대전환 시작.

1979 1 월, 美中국교 수립. 베트남군 프놈펜입성, 헹삼린정권 성립. 2 월, 중국군, 베트남국경에 침공. 3 월, 민주운동가 魏京生 체포. 12 월, 北京의 「민주의 벽」폐쇄. 아프가니스탄에 쿠테타, 칼말정권 성립, 소련군·아프가니스탄 침공. 臺灣에 高雄사건.

1980 2 월, 중공 11 기 5 중전회, 劉小奇의 명예회복. 8 월, 제 5 기전인대 제 3 회 회의, 華國鋒에 대신하여 趙紫陽 수상취임. 11 월, 「林彪·4 인방」재판.

1981 6월, 중공 11기 6중전회, 「歷史결의」채택, 胡耀邦 당주석 취임.
     9월, 葉劍英, 臺灣복귀 9항목 제안. 12월, 90% 이상의 생산대
     에서 생산책임제 확립.

1982 7월, 중국정부, 교과서검정문제로 일본정부에 정식 항의. 9월,
     중공 12 전대회, 공농업총생산액 4배 증가 제기됨, 胡耀邦, 총서
     기 취임. 11월, 제5기 全人代 제5회 회의, 신헌법채택.

1983 5월, 중국민항기 피납되어 한국으로. 10월, 정신오염일소캠페인
     전개.

1984 1월, 趙紫陽수상 訪美. 3월, 일본수상 訪中, 4,700억円의 借款
     공여 표명. 4월, 레이건 대통령 訪中. 5월, 국무원, 국영기업의
     자주권 확대에 관한 잠정규정 공포. 9월, 中日청년 우호교류, 일
     본청년 3천명 訪中. 12월, 中·英 양국정부의 홍콩문제에 관한
     공동성명. 中蘇경제기술협력협정·과학기술협력협정.

1985 1월, 중국작가협회 제4회 전국대표대회, 「창작의 자유」의 보장
     을 외침. 6월, 전국의 농촌인민공사 해체와 鄕政府수립 완료. 인
     민해방군의 100만명 삭감계획 개시. 9월, 북경대학 학생들 中
     曾根수상의 靖國神社공식참배 반대시위.

찾아보기 I (인명)

ㅎ

찾아보기 II (사항)

278

ㅁ

ㅂ

ㅅ

ㅇ

⑭ 中國에서의 自由主義의 實驗
― 胡適(1891~1962)의 思想과 活動

민두기 지음
신국판 / 양장 · 270쪽

현대 중국에서 자유와 민주라는 보편적인 가치를 지향한 한 자유주의자 호적의 존재양태를 있는 그대로 그려놓은 책으로, 백화문운동을 제외하고 자유주의, 언론자유, 개인주의, 민주헌정, 인권보장 등에서 결국은 실패하고 만 호적의 자유주의의 실험이 그의 생전에 어떻게 전개되었는가와 최근 대륙에서 일고 있는 호적 부활의 붐을 생생하게 전하고 있다.

中國現代文學史

김시준 저
신국판 / 반양장 · 497쪽

중국현대문학사에 대한 국내 최초의 저술서라는 의의를 지니는 이 책은, 중국에서 출판된 현대문학사에는 없는 '문학비평', 반공산주의 문예운동이나 작가의 활동이 소개되었다는 외에도, 중국·대만·홍콩의 현대문학사 관계서를 출판시기별로 분류하여 특징과 내용을 총평하고, 중국현대문학사 시기구분론에 대한 다양한 의견들을 저자의 견해와 함께 소개해 놓은 점 등이 돋보인다.

중국현대사상사의 굴절

이택후 저 / 김형종 역
신국판 / 반양장 · 349쪽

중국미학과 사상사 분야의 권위자 이택후의 《中國現代思想史論》을 번역한 것으로, 중국이 근대에 들어 서양의 충격에 직면하면서부터 오늘에 이르기까지 중국사상계에 쟁점이 되었던 문제들을, 저자의 중국 문학·예술·철학·역사 등에 대한 해박한 고전지식 위에 현대 서양의 이론을 적절히 운용하여 논지를 풀어가면서, 오늘의 중국이 안고 있는 문제들까지 지적해 놓은 책이다.

中國近現代史上의 湖南省

민두기 편
신국판 / 반양장 370쪽

중국사 연구의 세계적 권위자인 서울대 민두기 교수의 지도 아래 4명의 연구자가 직접 호남성 현지를 답사하면서 자료를 수집, 연구성과를 모은 이 책은 호남에서의 종족 질서가 중국 농민운동 및 국민혁명 시기의 대중운동에 어떠한 영향을 미쳤는지, 호남의 지역적 특색이 중국근현대사와 어떻게 맞물려 진행되어 왔는지를 한눈에 볼 수 있다.

蔣介石은 왜 敗하였는가

L.E. 이스트만 저 / 민두기 역
신국판 / 반양장 303쪽

스탠포드 대학 출판부에서 출간된 원서의 제목 《파멸의 씨앗 ; 전쟁과 혁명 속의 국민당지배 중국》이 말해주듯이 이 책은 〈毛澤東은 왜 勝利하였는가〉를 말해주는 책이기도 하다. 모택동이 승리한 이유는 공산당이 국민당정권을 멸망시킨 것이 아니고 '국민당 스스로가 무너진 것'이며 그 붕괴는 '진보와 개혁을 요구하는 세력 때문이 아니라 그 세력의 주장을 받아들일 수 있는 권력구조의 민주성이 결여되었기 때문'이라는 결론을 수많은, 희귀한 자료의 공정한 분석과 치밀한 논리로 논증해 놓은 현대중국 이해의 격조 높은 역사서 !

中國近現代史研究叢書 1

中國國民革命의 分析的 研究

閔斗基 李炳柱 白永瑞 裵京漢 羅弦洙 공저
신국판 / 반양장 200쪽

現代中國史의 主要 부분인 國民革命은 中國史 자체의 理解를 위해서만이 아니라 크게는 世界史 작게는 동아시아史 특히 韓國現代史의 이해를 위해서도 긴요한 테마다. 우리나라 최초로 韓國周邊史에 대한 협동연구가 이루어져 그 업적이 바로 이 책인 것이다.

中國近現代史研究叢書 2

中國國民革命 指導者의 思想과 行動

閔斗基 편
신국판 / 반양장 322쪽

《中國國民革命의 分析的 研究》에 이어지는 공동 연구작업의 두번째 결실인 본서는 국민혁명 시기에 활동한 胡漢民, 蔣介石, 膠仲愷, 戴季陶, 陳公博, 甘乃光 등 여섯 사람의 국민당 지도자에 대한 연구를 모은 것이다.

中國近現代史研究叢書 3

中國國民革命運動의 構造分析

閔斗基 編
신국판 / 314쪽

현대 중국사의 주요부분인 국민혁명은 중국사 자체의 이해를 위해서만 아니라 크게는 세계사 작게는 동아시아 특히 한국 현대사의 이해를 위해서는 긴요한 테마다. 우리나라 최초로 한국 주변사에 대한 협동 연구가 이루어져 중국근대사연구총서 시리즈로 1권〈중국국민혁명의 분석적 연구〉, 2권〈중국국민혁명지도자의 사상과 행동〉에 이은 3번째 업적이 바로 이 책인 것이다.

講座中國史 Ⅰ~Ⅶ (전 7권)

서울大學校 東洋史學研究室 編

중국사에 대해 초보적인 지식은 있으나 좀더 깊이, 더 넓게 알고
싶은 독자를 상대로 한 새로운 편제의 현대식 중국역사총서로서
통사적 객관성과 논문식 주관성을 적절히 배합한 것이 특징이다.
또한 기존의 중국사 전반에 걸친 주요 문제를 고대문명에서 근현대
까지 모두 31명의 저자가 36장의 논문으로 나누어, 각장이 하나의
독립된 주제를 갖고 기존의 연구성과를 수렴해 서술하였다.

중국의 共和革命

민두기
신국판/양장 310쪽

중국근현대사 연구의 세계적 권위자인 저자가 우리 눈으로 본 중국
의 공화혁명, 즉 신해혁명 분석서이다. 중국사 전공자뿐만 아니라 일
빈 독시인도 읽으시 알 수 있도록 낯선 한자용어(사료상 용어)도 되도
록 쉽게 풀어 써놓았다. 중국의 역사가 세계사의 중요한 일부분을 이
루고 있는 만큼 중국사상의 격변과정을 이해하는 데 유용한 길잡이가
될 것으로 기대된다.

中國近現代史의 재조명(1·2)

서울대학교 동양사학연구실 편
신국판/반양장

중국근현대사를 전공하는 연구자들의 개별 논문을 엮은 논문집이
다. 중국 근현대사의 변화 발전 모습을 역동적으로 보여주며, 특히
지금의 시점에서도 다시 곱씹어 볼 만한 주제들이 흥미를 끈다. '재
조명'이라는 제목에 걸맞는 진지한 고민을 엿볼 수 있다.

近世 東아시아의 國家와 社會

서울대학교 동양사학연구실 편
신국판/반양장 508쪽

근세 동아시아의 역사를 각 시대별 전문 연구자들의 논문을 제1편
국가권력, 제2편 지역사회로 나누어 엮었다. 중국 송대부터 명말청초
까지의 시기와 그에 해당되는 몽고, 베트남 지역까지도 포함하는 밀
도 있는 연구로 우리 동양사학계의 범위와 수준을 확대하고 있는 이
책은 민두기 교수의 정년퇴임 기념호로 출간되었다.